梁啓超 著

飲冰室合集

文集

第十四册

中華書局

飲冰室文集之三十九

科學精神與東西文化

八月二十日在南通爲科學社年會講演

一

今日我感覺莫大的光榮。得有機會在一個關係中國前途最大的學問團體——科學社的年會來講演。但我又非常慚愧而且惶恐。像我這樣對於科學完全門外漢的人怎樣配在此講演呢。這個講題——『科學精神與東西文化』是本社董事部指定要我講的。我記得科舉時代的笑話。有些不通秀才去應考。罰他先飲三斗墨汁預備倒吊着滴些墨點出來。我今天這本考卷。只算倒吊着滴墨汁。明知一定見笑大方。但是句句話都是表示我們門外漢對於門內的「宗廟之美百官之富」如何欣羨如何崇敬如何愛戀的一片誠意。我希望國內不懂科學的人或是素來看輕科學討厭科學的人聽我這番話得多少覺悟。那麽便算我個人對於本社一點貢獻了。

近百年來科學的收穫如此其豐富。我們不是鳥。也可以騰空。不是魚。也可以入水。不是神仙。也可以和幾百千里外的人答話。……諸如此類。那一件不是受科學之賜。任憑怎麽頑固的人。諒來『科學無用』這句話再不會出諸口了。然而中國爲什麽直到今日還得不着科學的好處。直到今日依然成爲『非科學的國民』呢。我想。中國人對於科學的態度有根本不對的兩點。

其一、把科學看得太低了太粗了。我們幾千年來的信條。都說的『形而上者謂之道。形而下者謂之器』。『德成而上藝成而下』。這一類話多數人以為科學無論如何高深。總不過屬於藝和器那部分。這部分原是學問的粗跡。懂得不算稀奇。不懂得不算恥辱。又以為我們科學雖不如人。却還有比科學更寶貴的學問。——什麽超凡入聖的大本領。什麽治國平天下的大經綸。件件都足以自豪。對於這些粗淺的科學。頂多拿來當一種補助學問就彀了。因為這種故見橫亙在胸中。所以從郭筠仙張香濤這班提倡新學的先輩起。都有兩句自鳴得意的話。說什麽『中學為體。西學為用』。這兩句話現在雖然沒有從前那麼時髦了。但因為話裏的精神和中國人脾胃最相投合。所以話的效力。直到今日。依然為變相的存在。老先生們不用說了。就算這幾年所謂新思潮所謂新文化運動。不是大家都認為蓬蓬勃勃有生氣嗎。試檢查一檢查他的內容。大抵最流行的莫過於講政治上經濟上這樣主義那樣主義。我替他起個名字。叫做西裝的治國平天下大經綸。次流行的莫過於講哲學上文學上這種精神那種精神。我也替他起個名字。叫做西裝的超凡入聖大本領。至於那些腳踏實地平淡無奇的科學。試問有幾個人肯去講求。——學校中能彀有幾處像樣子的科學講座。有了。幾個人肯去聽。出版界能彀有幾部有價值的科學書幾篇有價值的科學論文。有了。幾個人肯去讀。我固然不敢說現在青年絕對的沒有科學興味。然而興味總不如別方面濃。須知這是積多少年社會心理遺傳下來。對於科學認為『藝成而下』的觀念。牢不可破。直到今日。還是最愛說空話的人最受社會歡迎。做科學的既已不能如別種學問之可以速成。而又不為社會所尊重。誰肯埋頭去學他呢。

其二、把科學看得太呆了太窄了。那些絕對的鄙厭科學的人且不必責備。就是相對的尊重科學的人。還是十個有九個不了解科學性質。他們只知道科學研究所產結果的價值。而不知道科學本身的價值。他們只有數學幾何學物理學化學……等等概念。而沒有科學的概念。他們以爲學化學便懂化學。學幾何便懂幾何。殊不知並非化學能教人懂化學。幾何能教人懂幾何。實在是科學能教人懂化學和幾何。他們以爲只有化學數學物理幾何……等等纔算科學。以爲只有學化學數學物理幾何……等等纔用得着科學。殊不知所有政治學經濟學社會學……等等只要彀得上一門學問的。沒有不是科學。我們若不拿科學精神去研究。便做那一門子學問也做不成。中國人因爲始終沒有懂得『科學』這個字的意義。所以五十年前很有人獎厲學製船學製砲。卻沒有人獎厲科學。近十幾年學校裏都教的數學幾何化學物理。但總不見教會人做科學。或者說只有理科工科的人們纔要科學。我不打算當工程師。不打算當理化教習。何必要科學。中國人對於科學的看法大率如此。

我大膽說一句話。中國人對於科學這兩種態度。倘若長此不變。中國人在世界上便永遠沒有學問的獨立。中國人不久必要成爲現代被淘汰的國民。

二

科學精神是什麼。我姑從最廣義解釋。『有系統之眞智識。叫做科學。可以教人求得有系統之眞智識的方法。叫做科學精神。』這句話要分三層說明。

第一層　求眞智識。智識是一般人都有的。乃至運動物都有。科學所要給我們的。就爭一個眞字。一般人對於自己所認識的事物很容易便信以爲眞。但只要用科學精神研究下來。越研究便越覺求眞之難。譬如說『孔子是人』。這句話不消研究。總可以說是眞。因爲人和非人的分別是很容易看見的。譬如說『老虎是惡獸』。這句話眞不眞便待考了。欲證明他是眞。必要研究獸類具備某種某種性質纔算惡。看老虎果曾具備了沒有。若說老虎殺人算是惡。爲什麼人殺老虎不算惡。若說殺同類算是惡。只聽見有人殺人。從沒聽見老虎殺老虎。然則人容或可以叫做惡獸。老虎卻絕對不能叫做惡獸了。譬如說『性是善』。或說『性是不善』。這兩句話眞不眞。越發待考了。到底什麼叫做『性』。什麼叫做『善』。兩方面都先要弄明白。倘如孟子說的性咧情咧才咧。宋儒說的義理咧氣質咧。鬧成一團糟。那便沒有標準可以求眞了。譬如說『中國現在是共和政治』。這句話便很待考。欲知他眞不眞。先要把共和政治的內容弄淸楚。看中國和他合不合。譬如說『法國是共和政治』。這句話也待考。欲知他眞不眞。先要問『法國』這個字所包範圍如何。若安南也算法國。這句話當然不眞了。看這幾個例。便可以知道。我們想對於一件事物的性質得有眞知灼見。很是不容易。要鑽在這件事物裏頭去研究。要繞着這件事物周圍去研究。要跳在這件事物高頭去研究。種種分析研究結果。纔把這件事物的屬性大略研究出來。算是從許多相類似容易混淆的個體中發現每個個體的特徵。換一個方向。把許多同有這種特徵的事物歸成一類。許多類歸成一部。許多部歸成一組。如是綜合研究的結果。算是從許多各自分離的個體中發現出他們相互間的普遍性。經過這種種工夫。纔許你開口說『某件事物的性質是怎麼樣』。這便是科學第一件主要精神。

第二層　求有系統的眞智識。智識不但是求知道一件一件事物便了。還要知道這件事物和那件事物的關係。否則零頭斷片的智識。全沒有用處。知道事物和事物相互關係。而因此推彼得從所已知求出所未知。叫做有系統的智識。系統有二。一豎二橫。橫的系統。卽指事物的普遍性——如前段所說。豎的系統。指事物的因果律——有這件事物。自然會有那件事物。必須有這件事物。纔能有那件事物。倘若這件事物有如何如何的變化。那件事物便會有或纔能有如何如何的變化。這叫做因果律。明白因果。是增加新智識的不二法門。因爲我們靠他纔能因所已知推見所未知。明白因果。是由智識進到行爲的嚮導。因爲我們預料結果如何。可以選擇一個目的做去。雖然因果是不輕容易譚的。第一、要找得出證據。第二、要說得出理由。因果律雖然不能說都要含有『必然性』。但總是愈逼近『必然性』愈好。最少也要含有很强的『蓋然性』。倘若僅屬於『偶然性』的便不算因果律。譬如說『晚上落下去的太陽明早上一定再會出來』。說『倘若把水煑過了沸度他一定會變成蒸汽』。這等算是含有必然性。因爲我們積千千萬萬回的經驗。卻沒有一回例外。而且爲什麼如此。可以很明白說出理由來。譬如說『冬間落去的樹葉明年春天還會長出來』。這句話便待考。因爲再長出來的並不是這塊葉。而且這樹也許碰着別的變故。再也長不出葉來。譬如說『西邊有虹霓東邊一定有雨』。這句話越發待考。因爲虹霓不是雨的原因。他是和雨同一個原因。或者還是雨的結果。翻過來說『東邊有雨西邊一定有虹霓』。這句話也待考。因爲雨雖然可以爲虹霓的原因。卻還須有別的原因湊攏在一處。虹霓才會出來。譬如說『不孝的人要着雷打』。這句話便大大待考。因爲雖然我們也曾聽見某個不孝人着雷。但不過是偶然的一回。許多不孝的人不見得都着雷。許多着雷的東西不見得都不孝。而且宇宙間有個雷公會專打不孝人。這些理由完全說不出來。譬如說『人死會變鬼。』這句話越發大大待考。因爲從來得不着絕對的證據。而且絕對的說不出理由。譬如說『治極必亂亂極必治。』這句話便很要待考。因爲我們從中國歷史上雖然舉出許多前例。但說治極是亂的原因亂極是治的原因無論如何總說不下去。譬如說『中國行了聯省自治制後。一定會太平。』這話也待考。因爲聯省自治雖然有致太平的可能性。無奈我們未曾試過看這些例便可知我們想應用因果律求得有系統的智識。實在不容易。總要積無數的經驗——或照原樣子繼續忠實觀察。或用人爲的加減改變試驗。務找出眞憑實據。纔能確定此事物與彼事物之關係。這還是第一步。再進一步。凡一事物之成毀。斷不止一個原因。知道甲和乙的關係還不彀。又要知道甲和丙丁戊……等等關係。原因之中又有原因。想眞知道乙和甲的關係。便須先知道乙和庚庚和辛辛和壬……等等關係。不經過這些工夫。貿貿然下一個斷案。說某事物和某事物有何等關係。便是武斷。便是非科學的。科學家以許多有證據的事實爲基礎。逐層逐層看出他們的因果關係。發明種種含有必然性或含有極强蓋然性的原則。好像拿許多結實麻繩組織成一張網。這網愈織愈大。漸漸的函蓋到這一組知識的全部。便成了一門科學。這是科學第二件主要精神。

第三層　可以教人的智識。凡學問有一個要件。要能『傳與其人。』人類文化所以能成立。全由於一人的智識能傳給多數人。一代的智識能傳給次代。我費了很大的工夫得一種新知識。把他傳給別人。別人費比較小的工夫承受我的智識之全部或一部。同時騰出別的工夫又去發明新智識。如此教學相長遞相傳授。文化內容自然一日一日的擴大。倘若智識不可以教人。無論這項智識怎樣的精深博大。也等於『人亡政息。』於社會文化絕無影響。中國凡百學問都帶一種『可以意會不可以言傳』的神祕性。最足爲智識擴大之障礙。例如醫學。我不敢說中國幾千年沒有發明。而且我還信得過確有名醫。但總沒有法傳給別人。所以今日的醫學。和扁鵲倉公時代一樣。或者還不如。又如修習禪觀的人。所得境界。或者眞是圓滿莊嚴。但只好他一個人獨享。對於全社會文化竟不發生絲毫關係。中國所有學問的性質。太抵都是如此。這也難怪。中國學問本來是由幾位天才絕特的人。『妙手偶得』——本來不是按步就班的循着一條路去得着。何從把一條應循之路指給別人。科學家恰恰相反。他們一點點智識。都是由艱苦經驗得來。他們說一句話。總要舉出證據。自然要將證據之如何搜集如何審定一概告訴人。他們主張一件事。總要說明理由。理由非能彀還原不可。自然要把自己思想經過的路線。順次詳敍。所以別人讀他一部書或聽他一回講義。不惟能彀承受他研究所得之結果。而且一併承受他如何能研究得此結果之方法。而且可以用他的方法來批評他的錯誤。方法普及於社會。人人都可以研究。自然人人都會有發明。這是科學第三件主要精神。

三

中國學術界。因爲缺乏這三種精神。所以生出如下之病證。

一、籠統　標題籠統。——有時令人看不出他研究的對象爲何物。用語籠統。——往往一句話容得幾方面解釋。思想籠統。——最愛說大而無當不着邊際的道理。自己主張的是什麼。和別人不同之處在那裏。連自己也說不出。

二、武斷　立說的人既不必負找尋證據說明理由的責任。判斷下得容易。自然流於輕率。許多名家著述。不獨違反眞理而且違反常識的往往而有既已沒有討論學問的公認標準雖然判斷謬誤也沒有人能駁他。謬誤便日日侵蝕社會人心。

三、虛僞　武斷還是無心的過失。既已容許武斷。便也容許虛僞。虛僞有二。一、語句上之虛僞。如隱匿眞證杜撰假證或曲說理由等等。二、思想內容之虛僞。本無心得。貌爲深祕。欺騙世人。

四、因襲　把批評精神完全消失。而且沒有批評能力所以一味盲從古人剽竊些緒餘過活。所以思想界不能有彈力性隨着時代所需求而開拓倒反留着許多沈澱廢質在裏頭爲營養之障礙。

五、散失　間有一兩位思想偉大的人。對於某種學術有新發明。但是沒有傳授與人的方法。這種發明。便隨着本人的生命而中斷。所以他的學問不能成爲社會上遺產。

以上五件。雖然不敢說是我們思想界固有的病證。這病最少也自秦漢以來受了二千年。我們若甘心拋棄文化國民的頭銜。那更何話可說。若還捨不得嗎。試想二千年思想界內容貧乏到如此。求學問的塗徑榛塞到如此。長此下去。何以圖存。想救這病。除了提倡科學精神外沒有第二劑良藥了。

我最後還要補幾句話。我雖然照董事部指定的這個題目講演。其實科學精神之有無。只能用來橫斷新舊文化。不能用來縱斷東西文化。若說歐美人是天生成科學的國民。中國人是天生成非科學的國民。我們可絕對的不能承認。拿我們戰國時代和歐洲希臘時代比較。彼此都不能說是有現代這種嶄新的科學精神。彼此卻也沒有反科學的精神。秦漢以後。反科學精神瀰漫中國者二千年。羅馬帝國以後反科學精神瀰漫於歐洲者也一千多年。兩方比較。我們隋唐佛學時代還有點「準科學的」精神不時發現。只有比他們强。沒有比他們弱。我所舉五種病證。當他們敎會壟斷學問時代件件都有直到文藝復興以後漸漸把思想界的健康恢復轉來。所謂科學者纔種下根苗。講到枝葉扶疏華實爛漫。不過最近一百年內的事。一百年的先進後進。在歷史上值得計較嗎。只要我們不諱疾忌醫。努力服這劑良藥。只怕將來生天成佛未知誰先誰後哩。我祝禱科學社能做到被國民信任的一位醫生。我祝禱中國文化添入這有力的新成分再放異彩。

敎育家的自家田地

八月五日爲東南大學暑期學校學員講演

今天在座諸君多半是現在的敎育家或是將來要在敎育界立身的人。我想把敎育這門職業的特別好處。和怎樣的自己受用法。向諸君說說。所以題目叫做「敎育家的自己田地」

孔子屢次自白說自己沒有別的過人之處。不過是『學而不厭誨人不倦。』他的門生公西華聽了這兩句話便讚歎道。『正惟弟子不能及也。』我們從小就讀這章書。都以爲兩句平淡無奇的話。何以見得便是一般人所不能及呢。我年來積些經驗。把這章書越讀越有味。覺得學不難。不厭卻難。誨人不難。不倦卻難。孔子特別過人處。和他一生受用處。的確就在這兩句話。

不厭不倦。是孔子人生哲學第一要件。『子路問政。……請益。子曰毋倦。』『子張問政。子曰居之無倦。行之以忠。』易經第一個卦孔子做的象辭說。『天行健。君子以自强不息。』你看他只是敎人對於自己的職業忠實做去不要厭倦。要像天體運行一般。片刻不停。爲什麼如此說呢。因爲依孔子的觀察。生命卽是活動。活動卽是生命。活動停止。便是生命停止。然而活動要有原動力——像機器裏頭的蒸汽。人類活動的蒸汽在那裏呢。全在各人自己心理作用——對於自己所活動的對境感覺趣味。用積極的話語來表他。便是「樂」。用消極的話語來表他。便是「不厭不倦」。

厭倦是人生第一件罪惡。也是人生第一件苦痛。厭倦是一種想脫離活動的心理現象。換一句話說。就是不願意勞作。你想。一個人不是上帝特製出來充當消化麵包的機器。可以一天不勞作嗎。只要稍爲動一動不願意勞作的念頭。便是萬惡淵藪。一面勞作。一面不願意。拿孔子的話翻過來說。『居之倦。則行之必不能以忠。』不忠實的勞作。不惟消失了勞作效率。而且可以生出無窮弊害。所以說厭倦是人生第一件罪惡。換個方面看。無論何等人。總要靠勞作來維持自己生命。任憑你怎樣的不願意勞作。到底免不掉。免是免不掉。願是不願意。天天繃着眉哭着臉去做那不願做的苦工。豈不是活活的把自己關在第十八層地獄。所以說厭倦是人生第一件苦痛。

諸君聽我這番話。諒來都承認不厭倦是做人第一要件了。但怎樣纔能做到呢。厭倦是一種心理現象。然而心理卻最是不可捉摸的東西。天天自己勸自己說不要厭呀不要倦呀。他眞是厭倦起來。連自己也沒有法想。根本救治法。要從自己勞作中看出快樂——看得像雪一般亮。信得像鐵一般堅。那麼自然會興會淋漓的勞作去。停一會都受不得。那裏還會厭倦。再拿孔子的話來說。『知之者不如好之者。好之者不如樂之者。』一個人對於自己勞作的對境。能彀『好之樂之』。自然會把厭倦根子永斷了。從勞作中得着快樂。這種快樂。別人要幫也幫不來。要搶也搶不去。我起他一個名叫做「自己田地」

無論做何種職業的人。都各各有他的自己田地。但要問那一塊田地最廣最大最豐富。我想再沒有能比得上教育家的了。教育家日日做的終身做的不外兩件事。一是學。二是誨人。學是自利。誨人是利他。人生活動目的。除卻自利利他兩項外更有何事。然而操別的職業的人往往這兩件事當場衝突——利得他人便不利自己。利得自己便不利他人。就令不衝突。然而一種活動同時具備這兩方面效率者實在不多。教育這門職業卻不然。一面誨人。一面便是學。一面學。一面便拿來誨人。兩件事併作一件做。形成一種自利利他不可分的活動。對於人生目的之實現。再沒有比這種職業更爲接近更爲直捷的了。

學是多麼快活啊。小孩子初初學會走。他那一種得意神情。眞是不可以言語形容。我們當學生時代——不問小學到大學。每天總新懂得些從前不懂的道理。總新學會做些從前不會做的事。便覺得自己生命內容日日擴大。天下再愉快的事沒有了。出到社會做事之後。論理人人都有求智識的慾望。誰還不願意繼續學些新學問。無奈所操職業或者與學問性質不相容。只好爲別的事情把這部分慾望犧牲掉了。這種境況。別人不知如何。單就我自己講。也曾經過許多回。每回都覺得無限苦痛。人類生理心理的本能。凡那部分久廢不用。自然會漸漸趨痲木。許久不做學問的人。把學問的胃口弄弱了。便許多智識界的美味在前。也喫不進去。人生幸福算是剝奪了一大半。教育家呢。他那職業的性質本來是拿學問做本錢。他賺來的利錢也都是學問。他日日立於不能不做學問的地位。把好學的本能充分刺戟。他每日所勞作的工夫。件件都反影到學問。所以他的學問只有往前進。沒有往後退。試看古今中外學術上的發明。一百件中至少有九十件成於教育家之手。爲什麼呢。因爲學問就是他的本業。諸君啊。須知發明無分大小。發明地球繞日原理固算發明。發明一種教小孩子游戲方法也算發明。教育家日日把他所做的學問傳授給別人。當其傳授時候。日日積有新經驗。我信得過只要肯用心。發明總是不斷。試想自己發明一種新事理。這個快活還了得。恐怕眞是古人說得『南面王無以易』哩。就令暫時沒有發明。然而能彀日日與學問相親。吸受新知來營養自己智識的食胃。也是人生最幸福的生活。這種生活。除了教育家恐怕沒有充分享受的機會吧。

誨人又是多麼快活啊。自己手種一叢花卉。看着他發芽。看着他長葉。看着他含蕾。看着他開花。天天生態不同。多加一分培養工夫。便立刻有一分效驗呈現。教學生正是這樣。學生變化的可能性極大。你想教他怎麼樣。自然會怎麼樣。只要指一條路給他。他自然會往前跑。他跑的速率。常常出你意外。他們天眞爛漫。你有多少情分到他。他自然有多少情分到你。只有加多。斷無減少——有人說學校裏常常鬧風潮。趕教習。學生們眞是難攪。我說。教習要鬧到被學生趕。當然只有教習的錯處。沒有學生的錯處。總是教習先行失了信用。或是品行可議。或是對學生不親切。或是學問交代不下。不然斷沒有被趕之理。因爲凡學生都迷信自己的先生。算是人類通性。先生把被迷信的資格喪掉。全由自取。不能責備學生。——教學生是只有賺錢不會蝕本的買賣。做官嗎。做生意嗎。自己一相情願要得如何如何的結果。多半不能得到。有時還和自己所打的算盤走個正反對。教學生絕對不至有這種事。只有所得結果超過你原來的希望。別的事業。拿東西給了人便成了自己的損失。教學生絕不含有這種性質。正是老子說的『既以爲人己愈有。既以與人己愈多』。越發把東西給人給得多。自己得的好處越發大。這種便宜彀當。算是被教育家占盡了。

自古相傳的一句通行話。『人生行樂耳。』這句話倘若解釋錯了。應用錯了。固然會生出許多毛病。但這句話的本質並沒有錯。而且含有絕對的眞理。試問人生不該以快樂爲目的。難道該以苦痛爲目的嗎。但什麼叫做「快樂」。不能不加以說明。第一、要繼續的快樂。若每日捱許多時候苦。纔得一會的樂。便不算繼續。第二、要徹底的快樂。若現在快樂。伏下將來苦痛根子。便不算徹底。第三、要圓滿的快樂。若拿別人的苦痛來換自己的快樂。便不算圓滿。敎育家特別便宜處。第一、快樂就藏在職業的本身。不必等到做完職業之後找別的事消遣纔有快樂。所以能繼續。第二、這種快樂任憑你盡量享用。不會生出後患。所以能徹底。第三、拿被敎育人的快樂來助成自己的快樂。所以能圓滿。樂哉敎育。樂哉敎育。

東邊鄰舍張老三。前年去當兵。去年做旅長。今年做師長。買了幾多座洋房。討了幾多位姨太太。西邊鄰舍李老四。前年去做議員。去年做次長。今年做總長。天天燕窩魚翅請客。出門一步都坐汽車。我們當敎育家的。中學嗎。百來塊錢薪水。小學呢。十來二十塊。每天上堂要上幾點鐘。講得不好。還要捱駡。回家來喫飯。只能喫個半飽。苦哉敎育。苦哉敎育。不錯。從物質生活看來。他們眞是樂。我們眞是苦了。但我們要想一想。人類生活只有物質方面完事嗎。燕窩魚翅。或者眞比粗茶淡飯好吃。吃的時候果然也快活。但快活的不是我。是我的舌頭。我操多少心弄把戲。還帶着將來擔驚受怕。來替這兩寸來大的舌頭當奴才。換他一兩秒鐘的快活。值得嗎。綾羅綢緞掛在我身上。和粗布破袍有什麼分別。不過旁人看着漂亮些。這是圖我快活呀。還是圖旁人快活呢。須知凡物質上快活。性質都是如此。這種快活。其實和自己渺不相干。自己只有賠上許多苦惱。我們眞相信「行樂主義」的人。就要求精神上的快活。孔子的『飯疏食飲水。曲肱而枕之。樂亦在其中。』顏子的『一簞食一瓢飲在陋巷……不改其樂』並非騙人的話也並不帶一毫勉强他們住在「教育快活林」裏頭精神上正在高興到了不得那些舌頭和旁人眼睛的頑意兒他們有閑工夫管到嗎諸君啊這個快活林正是你自己所有的財產千萬別要辜負了。

說是這樣說但是『知之非艱行之惟艱』厭倦的心理仍不時襲擊我們抵抗不過便被他征服不然何至公西華說『不能及』呢我如今再告訴諸君一個切實防衞方法你想誨人不倦嗎只要學不厭自然會誨人不倦一點新學說都不講求拿着幾年前商務印書館編的教科書上堂背誦一遍完事今日如此明日如此今年如此明年也如此學生們聽着個個打盹先生如何能不倦當先生的常常拿『和學生賽跑』的精神去做學問教那一門功課教一回自己務要得一回進步天天有新教材年年有新教法怎麼還會倦你想學不厭嗎只要誨人不倦自然會學不厭把功課當作無可奈何的敷衍學生聽着有沒有趣味有沒有長進一概不管那麼當然可以不消自己更求什麼學問既已把誨人當作一件正經事拿出良心去幹那麼古人說的「教然後知困」一定會發見出自己十幾年前在師範學校裏聽的幾本陳腐講義不彀用非拚命求新學問對付不來了怎麼還會厭還有一個更簡便的法子只要你日日學自然不厭只要你日日誨人自然不倦趣味這樣東西總是愈引愈深最怕是嘗不着甜頭嘗着了一定不能自已像我們不會打毬的人看見學生們大熱天打得滿身臭汗眞不知道他所爲何來只要你接連打了一個月怕你不上癮所以眞肯學的人自然不厭眞肯誨人的人自然不倦這又可以把孔子的話顚倒過來說總要『行之以忠』當然會『居之無倦』了。

諸君都是有大好田地的人我希望再不要『舍其田而芸人之田』好好的將自己田地打理出來便一生受

學問之趣味

八月六日在東南大學爲暑期學校學員講演

我是個主張趣味主義的人倘若用化學化分「梁啓超」這件東西把裏頭所含一種原素名叫「趣味」的抽出來只怕所賸下僅有個〇了我以爲凡人必常常生活於趣味之中生活才有價值若哭喪着臉捱過幾十年那麼生命便成沙漠要來何用中國人見面最喜歡用的一句話「近來作何消遣」這句話我聽着便討厭話裏的意思好像生活得不耐煩了幾十年日子沒有法子過勉强找些事情來消他遣他一個人若生活於這種狀態之下我勸他不如早日投海我覺得天下萬事萬物都有趣味我只嫌二十四點鐘不能擴充到四十八點不彀我享用我一年到頭不肯歇息問我忙什麼忙的是我的趣味我以爲這便是人生最合理的生活我常常想運動別人也學我這樣生活

凡屬趣味我一概都承認他是好的但怎麼樣纔算「趣味」不能不下一個注脚我說『凡一件事做下去不會生出和趣味相反的結果的這件事便可以爲趣味的主體』賭錢趣味嗎輸了怎麼樣吃酒趣味嗎病了怎麼樣做官趣味嗎沒有官做的時候怎麼樣……諸如此類雖然在短時間內像有趣味結果會鬧到俗語說的『沒趣一齊來』所以我們不能承認他是趣味凡趣味的性質總要以趣味始以趣味終所以能爲趣味之主體者莫如下列的幾項一、勞作二、游戲三、藝術四、學問諸君聽我這段話切勿誤會以爲我用道德觀念來選擇趣味。我不問德不德只問趣不趣。我並不是因爲賭錢不道德纔排斥賭錢。因爲賭錢的本質會鬧到沒趣。鬧到沒趣便破壞了我的趣味主義。所以排斥賭錢。我並不是因爲學問是道德纔提倡學問因爲學問的本質能彀以趣味始以趣味終。最合於我的趣味主義條件。所以提倡學問。

學問的趣味。是怎麼一回事呢。這句話我不能回答。凡趣味總要自己領略。自己未曾領略得到時。旁人沒有法子告訴你。佛典說的。『如人飲水冷暖自知。』你問我這水怎樣的冷。我便把所有形容辭說盡。也形容不出給你聽。除非你親自嗑一口。我這題目——學問之趣味。並不是要說學問如何如何的有趣味。只要如何如何便會嘗得着學問的趣味。

諸君要嘗學問的趣味嗎。據我所經歷過的有下列幾條路應走。

第一、『無所爲。』（爲讀去聲）趣味主義最重要的條件是「無所爲而爲」凡有所爲而爲的事。都是以別一件事爲目的而以這件事爲手段。爲達目的的起見勉强用手段。目的達到時。手段便抛卻。例如學生爲畢業證書而做學問著作家爲版權而做學問這種做法。便是以學問爲手段。便是有所爲。有所爲雖然有時也可以爲引起趣味的一種方便。但到趣味眞發生時。必定要和「所爲者」脫離關係。你問我『爲什麼做學問。』我便答道。『不爲什麼。』再問我便答道。『爲學問而學問。』或者答道。『爲我的趣味。』諸君切勿以爲我這些話掉弄虛機。人類合理的生活本來如此。小孩子爲什麼游戲。爲游戲而游戲。人爲什麼生活。爲生活而生活。爲游戲而游戲。游戲便有趣。爲體操分數而游戲。游戲便無趣。

第二、不息。『鴉片煙怎樣會上癮。』『天天喫。』「上癮」這兩個字。和「天天」這兩個字是離不開的。凡人類的本能。只要那部分閑久了不用。他便會麻木會生鏽。十年不跑路。兩條腿一定會廢了。每天跑一點鐘。跑上幾個月。一天不得跑。時腿便發癢。人類爲理性的動物。『學問慾』原是固有本能之一種。只怕你出了學校便和學問告辭。把所有經管學問的器官一齊打落冷宮。把學問的胃弄壞了。便山珍海味擺在面前也不願意動筷子。諸君啊。諸君倘若現在從事教育事業或將來想從事教育事業。自然沒有問題。很多機會來培養你學問胃口。若是做別的職業呢。我勸你每日除本業正當勞作之外。最少總要騰出一點鐘。研究你所嗜好的學問。一點鐘那裏不消耗了。千萬別要錯過。鬧成「學問胃弱」的證候。白白自己剝奪了一種人類應享之特權啊。

第三、深入的研究。趣味總是慢慢的來。越引越多。像那喫甘蔗。越往下纔越得好處。假如你雖然每天定有一點鐘做學問。但不過拿來消遣消遣。不帶有研究精神。趣味便引不起來。或者今天研究這樣明天研究那樣。趣味還是引不起來。趣味總是藏在深處。你想得着。便要入去。這個門穿一穿。那個窗戶張一張。再不會看見『宗廟之美。百官之富。』如何能有趣味。我方纔說。『研究你所嗜好的學問。』嗜好兩個字很要緊。一個人受過相當的教育之後。無論如何。總有一兩門學問和自己脾胃相合。而已經懂得大概可以作加工研究之預備的。請你就選定一門作爲終身正業（指從事學者生活的人說）或作爲本業勞作以外的副業。（指從事其他職業的人說）不怕範圍窄。越窄越便於聚精神。不怕問題難。越難越便於鼓勇氣。你只要肯一層一層的往裏面追。我保你一定被他引到『欲罷不能』的地步。

第四、找朋友。趣味比方電。越磨擦越出。前兩段所說。是靠我本身和學問本身相磨擦。但仍恐怕我本身有時會停擺。發電力便弱了。所以常常要仰賴別人幫助。一個人總要有幾位共事的朋友。同時還要有幾位共學的朋友。共事的朋友。用來扶持我的職業。共學的朋友和共頑的朋友同一性質。都是用來磨擦我的趣味。這類朋友。能彀和我同嗜好一種學問的自然最好。我便和他打夥研究。即或不然——他有他的嗜好。我有我的嗜好。只要彼此都有研究精神。我和他常常在一塊或常常通信。便不知不覺把彼此趣味都磨擦出來了。得着一兩位這種朋友。便算人生大幸福之一。我想只要你肯找。斷不會找不出來。

我說的這四件事。雖然像是老生常談。但恐怕大多數人都不曾會這樣做。唉。世上人多麼可憐啊。有這種不假外求不會蝕本不會出毛病的趣味世界。竟自沒有幾個人肯來享受。古書說的故事『野人獻曝』。我是嘗冬天晒太陽的滋味嘗得舒服透了。不忍一人獨享。特地恭恭敬敬的來告訴諸君。諸君或者會欣然采納吧。但我還有一句話。太陽雖好。總要諸君親自去晒。旁人卻替你晒不來。

生物學在學術界之位置

八月十八日在南京應科學社生物研究所開幕講演

本社多年經營創設的研究所。到今天纔成立生物學一部門。固然因爲社中力量有限。未能各部門同時並舉。但何以最初先從生物學着手呢。據我想也很含有重大的意味。今請把生物學在學術界之位置說說以當祝辭。

生物學在學術界的輩行是很幼的。他成爲名實俱備的一種獨立科學。不過從一八五九年十一月達爾文種源論出版的那一日起。比諸數學、理化學、政治學、生計學、哲學……等等有一二千年歷史的學科。資格淺得多了但講到學問力量之偉大——一種學問出來能影響於一切學問而且改變全社會一般人心我想自有學問以來能彀比得上生物學的再沒有第二種

第一、他把人類在世界上的眞位置確定了從前人類把自己身分夸張得過甚宇宙間一切物類上自日星下到蟲魚草木都認作人類之目的物——說他們都是爲人類而存在什麼上帝照着自己樣子造人什麼六日造出來的東西都賞給人用什麼與天地參叫做三才什麼「天人相與」日食星變都關係人事這種妄想中外同揆妄想結果能令人日日去夢想非分的事把自己分內事倒忘記了做學問的開口便要把宇宙說明做事業的動手便要把陰陽變理其實是絕對做不到的事白把精神費掉還養成許多有毒害的思想生物學出世之後纔知道人類不過脊椎動物部中乳哺門猿類之一種從最下等原始生物中漸漸變成並沒有什麼「首出庶物」的特權所有生物界生活法則我們沒有那樣不受其支配人類從前像列子裏頭說的寓言告化子每晚夢做皇帝（役夫昔昔夢爲國君）享了許多福施了許多威都是空的如今醒了才明白自己身分量自己的力結結實實去做自己所應做而且能做到的事這種發明是生物學家一件驚人事業

第二、他把進化的大道理尋出了從前我們總以爲黃金時代早經過去我們只有一天一天的往黑路上行因此心中充滿了悲哀喪失掉前進的勇氣常常向後望拿戀舊作爲唯一的安慰生物學出世之後纔知道從幾十萬年以前生物界的活動總像登山一般一層一層的往上爬人類大概是最高一層然而爬了幾萬年也不過爬得幾級每爬一級總比從前得的好處更多令我們得著人生新趣味像一盞明燈引着我們向希望路上行這種發明又是生物學家一件驚人事業

看嗎．他們天天拾蚌殼、捉蝴蝶、養白鴿、剝蝦蟆、……好像小孩子弄頑意兒一般．誰知就在這頑意兒裏頭發出一種極雄偉極神祕的電力一直震盪到全世界人心坎上．令全世界思想界乃至現實生活界立刻旌旗變色．十九世紀下半期的世界幾乎成了生物學的獨舞臺．

生物學不過自然科學中之一種．但他所銜的職務．不僅在他本身．還不僅在自然科學．他直接產生一位極體面極强壯的兒子．名叫社會學．他把生物界生存的共通法則——如遺傳、如適應、如蛻變、如競爭、如淘汰、如互助、如進化、等等．都類推到人類生活上去．如何如何的發展個性．如何如何的保存團體．件件都發見出「逼近必然性」的法則．於是人類社會怎樣的組織．怎樣的變化．歷歷然有線路可尋．社會學所以能應運而生．可以說全部都建設在生物學基礎之上．不惟直接產生社會學而已．凡有關於人事之諸學科．如法律學、如經濟學、如政治學、如宗教學、如歷史學、都受了他的刺戟．一齊把研究方向挪轉．試看近五十年來這些學問．那一種不和所謂「達爾文主義」者發生交涉．無論是宗法他或是駁難他．總不能把他擱在一邊不管．他比方一隻大蜘蛛伸着八根長腿到處爬動．爬得各門學問都發癢．他產生了這位兒子．社會學這位兒子把他同類的學問．政治學經濟學歷史學……等等合成一個聯邦國．叫做社會科學．取得和自然科學對抗的資格．他以自然科學一部門的身分．伸手干涉到社會科學的全部．好像歐洲島上小小一個英倫王遙領亞洲的印度皇帝．學界奇異的現象．莫過於此了．

他這頂皇冕何止統治東半球歐亞兩洲呢．還支配到新大陸．向來哲學和科學是兩個分野．哲學家最心高氣傲．把別的學問都看成自己的「輿臺」．自從生物學出世．哲學界便軒然大波的發生革命．多少年共推為正統的康德派」漸漸偃旗息鼓。以生物學爲基礎的進化派。便大踏步取而代之。過去的斯賓塞爾。現在的柏格森。都是這派的鉅子。他們在哲學界地位如何。我們國裏人多已知道了。即如下一個月就要來南京講演的杜里舒。他的學派便有人替他起名叫做「生物學的哲學。」要之。以近年哲學趨勢而論。講得客氣點呢。可以說是科學侵入哲學。講得蠻橫點呢。可以說是科學征服哲學。侵入軍征服軍的急先鋒是誰。便是生物學。思想影響到行爲。是無可逃避的。生物學既已成了五十年來思想界的霸王。自然社會上政治上經濟上無不受其簸盪。最怕人的軍國主義。以物競天擇爲信條。最時髦的社會主義。以同勞互助相號召。彼此立於兩極端。然而理論的基礎都求之於生物學。豈非奇事。這樣看來。過去世界五年大戰以及將來全世界社會革命。其原動力都在生物學。學問力量之偉大。還有過於此嗎。

我是科學的門外漢。本來不配在此說話。幸逢本研究所開幕盛典。得有參與的光榮。只得把自己很粗淺的見解貢獻出來。助一助諸君研究興味。我希望本社前途發展和生物學一樣的猛利。我希望本研究所每年有一個新部門開幕。像生物學會養出許多兒子來。

美術與生活

八月十二日在上海美術專門學校講演

諸君。我是不懂美術的人。本來不配在此講演。但我雖然不懂美術。却十分感覺美術之必要。好在今日在座諸君。和我同一樣的門外漢諒也不少。我並不是和懂美術的人講美術。我是專要和不懂美術的人講美術。因爲人類固然不能個個都做供給美術的「美術家。」然而不可不個個都做享用美術的「美術人。」「美術人」這三個字是我杜撰的。諒來諸君聽着很不順耳。但我確信「美」是人類生活一要素——或者還是各種要素中之最要者。倘若在生活全內容中把「美」的成分抽出。恐怕便活得不自在。甚至活不成。中國向來非不講美術——而且還有很好的美術。但據多數人見解。總以爲美術是一種奢侈品。從不肯和布帛菽粟一樣看待。認爲生活必需品之一。我覺得中國人生活之不能向上。大半由此。所以今日要標「美術與生活」這題特和諸君商榷一回。

問人類生活於什麼。我便一點不遲疑答道『生活於趣味。』這句話雖然不敢說把生活全內容包舉無遺。最少也算把生活根芽道出。人若活得無趣。恐怕不活着還好些。而且勉强活也活不下去。人怎樣會活得無趣呢。第一種。我叫他做石縫的生活。擠得緊緊的沒有絲毫開拓餘地。又好像披枷帶鎖。永遠走不出監牢一步。第二種。我叫他做沙漠的生活。乾透了沒有一毫潤澤。板死了沒有一毫變化。又好像蠟人一般。沒有一點血色。又好像一株枯樹。庾子山說的「此樹婆娑。生意盡矣。」這種生活是否還能叫做生活。實屬一個問題。所以我雖不敢說趣味便是生活。然而敢說沒趣便不成生活。

趣味之必要既已如此。然則趣味之源泉在那裏呢。依我看有三種。

第一。對境之賞會與復現。人類任操何種卑下職業。任處何種煩勞境界。要之總有機會和自然之美相接觸。——所謂水流花放。雲卷月明。美景良辰。賞心樂事。只要你在一剎那間領略出來。可以把一天的疲勞忽然恢復。把多少時的煩惱丢在九霄雲外。倘若能把這些影像印在腦裏頭令他不時復現。每復現一回。亦可以發生與初次領略時同等或僅較差的效用。人類想在這種塵勞世界中得有趣味這便是一條路。

第二、心態之抽出與印契人類心理凡遇着快樂的事把快樂狀態歸攏一想越想便越有味或別人替我指點出來我的快樂程度也增加凡遇着苦痛的事把苦痛傾筐倒篋吐露出來或別人能够看出我苦痛替我說出我的苦痛程度反會減少不惟如此看出說出別人的快樂也增加我的快樂替別人看出說出苦痛也減少我的苦痛。這種道理因爲各人的心都有個微妙的所在只要搔着癢處便把微妙之門打開了那種愉快眞是得未曾有所以俗話叫做「開心」我們要求趣味這又是一條路。

第三、他界之冥構與驀進對於現在環境不滿是人類普通心理其所以能進化者亦在此就令沒有什麼不滿然而在同一環境之下生活久了自然也會生厭不滿儘管不滿生厭儘管生厭然而脫離不掉他這便是苦惱根原然則怎樣救濟法呢肉體上的生活雖然被現實的環境綑死了精神上的生活却常常對於環境宣告獨立或想到將來希望如何如何或想到別個世界例如文學家的桃源哲學家的烏託邦宗教學的天堂淨土如何如何忽然間超越現實界闖入理想界去便是那人的自由天地我們欲求趣味這又是一條路。

第三種趣味無論何人都會發動的但因各人感覺機關用得熟與不熟以及外界幫助引起的機會有無多少於是趣味享用之程度生出無量差別感覺器官敏則趣味增感覺器官鈍則趣味減誘發機緣多則趣味强誘發機緣少則趣味弱專從事誘發以刺戟各人器官不使鈍的有三種利器一是文學二是音樂三是美術。

今專從美術講美術中最主要的一派是描寫自然之美常常把我們所曾經賞會或像是曾經賞會的都復現出來我們過去賞會的影子印在腦中因時間之經過漸漸淡下去終必有不能復現之一日趣味也跟着消滅

了。一幅名畫在此看一回便復現一回。這畫存在在。我的趣味便永遠存在。不惟如此。還有許多我們從前不注意賞會不出的。他都寫出來指導我們賞會的路。我們多看幾次便懂得賞會方法。往後碰着種種美境我們也增加許多賞會資料了。這是美術給我們趣味的第一件。

美術中有刻畫心態的一派。把人的心理看穿了。喜怒哀樂都活跳在紙上。本來是日常習見的事。但因他寫的唯妙唯肖。便不知不覺間把我們的心絃撥動。我快樂時看他便增加快樂。我苦痛時看他便減少苦痛。這是美術給我們趣味的第二件。

美術中有不寫實境實態而純憑理想搆造成的。有時我們想搆一境。自覺模糊斷續不能搆成。被他都替我表現了。而且他所搆的境界種種色色有許多為我們所萬想不到。而且他所搆的境界優美高尚能把我們卑下平凡的境界壓下去。他有魔力能引我們跟着他走。闖進他所到之地。我們看他的作品時。便和他同住一個超越的自由天地。這是美術給我們趣味的第三件。

要而論之。審美本能。是我們人人都有的。但感覺器官不常用或不會用。久而久之麻木了。一個人麻木。那人便成了沒趣的人。一民族麻木。那民族便成了沒趣的民族。美術的功用。在把這種麻木狀態恢復過來。令沒趣變為有趣。換句話說。是把那漸漸壞掉了的愛美胃口。替他復原。令他常常吸受趣味的營養。以維持增進自己的生活康健。明白這種道理。便知美術這樣東西在人類文化系統上該占何等位置了。

以上是專就一般人說。若就美術家自身說。他們的趣味生活。自然更與衆不同了。他們的美感。比我們銳敏若干倍。正如牡丹亭說的『我常一生兒愛好是天然。』我們領略不着的趣味。他們都能領略。領略夠了。終把些唾餘分贈我們．分贈了我們．他們自己並沒有一毫破費．正如老子說的『既以爲人己愈有既以與人己愈多』
假使『人生生活於趣味』這句話不錯．他們的生活眞是理想生活了．
今日的中國．一方面要多出些供給美術的美術家．一方面要普及養成享用美術的美術人．這兩件事都是美術專門學校的責任．然而該怎樣的督促贊助美術專門學校叫他完成這責任．又是教育界乃至一般市民的責任．我希望海內美術大家和我們不懂美術的門外漢各盡責任做去．

敬業與樂業

八月十四日在上海中華職業學校講演

我這題目．是把禮記裏頭『敬業樂羣』和老子裏頭『安其居樂其業』那兩句話斷章取義造出來．我所說是否與禮記老子原意相合．不必深求．但我確信敬業樂業四個字．是人類生活不二法門．

本題主眼．自然是在敬字樂字．但必先有業．纔有可敬可樂的主體．理至易明．所以在講演正文以前．先要說說有業之必要．

孔子說．『飽食終日．無所用心．難矣哉．』又說．『羣居終日．言不及義．好行小慧．難矣哉．』孔子是一位教育大家．他心目中沒有什麼人不可敎誨．獨獨對於這兩種人便搖頭歎氣說道．『難、難、』可見人生一切毛病都有藥可醫．惟有無業游民．雖大聖人碰着他．也沒有辦法．

唐朝有一位名僧百丈禪師．他常常用兩句格言敎訓弟子．說道．『一日不做事．一日不喫飯．』他每日除上堂說法之外。還要自己掃地、擦桌子、洗衣服。直到八十歲日日如此。有一回他的門生想替他服勞。把他本日應做的工悄悄地都做了。這位言行相顧的老禪師老實不客氣。那一天便絕對的不肯喫飯。

我徵引儒門佛門這兩段話。不外證明人人都要正當職業。人人都要不斷的勞作。倘若有人問我。百行什麼爲先。萬惡什麼爲首。我便一點不遲疑答道。『百行業爲先。萬惡懶爲首。』沒有職業的懶人。簡直是社會上蛀米蟲。簡直是『掠奪別人勤勞結果』的盜賊。我們對於這種人。是要徹底討伐。萬不能容赦的。有人說。我並不是不想找職業。無奈找不出來。我說。職業難找。原是現代全世界普通現象。我也承認這種現象應該如何救濟。別是一個問題。今日不必討論。但以中國現在情形論。找職業的機會。依然比別國多得多。一個精力充滿的壯年人。倘若不是安心躲懶。我敢信他一定能得相當職業。今日所講。專爲現在有職業及現在正做職業上預備的人——學生——說法。告訴他們對於自己現有的職業應採何種態度。

第一要敬業。敬字爲古聖賢教人做人最簡易直捷的法門。可惜被後來有些人說得太精微。倒變了不適實用了。惟有朱子解得最好。他說『主一無適便是敬。』用現在的話講。凡做一件事。便忠於一件事。將全副精力集中到這事上頭。一點不旁騖。便是敬。業有什麼可敬呢。爲什麼該敬呢。人類一面爲生活而勞動。一面也是爲勞動而生活。人類既不是上帝特地製來充當消化麵包的機器。自然該各人因自己的地位和才力。認定一件事去做。凡可以名爲一件事的。其性質都是可敬。當大總統。是一件事。拉黃包車。也是一件事。事的名稱。從俗人眼裏看來。有高下。事的性質。從學理上解剖起來。並沒有高下。只要當大總統的人。信得過我可以當大總統纔去當。實實在在把總統當作一件正經事來做。拉黃包車的人信得過我可以拉黃包車纔去拉。實實在在把拉車當作一件正經事來做，便是人生合理的生活，這叫做職業的神聖。凡職業沒有不是神聖的，所以凡職業沒有不是可敬的。惟其如此，所以我們對於各種職業，沒有什麼分別揀擇。總之，人生在世，是要天天勞作的。勞作便是功德，不勞作便是罪惡。至於我該做那一種勞作呢？全看我的才能何如，境地何如。因自己的才能境地，做一種勞作做到圓滿，便是天地間第一等人。

怎樣纔能把一種勞作做到圓滿呢？唯一的祕訣就是忠實。忠實從心理上發出來的便是敬。莊子記痀瘻丈人承蜩的故事，說道：『雖天地之大，萬物之多，而惟吾蜩翼之知。』凡做一件事，便把這件事看作我的生命，無論別的什麼好處，到底不肯犧牲我現做的事來和他交換。我信得過我當木匠的做成一張好桌子，和你們當政治家的建設成一個共和國家同一價值；我信得過我當挑糞的把馬桶收拾得乾淨，和你們當軍人的打勝一枝壓境的敵軍同一價值。大家同是替社會做事，你不必羨慕我，我不必羨慕你。怕的是我這件事做得不妥當，便對不起這一天裏頭所喫的飯。所以我做事的時候，絲毫不肯分心到事外。曾文正說：『坐這山，望那山，一事無成。』我從前看見一位法國學者著的書，比較英法兩國國民性。他說：『到英國人公事房裏頭，只看見他們埋頭執筆做他的事；到法國人公事房裏頭，只看見他們啣着煙捲像在那裏出神。英國人走路，眼注地上，像用全副精神注在走路上；法國人走路，總是東張西望，像不把走路當一回事。』這些話比較得是否確切，姑且不論；但很可以為敬業兩個字下注脚。若果如他們所說，英國人便是敬，法國人便是不敬。一個人對於自己的職業不敬，從學理方面說，便褻瀆職業之神聖；從事實方面說，一定把實情做糟了，結果自己害自己。所以敬業主義，於人生最為必要，又於人生最為有利。莊子說：『用志不紛，乃凝於神。』孔子說：『素其位而行，不願乎其外。』

我說的敬業不外這些道理。

第二要樂業『做工好苦呀』這種歎氣的聲音無論何人都會常在口邊流露出來但我要問他『做工苦難道不做工就不苦嗎』今日大熱天氣我在這裏喊破喉嚨來講諸君扯直耳朶來聽有些人看着我們好苦翻過來倘若我們去賭錢去喫酒還不是一樣的淘神費力難道又不苦須知苦樂全在主觀的心不在客觀的事人生從出胎的那一秒鐘起到嚥氣的那一秒鐘止除了睡覺以外總不能把四肢五官都閣起不用只要一用不是淘神便是費力勞苦總是免不掉的會打算盤的人只有從勞苦中找出快樂來我想天下第一等苦人莫過於無業游民終日閑遊浪蕩不知把自己的身子和心子擺在那裏纔好他們的日子眞難過第二等苦人便是厭惡自己本業的人這件事分明不能不做却滿肚子裏不願意做不願意做逃得了嗎到底不能結果還是緫着眉頭哭喪着臉做去這不是專門自己替自己開頑笑嗎我老實告訴你一句話凡職業都是有趣味的只要你肯繼續做下去趣味自然會發生爲什麼呢第一、因爲凡一件職業總有許多層累曲折倘能身入其中看他變化進展的狀態最爲親切有味第二、因爲每一職業之成就離不了奮鬬一步一步的奮鬬前去從刻苦中得快樂快樂的分量加增第三、職業的性質常常要和同業的人比較駢進好像賽球一般因競勝而得快樂第四、專心做一職業時把許多游思妄想杜絕了省却無限閑煩惱孔子說『知之者不如好之者好之者不如樂之者』人生能從自己職業中領略出趣味生活纔有價值孔子自述生平說道『其爲人也發憤忘食樂以忘憂不知老之將至云爾』這種生活眞算得人類理想的生活了。

我生平最受用的有兩句話一是『責任心』二是『趣味』我自己常常力求這兩句話之實現與調和又常

常把這兩句話向我的朋友强聒不舍。今天所講。敬業即是責任心。樂業即是趣味。我深信人類合理的生活總該如此。我盼望諸君和我同一受用。

教育應用的道德公準

在南京金陵大學講演

康瀚　李儒勉　筆記

主席。諸君。我今天晚上有機會同諸位見面討論。是一件很榮幸的事體。我在南京這幾天時間很短促。東南大學那邊又擔任有演講。所以沒有工夫預備。今天晚上實在沒有什麼重要的話可以貢獻。諸君。現在所欲同諸君研究的就是剛纔主席所報告的題目『教育應用的道德公準』

現在不是人人都說世道衰微。人心不古。道德的墮落眞有江河日下之勢嗎。這不單是中國如此。歐美各國亦是免不了的。他們覺得人類的道德越古越好。到了現在。總不免要每況愈下的。或者說道德和科學及物質文明是成反比例的。科學越發達。物質文明越進步。道德就要墮落和退步的。現在有許多人都有這種感想。但是。諸君現在的道德果然是墮落嗎。或是朝他一方面進化呢。假如現在的道德是果眞墮落。應當用什麼方法去救濟他呢。欲解決這兩個問題。非得先定一個道德的公準不可。欲定道德的公準須先知道公準之意義。什麼是公準呢。就是公共的標準。『權然後知輕重。度然後知長短』。欲知道德的夠不夠。要先知道怎樣的道德才是夠。果眞不夠了。用什麼方法去補足他。這樣非得有個尺斗不行。所以研究道德的公準這問題。是很重要的。但是道德畢竟有公準沒有呢。大概古來主張道德有公準的學說很多。譬如中國舊學說便是主張道德有公準的所說『日月經天江河行地』『質諸鬼神而無疑建諸天地而不悖』『放之四海而皆準』此類的話都足以證明中國道德是有公準的西洋各國崇拜基督敎的都以基督的道德爲準則合於基督所言所行的無論何時何地都可以通行歐洲如此美洲亦是如此所以無論中外在一百年以前都主張道德有公準的不過近來因科學和哲學自由發展的結果就有一派的學說不認道德是有公準的他們以爲道德是隨時隨地演進變遷的所謂放諸四海行之百世不生弊害的是靠不住的譬如基督敎舊約聖經說『人欲殺他的長男作上帝的犧牲』這算是道德設使他愛惜他的兒子不肯獻給上帝那就是不道德了但是在現在看來殺人做犧牲到底是道德還是不道德呢又如歐美女子社交自由男女交際算不得什麼從前中國女子深居簡出從不許拋頭露面在外邊走的現在在坐諸位一半是女子當着這深夜和男子雜坐一堂這豈不是道學先生所謂極不道德的事體嗎但是諸位自己想想諸位今天是道德還是不道德呢設使我今天說你們是不道德這不是笑話嗎諸如此類可見道德應該因時制宜隨機應變不宜用什麼公準去束縛他以致失掉道德的眞象阻礙道德的進步這一派的學說主張道德沒有公準的都是持之有故言之成理但是依我個人的意見道德應有公準爲是因爲假使道德沒有公準道德的自身便不免蹈空陷落虛無人生在世界上無論對己對人都要毫無把握所以我主張有公準說

既然道德要有公準我們用什麼方法去找出這公準來呢如此不可不先定一公準之公準譬如道德的公準是一丈或八尺但是怎樣定這公準之公準就是一丈或八尺呢音樂的公準是音符音符是由黃鐘之宮定的所以這黃鐘之宮就是音樂公準的公準長度的公準是公尺就是「米突」這米突乃是取自巴黎子午線自

地球之赤道至北極分做一千萬分之一。這一千萬分之一。便是米突的公準。便是公準的公準。道德公準的公準。是什麼呢。依我看來。道德的公準至少有三個條件。

(一)道德是要永久的。無所謂適於古者不適於今。合於今者不合於後的。好像犧牲長子獻給上帝。在古時是道德。在現在是不道德。

(二)道德是要周徧的。能容涵許多道德的條目。並不相互發生衝突。

(三)道德是對等的。沒有長幼貴賤男女之分。只要凡是人類都要遵守的。依照他去做便是道德。不然便不是道德。

依照上面所說的三個條件看來。可見我們修身教科書裏面所說的。和歷來傳襲的倫理觀念。能夠合於第一條的。未必能夠合於第二條。譬如父子君臣之間。父施之子。君施之臣。是道德的。子若同樣的反報之父。臣同樣的反報之君。便是大逆不道。這樣自然不能做道德的公準。

道德公準的條目。越少越好。那些主張道德有公準的。常常被那主張無公準的人所駁倒。便是因爲繁文縟節。條目太多。所以往往不能自圓其說。這是很危險的。所謂道德者。須人人竭誠信奉。可以反求諸己。施諸他人。此心泰然。所嚮無阻。否則難免良心之責備。爲社會所不容。如此道德的權威方能存在。不然。無論你多大的力量。亦是不能維持的。

我們中國的老前輩。常常嘆惜我們中國道德日漸墮落。他們硬把二十年前的道德觀念。瑣瑣屑屑的責備我們。强迫着我們去行。結果依然行不通。或者不能自圓其說。一般的人便以爲不能行。悍然不去行了。或是冒著道德的招牌。幹那些不道德的事。這不更糟了嗎。所以我們現在要講道德的公準。萬萬不能把從前瑣瑣屑屑。的條目。責備現在的人。只宜從簡單入手。條目越少。遵守較易。道德的權威便易養成。無論何人。違犯了這公準。便免不了受良心的責備。和社會制裁。故道德的公準不可沒有。又不可過多。而最普徧最易遵守的道德公準。不外下列四條。

（一）同情——反面是嫉妒。

（二）誠實——反面是虛僞。

（三）勤勞——反面是懶惰。

（四）剛强——反面是怯弱。

上述四者。無古今中外之分。隨時隨地都應遵守的。四者包涵很廣。却並無不相容納。且是對等的重要。即就同情心而論。非謂父可不必慈子却必孝。君不必待臣以禮。臣必須事君以忠。本國人對本國人固然應該敬愛。便是本國人對外國人。何嘗不應如是呢。小孩固應誠實。長成了後。難道便可以說謊欺誑嗎。做老爺的固然應該勤勤懇懇去做。老太爺和少爺便可以坐吃享福嗎。就是剛强一項。亦非謂某種人是應該剛強。某種人可以不必的。

用以上四種做道德公準。一定能行的。因爲道德的目的不外下述二者。

（一）發展個性。

（二）發展羣性。

凡是一個人不能發展他的個性。便是自暴自棄。孔子說『惟天下至誠。爲能盡其性。能盡其性。則能盡人之性。』這盡人之性便是一個人處著特殊的地位將固有的特色盡量發揮這纔不辜負我們的一生而人生在世界上所以能够生存。不光是恃著個人。尤貴在人與人的關係。這就是羣。我們家庭至小的單位是夫婦。大之有父子兄弟。在鄰里有鄉黨。在學校有同學。在工廠有同事。在國家有國人。所以一方面我們要發展個性。他一方面又要發展羣性。能够如此。纔算是有了高尚的道德。

(一)同情　世上一切道德的根源。都起於愛——同情心。相愛是萬善之根。相妒是萬惡之源。就是最高尚的互助和博愛。亦是由於同情所產生的。孟子說。『惻隱之心。仁之端也。』這不是說惻隱就是仁。但他是仁之端。同情比較惻隱尤其寬大。惻隱不過是因人的苦痛。生出憐惜的意思。同情不但是憐惜人的苦痛。而且是與人同樂的。

嫉妒爭鬬是萬惡之源。而同類相殘。幾乎成了世上普徧的通病。人爲萬物之靈。這罪惡是尤其大的。你看資本家老爺們。那個不吃人肉吮人血呢。因妒的結果。家庭內妯娌不和。兄弟鬩牆。一國裏頭兩黨執政。互相排擠。國與國之間生出許多戰事。世界許多罪惡。都是妒字造成的。這樣看來。可見同情是道德。嫉妒是罪惡。拿這公準去批評道德。可知古今中外所主張的極端狹隘的愛國論。亦是不道德。此外如同階級戰爭。就是平民與貴族的戰爭。勞工與資本家的衝突等等。好處固然不少。而根源於嫉妒。藉端報復。仍爲不道德。

(二)誠實　誠實爲道德。虛僞爲罪惡。用不著解釋。各宗教都如此說。早已成爲公準了。但是各宗教究竟有虛僞性沒有呢。基督徒能够眞不虛僞的有幾個呢。大槪總免不了做面子的。和尙道士尤其如此。僞的道德在社會上早已成爲有權威的了。中國何嘗不講誠實呢。設使社會上不帶幾分假。終是行不通。甚且說你是不道德。譬如父母死了。哀慟是人情之常。但是哀慟亦是因人不同。且不必整天的在那裏哀慟。晉朝嵇康父母死了。每天吃飯喝酒。同平常一樣。但是他傷心起來。便號咷大哭。哭過了後。渾身變色。不過他不但沒有挨餓。反而飲酒這在道德上有什麼妨礙呢。現在的人。父母死了。必要臥苫枕塊。穿麻扶杖。纔算哀慟。設使一個人不臥苫枕塊。穿麻扶杖。却披上一件大紅繡襖。他雖然哀慟到十二分。社會責備他說他不孝不道德。反之。他縱然毫無哀慟。而穿上麻服。社會亦就無言可說。這不是社會獎勵虛僞嗎。歐美各國亦是如此。明知故犯的很多。知道誠實當行。而不能行的更是不少。

(三)勤勞　古人有說『萬惡淫爲首。百善孝爲先。』我却欲改竄著說『萬惡惰爲首。百善勤爲先。』因爲上帝創造世人。並不是他開了麵包鋪。消售不了。給我們白吃的。世上無論何人。勤勞是他的本分。設使他不勞作而吃飯。便是搶劫侵佔。一切虛僞嫉妒種種罪惡。因此而起。但是歷來宗教家和政治家。到底是獎勵勤勞。還是獎勵懶惰呢。釋迦牟尼削髮入山。四十九年苦行救世。每天只吃中飯。而教人不倦。他是勤勞可嘉的。和尚就絕對不同了。他們整天靜坐入定。無所事事。靜坐入定。好不好。是另一問題。但是他們享受淸福。我們這般俗子勞勞碌碌。做什麼呢。耶穌基督是勤勞。基督教徒便不然了。羅馬教皇。乃是天下一個頂懶惰的人。孔子學不厭誨不倦。他是個很勤勞的人。後來的儒生。讀了四書五經。便藉以騙錢做官。下焉者無惡不做。上焉者清廉自守。然人不是石獅子。可以坐著不吃。光是清廉自守。還是不够。所以要學孔子的不懶惰。然而這樣人很少。宗教如此。政治亦然。祖宗立了功勳。子孫可以世襲封爵。祖宗的遺產。可以傳留子孫。子孫便可以安坐而食。這不是政治獎勵懶惰嗎。懶惰已被世人承認爲罪惡。而政治宗教反而獎勵之。可謂是孟子所說的『無是非之心』了。

(四)剛强　人生在世光是能够勤勞還不够因爲一個人如須發展個性或羣性時。不能天天都走平坦的道路上。有時不免要向崎嶇狹隘的路走。走平路固然可恃我們平常的力量去行。設使遇著艱難的路。足以妨礙及侵害我們的發展時。獨力不克制服則種種道德學問不免被困降伏。一個人儘管你五十九年有道德。臨了六十那一年失了剛强的能力。不能持下去。便是不道德了。一個人有了剛强的能力。憑你有多大的壓力要我行虛僞不誠實。便抵死不幹。勤勞亦是這樣。凡人欲能護衞自己。不使墮落。非恃剛强不行。

以上所述的四種公準能够看得透。體得切。每天的言語行動都照著去做。事事都求合乎公準。社會的批評亦把這四種做標準。合的爲道德。不合爲不道德。教育界亦不必多言費事。只好牢牢記住。我們欲看教育的進步與否。祇看被教者能遵守此四者與否。

市民的羣衆運動之意義及價值

對於雙十節北京國民裁兵運動大會所感

十一年雙十節在天津青年會講演

今天北京國民裁兵運動大會。我因爲先期應了此地講演之約。不能到彼處參加。所以就把我對於這回運動的感想做今天演講的材料。

這回運動算是『五四』以後第一次壯舉。而且比『五四』像是更進步。因爲

一、『五四』性質純屬對外的此次却是對內的所以精神越發鞭辟近裏。

二、『五四』全以學生爲主體此次各界人皆有所以市民的色彩越加濃厚。

這種市民的羣衆運動是什麼意思呢有什麼好處呢一部十九世紀歐洲政治史便是這個問題絕好的答案。換句話說歐洲一百多年來種種有主義的政治都是從這種市民的羣衆運動製造出來每一種理想的主義從初發生之日起到完全現爲事實之日止中間總經過一次兩次三次……乃至數十次之羣衆運動不經過這種運動而主義能彀實現的到底無有這種運動一次兩次……幾十次繼續下去而主義永遠不能實現的也到底無有歐美人發見了這個原則每有一個主義發生便把這原則來應用到那個主義變成事實之後又有時代新要求之別的主義又把這原則來應用如是一步一步的向上經過一個坡又到一個坡爬上一層嶺又到一層嶺所以他們的政治是活的是天天進步的他們將來進步到什麼田地雖不敢說然而一百多年的成績也就可觀了。

爲什麼要用這種手段來進行政治呢因爲這是德謨克拉西國家——即民主國家的根本精神所在凡民主國家的政治總要建設在國民意識之上什麼是國民意識呢國民對於某種主義切切實實認識他是好對於某種主義切切實實認識他是壞對於某種主義切切實實認識他是好在同一主義之中對於某樣辦法切切實實認識他不對對於某樣辦法切切實實認識他是對於是把他們認爲好的認爲對的想法子用法律規定他而且叫行政官照樣執行這就叫做國民意識的政治然則這種國民意識從那裏看出來呢人人藏在心裏頭的當然不算帳總須有一種現於外面的行爲來表示他市民的羣衆運動就是表示國民意識的最好法門。

凡人類意識是逐漸發展的個人意識如此國民意識也是如此當君主政治或貴族政治的時代國民的政治意識很微薄而且很蒙昧因爲人類的本能那一部分久閣不用他便會像鐵生銹的樣子把原有的功用喪失掉這種道理稍爲學過生理學心理學的人諒來都明白在專制國家底下用不着人民來管政治多數人的政治意識自然會麻木下去現在中國老百姓們對於政治好像事不關己的樣子常常採一種旁觀態度說道『懶得管他』這便是政治意識麻木的病象其實這種病象不獨中國人爲然歐美人從前何嘗不是如此爲什麼歐美人政治意識會一天一天的往上發達他常常有人打藥針把那麻木過去的本能漸漸恢復轉來政治之好壞本來和我們身家性命直接間接有莫大關係但是因爲政治意識麻木的結果令我們不大感覺出來常要給他些刺戟纔能把熟睡的意識喚起喚起國民意識的方法雖然很多內中最猛烈而最普徧者莫過於市民的羣衆運動

政治上各種問題都要經過專門研究纔能判斷他的是非得失一般老百姓那裏有許多閑工夫逐件去研究呢他們的判斷力自然不容易發生既已不會判斷只好不管便了市民的羣衆運動是把專門家對於某種問題研究之結果——該問題過去現在之狀況如何將來發生的利害關係如何應該革除或建設之辦法如何用種種方法向一般沒有研究的人說明質而言之就是把專門智識成爲通俗化例如英國從前多年競爭的政治問題所謂自由貿易政策與保護貿易政策之得失這類事本來非專門研究經濟的人不會懂然而像英國式的政治非得多數人民贊成他的政策不能組織政府所以他們用羣衆運動的方法把那些繁難深奧的道理弄成淺白的演說辭或小册子叫多數人都了解於是一般國民對於政治上的判斷力日日增高會選擇

他們認爲適當的政策令他實現。所以市民的羣衆運動。是學校以外的一種政治教育。

羣衆運動一定有效果嗎。我說『有是一定有。急是急不來。』我們看一看。歐洲的普通選舉。是經過多少次羣衆運動纔得來啊。勞工立法。又是經過多少次羣衆運動纔得來啊。凡一種好主義好政策初發生的時候。大概多數人對於他的得失利害沒有什麼感覺。置之不理。同時却有少數人和他利害衝突。極力反對他。而這類少數人、却是現時最有勢力者。好主義的羣衆運動。第一層要令不注意的人注意。第二層要令不同情的人同情。第三層要令不敢主張的人敢主張。你想這種效果。豈是一時可以立刻發現。然而終久要成功是什麼緣故呢。就是我前兩段所說多數人麻木過去的意識。並不是刺戟不起來。多數人闕乏的判斷力。供給些材料自然會開發。所以只要有些人對於他所信的主義肯積極去幹。用這種羣衆運動方法。自然會惹起注意。引起同情。連膽也壯起來。起初贊成的人自然是極少數。漸漸成爲相對的少數。漸漸成爲多數。成爲絕對的多數。凡各國的革新事業。沒有不是走這一條路慢慢發展出來的。所以羣衆運動他的成功不在現在而在將來。現在是當然沒有效果的。然而現在的失敗。就是將來的成功之母。

現在稍爲關心政治一點的人大概都歎息痛恨說道『民國十年以來。政治沒有上軌道。』但是問什麼是政治軌道。怎樣纔能上軌道。恐怕許多人也回答不出來。依我說。政治軌道是要把政治建設在國民意識之上。想引他上軌道。除了市民羣衆運動外。沒有別條路。譬如有兩個反對的主義。只要彼此訴諸市民。各幹各的羣衆運動。誰能多得同情。誰便勝利。便拿着政府去行他主義。這就是軌道。譬如現在有些人主張中央統一。有些人主張聯省自治。若是在外國嗎。自然是各幹各的羣衆運動。到處開會演說。到處遊行鼓吹。中國人不然。一聲不響。各自各扛起鎗來拚命。那些做政治運動的政客嗎。只聽見他們關上門鬼鬼祟祟去運動某個某個闊人。沒有看見他們在羣衆中露過一回臉。質而言之。政治權力的來源完全是祕密的。不是公開的。怎麼會上軌道。我們要想得着軌道上的公開政治嗎。老實說。請從市民的羣衆運動做起。

以上所說。羣衆運動的意義及價值。大略可見了。今天北京的國民裁兵大會。可算得是民國成立以來『破題兒第一遭』。我盼望這回運動。能喚起多數人的政治意識。而且能給北京市民以多少的政治教育。我尤盼望這種運動能彀常常繼續。處處普及。將來眞正公開的民主政治。自然會漸漸確立起來。中華民國的金字招牌。便永遠不會變成灰色了。我覺得這件事是極可喜的一件事。所以把我感想說些出來。借此祝賀我們國家生日大慶。

五十年中國進化概論

一

申報館裏的朋友替他們「館翁申老先生」做五十整壽。出了許多題目找人做壽文。把這個題目派給我。呵呵。恰好我和這位「申老先生」是同庚。只怕我還是忝長幾天的老哥哥哩。所以我對於這篇壽文。倒有點特別興味。

卻是一件。我們做文章的人。最怕人出題目叫我做。因爲別人標的題。不見得和我所要說的話內容一致。我到底該做他的題呀。還是該說我的話呢。即如這個題目。頭一樁受窘的是範圍太廣闊。若要做一篇名副其實的文章。恐怕非幾十萬字不可。再不然我可以說一句『請看本書第二第三兩編裏頭那幾十篇大文。』我便交白卷完事。第二樁受窘的是目的太窄酷。題目是五十年的進化。許我說他的退化不呢。既是慶壽文章。逼著要帶幾分「善頌善禱」的應制體裁。那末可是更難著筆了。既已硬派我在這個題目底下做文章。我卻有兩段話須得先聲明。

第一　我所說的不能涉及中國全部事項。因爲對於逐件事項觀察批評。我沒有這種學力。我若是將某件某件如何進步說個大概。我這篇文章一定變成膚廓濫套的墨卷。我勸諸君不如看下邊那幾十篇大文好多著哩。諸君別要誤認我這篇是下邊幾十篇的總括。我不過將我下筆時候所感觸的幾件事隨便寫下來。絕無組織。絕無體例。老實說。我這篇只算是「雜感。」不配說是「概論。」

第二　題目標的是「進化。」我自然不能不在進化範圍內說。但要我替中國瞎吹。我卻不能。我對於我們所親愛的國家。固然想「隱惡而揚善。」但是他老人家有什麼毛病。我們也不應該「諱疾忌醫。」還是直說出來。大家想法子補救補救。纔好。所以我雖說他進化。那不進化的地力也常常提及。

這樣說來。簡直是「文不對題」了。好嗎。就把不對題的文胡亂寫出來。

二

有一件大事。是我們五千年來祖宗繼續努力。從沒有間斷過的。近五十年。依然猛烈進行。而且很有成績。是件什麼事呢。我起他一個名。叫做「中華民族之擴大。」原來我們中華民族。起初不過小小幾個部落。在山東河南等處地方得些根據地幾千年間慢慢地長……長……長成一個碩大無朋的巨族建設這泱泱雄風的大國他長的方法有兩途第一是把境內境外無數的異族叫他同化於我第二是本族的人年年向邊境移殖把領土擴大了五千年來的歷史都是向這條路線進行我也不必搬多少故事來作證了近五十年對於這件事有幾方面成功很大待我說來

一 洪楊亂後跟著西南地方有苗亂蔓延很廣費了十幾年工夫纔平定下來這一次平定卻帶幾分根本解決性質從此以後我敢保中國再不會有「苗匪」這名詞了原來我族對苗族乃是黃帝堯舜以來一樁大公案鬧了幾千年還沒有完全解決在這五十年內纔把黃帝伐蚩尤那篇文章做完最末的一段確是歷史上值得特筆大書的一件事

二 辛亥革命滿淸遜位在政治上含有很大意義下文再說專就民族擴大一方面看來那價值也眞不小原來東胡民族和我們搗亂搗了一千七八百年五胡南北朝時代的鮮卑甚麼慕容燕拓拔魏宇文周唐宋以後契丹跑進來叫做遼女眞跑進來叫做金滿洲跑進來叫做淸這些都是東胡族我們喫他們的虧眞算喫彀了卻是跑進來過後一代一代的都被我們同化最後來的這幫滿洲人盤據是盤據得最久同化也同化得最透滿洲算是東胡民族的大總匯也算是東胡民族的大結束近五十年來滿人的漢化以全速率進行到了革命後個個滿人頭上都戴上一個漢姓從此世界上可眞不會有滿洲人了這便是把二千年來的東胡民族全數融納進來變了中華民族的成分這是中華民族擴大的一大段落

三 內地人民向東北西北兩方面發展也是近五十年一大事業東三省這塊地方從前滿洲人預備拿來

做退歸的老巢。很用些封鎖手段。阻止內地人移殖。自從經過中日日俄幾場戰爭。這塊地方變成四戰之區。交通機關大開。經濟現狀激變。一方面雖然許多利權落在別人手上。一方面關內外人民關係之密度。確比從前增加好些。東三省人和山東直隸人漸漸打成一片了。再看西北方面。自從左宗棠開府甘陝。內地的勢力日日往那邊膨脹。光緒間新疆改建行省。於是兩漢以來始終和我們若即若離的西域三十六國。算是完全編入中國版圖。和內地一樣了。這種民族擴大的勢力。現在還日日向各方面進行。外蒙古阿爾泰青海川邊等處。都是在進步活動中。

四　海外殖民事業。也在五十年間很有發展。從前南洋一帶。自明代以來。閩粵人已經大行移殖。近來跟著歐人商權的發達。我們僑民的經濟勢力。也確立得些基礎。還有美洲澳洲等處。從前和我們不相聞問。如今華僑移住。卻成了世界問題了。這都是近五十年的事。都是我們民族擴大的一種表徵。

民族擴大。是最可慶幸的一件事。因此可以證明我們民族。正在青春時代。還未成年。還天天在那裏長哩。這五十年裏頭。確能將幾千年未了的事業。了他幾樁。不能不說是國民努力的好結果。最可惜的。有幾方面完全失敗了。第一是臺灣。第二是朝鮮。第三是安南。臺灣在這五十年內的前半期。很成了發展的目的地。和新疆一樣。到後半期被人搶去了。朝鮮和安南。都是祖宗屢得屢失的基業。到我們手上完全送掉。海外殖民。也到處被人迎頭痛擊。須知我們民族會往前進。別的民族也會往前進。今後我們若是沒有新努力。恐怕只有兜截轉來。再沒有機會能繼續擴大了。

三

學問和思想的方面，我們不能不認爲已經有多少進步，而且確已替將來開出一條大進步的路徑。這裏頭最大關鍵，就是科舉制度之撲滅。科舉制度，有一千多年的歷史，眞算得深根固蒂，他那最大的毛病，在把全國讀書人的心理都變成虛僞的因襲的籠統的，把學問思想發展的源泉都堵住了。廢科舉的運動，在這五十年內的初期已經開始，郭嵩燾馮桂芬等輩，都略略發表這種意見，到「戊戌維新」前後，當時所謂新黨如康有爲梁啓超一派，可以說是用全副精力對於科舉制度施行總攻擊，前後約十年間，經了好幾次波折，到底算把這件文化障礙物打破了。如今過去的陳跡，很像平常，但是用歷史家眼光看來，不能不算是五十年間一件大事。

這五十年間，我們有什麼學問可以拿出來見人呢？說來慚愧，簡直可算得沒有，但是這些讀書人的腦筋，卻變遷得眞厲害。記得光緒二年有位出使英國大臣郭嵩燾，做了一部游記，裏頭有一段大概說：『現在的夷狄，和從前不同，他們也有二千年的文明。』嗳喲，可了不得，這部書傳到北京，把滿朝士大夫的公憤都激動起來了，人人唾罵，日日奏參，鬧到奉旨燬板，纔算完事。曾幾何時，到如今「新文化運動」這句話，成了一般讀書社會的口頭禪。馬克思差不多要和孔子爭席，易卜生差不多要推倒屈原。這種心理對不對，另一問題，總之這四十幾年間思想的劇變，確爲從前四千餘年所未嘗夢見。比方從前思想界是一個死水的池塘，雖然許多浮萍荇藻掩映在面上，卻是整年價動也不動，如今居然有了『源泉混混不舍晝夜』的氣象了。雖然他流動的方向和結果，現在還沒有十分看得出來，單論他由靜而動的那點機勢，誰也不能不說他是進化。

古語說得好：『學然後知不足。』近五十年來，中國人漸漸知道自己的不足了。這點子覺悟，一面算是學問進步的原因，一面也算是學問進步的結果。第一期，先從器物上感覺不足。這種感覺，從鴉片戰爭後漸漸發動，到同治年間借了外國兵來平內亂。於是曾國藩李鴻章一班人很覺得外國的船堅礮利。確是我們所不及。對於這方面的事項覺得有舍己從人的必要。於是福建船政學堂上海製造局等等漸次設立起來。但這一期內思想界受的影響很少。其中最可紀念的。是製造局裏頭譯出幾部科學書。這些書現在看起來雖然很陳舊很膚淺。但那羣翻譯的人有幾位頗忠實於學問。他們在那個時代能夠有這樣的作品。其實是虧他。因爲那時讀書人都不會說外國話。說外國話的都不讀書。所以這幾部譯本書實在是替那第二期「不懂外國話的西學家」開出一條血路了。第二期是從制度上感覺不足。自從和日本打了一個敗仗下來。國內有心人眞像睡夢中著了一個霹靂。因想道堂堂中國爲什麼衰敗到這田地。都爲的是政制不良。所以拿「變法維新」做一面大旗。在社會上開始運動。那急先鋒就是康有爲梁啓超一班人。這班人中國學問是有底子的。外國文卻一字不懂。他們不能告訴人『外國學問是什麼。應該怎麼學法。』只會日日大聲疾呼說『中國舊東西是不夠的。外國人許多好處是要學的。』這些話雖然像是囫圇。在當時卻發生很大的效力。他們的政治運動是完全失敗。只剩下前文說的廢科舉那件事。算是成功了。這件事的確能夠替後來打開一個新局面。國內許多學堂外國許多留學生。在這期內蓬蓬勃勃發生。第三期新運動的種子也可以說是從這一期播殖下來。這一期學問上最有價值的出品。要推嚴復翻譯的幾部書。算是把十九世紀主要思潮的一部分介紹進來。可惜國裏的人能夠領略的太少了。第三期便是從文化根本上感覺不足。第二期所經過時間比較的很長——從甲午戰役起到民國六七年間止約二十年的中間。政治界雖變遷很大。思想界只能算同一個色彩。簡單說。這二十年間。都是覺得我們政治法律等等。遠不如人。恨不得把人家的組織形式。一件件搬進來。以爲但能夠這樣。萬事都有辦法了．革命成功將近十年．所希望的件件都落空．漸漸有點廢然思返．覺得社會文化是整套的．要拿舊心理運用新制度決計不可能．漸漸要求全人格的覺悟．恰值歐洲大戰告終．全世界思潮都添許多活氣．新近回國的留學生．又很出了幾位人物．鼓起勇氣做全部解放的運動．所以最近兩三年間．算是劃出一個新時期來了．

這三期間思想的進步．試把前後期的人物做個尺度來量他一下．便很明白．第一期．如郭嵩燾張佩綸張之洞等輩．算是很新很新的怪物．到第二期時．嵩燾佩綸輩已死去．之洞卻還在．之洞在第二期前半．依然算是提倡風氣的一個人．到了後半．居然成了老朽思想的代表了．在第二期．康有爲梁啓超章炳麟嚴復等輩．都是新思想界勇士．立在陣頭最前的一排．到第三期時．許多新青年跑上前線．這些人一躺一躺被擠落後．甚至已經全然退伍了．這種新陳代謝現象．可以證明這五十年間思想界的血液流轉得很快．可以證明思想界的體氣實已漸趨康強．

拿過去若干個五十年和這個五十年來比．這五十年誠然是進化了．拿我們這五十年和別人家的這五十年來比．我們可是慚愧無地．試看這五十年的美國何如．這五十年的日本何如．這五十年的德國何如．這五十年的俄國何如．他們政治上雖然成敗不同．苦樂不等．至於學問思想界．眞都算得一日千里．就是英法等老國．又那一個不是往前飛跑．我們鬧新學鬧了幾十年．試問科學界可曾有一兩件算得世界的發明．藝術家可曾有一兩種供得世界的賞玩．出版界可曾有一兩部充得世界的著述．哎、只好等第三期以後看怎麼樣罷．

四

『五十年裏頭別的事都還可以勉强說是進化。獨有政治。怕完全是退化吧。』這句話。幾幾乎萬口同聲都是這樣說。連我也很難得反對。雖然從骨子裏看來也可以說這五十年的中國最進化的便是政治原來政治是民意所造成。不獨「德謨克拉西」政治是建設在多數人意識之上。卽獨裁政治寡頭政治。也是建設在多數人意識之上。無論何種政治。總要有多數人積極的擁護——最少亦要有多數人消極的默認。纔能存在。所以國民對於政治上的自覺實爲政治進化的總根源。這五十年來中國具體的政治誠然可以說只有退化並無進化。但從國民自覺的方面看來。那意識確是一日比一日鮮明。而且一日比一日擴大。自覺覺些甚麼呢。

第一、覺得凡不是中國人都沒有權來管中國的事。

第二、覺得凡是中國人都有權來管中國的事。

第一種是民族建國的精神。第二種是民主的精神。這兩種精神。從前並不是沒有。但那意識常在睡眠狀態之中。朦朦朧朧的到近五十年——實則是近三十年——郤很鮮明的表現出來了。我敢說自從滿洲退位以後。若再有別個民族想鈔襲五胡元魏遼金元清那套舊文章再來「入主中國」。那可是海枯石爛不會出來的事。我敢說。已經掛上的民國招牌。從今以後千千萬萬年再不會卸下。任憑你像堯舜那麼賢聖。像秦始皇明太祖那麼强暴。像曹操司馬懿那麼狡猾。再要想做中國皇帝。乃永遠沒有人答應。這種事實。你別要看輕他了。別要說他只有空名並無實際。古語說得好。『名者實之賓』。凡事能够在社會上占得個「正名定分」。那麼。第二步的「循名責實」。自然會跟著來。總之在最近三十年間我們國民所做的事業。第一件。是將五胡亂華以來一千多年外族統治的政治根本剷除第二件是將秦始皇以來二千多年君主專制的政治永遠消滅而且這兩宗事業並非無意識的偶然湊會的確是由人民一種根本覺悟經了很大的努力方纔做成就這一點看來眞配得上進化這兩個字了

民國成立這十年來政治現象誠然令人嘔氣但我以爲不必失望因爲這是從兩個特別原因造成然而這些原因都快要消滅了第一件、革命時候因爲人民自身力量尙未充足不能不借重固有勢力來做應援這種勢力本來是舊時代的游魂舊時代是有二千多年歷史的他那游魂也算得「取精用宏」一二十年的猖獗勢所難免如今他的時運也過去大半了不久定要完全消滅經過一番之後政治上的新時代自然會產生出來（不是委心任命的話其實事理應該如此）第二件、社會上的事物一張一弛乃其常態從甲午戊戌到辛亥多少仁人志士實在是鬧得疲筋力倦中間自然會發生一時的惰力尤爲可惜的是許多爲主義而奮鬭的人物都做了時代的犧牲死去了後起的人一時接不上氣來所以中間這一段倒變成了黯然無色但我想這時代也過去了從前的指導人物像是已經喘過一口氣從新覺悟從新奮鬭後方的戰鬬力更是一天比一天加厚在這種形勢之下當然有一番新氣象出來

要而言之我對於中國政治前途完全是樂觀的我的樂觀卻是從一般人的悲觀上發生出來我覺得這五十年來的中國正像蠶變蛾蛇蛻殼的時代變蛾蛻殼自然是一件極艱難極苦痛的事那裏能彀輕輕鬆鬆的做到只要他生理上有必變必蛻的機能心理上還有必變必蛻的覺悟那麼把那不可逃避的艱難苦痛經過了前途便別是一個世界所以我對於人人認爲退化的政治覺得他進化的可能性卻是最大哩

五

此外社會上各種進化狀況實在不少可惜我學力太薄加以時日倉卒不能多舉了好在還有各位專門名家的論著可以發揮光大我姑且把我個人的「隨感」胡亂寫出來並且表示我願意和我們老同年「申老先生」繼續努力

近著第一輯序

民國九年春歸自歐洲重理舊業除在清華南開諸校擔任功課及在各地巡回講演外以全力從事著述已印布者有『清代學術概論』約五萬言『墨子學案』約六萬言『墨經校釋』約四萬言『中國歷史研究法』約十萬言『大乘起信論考證』約三萬言又三次所輯『講演集』約共十餘萬言其餘未成或待改之稿有『中國韻文裏頭所表示的情感』約五萬言『國文教學法』約三萬言『孔子學案』約四萬言又『國學小史稿』及『中國佛教史稿』全部棄卻者各約四萬言其餘曾經登載各日報及雜誌之文約三十餘萬言輒輯爲此編都合不滿百萬言兩年有半之精力盡在是矣本編殊蕪雜不足齒錄過而存之藉覘異時學力之進退云爾上卷卽『歐遊心影錄』之一部分彼書旣中輟錄其可存者分別標題凡八篇中卷專爲研究佛典之著作內中有『中國佛教史』之一部分都凡十二篇下卷研究國史及其他國學之著作及政治問題諸論文與夫無可歸類者凡二十七篇與三次所編講演集無一從同焉十一年雙十節編定啓超記

屈原研究

十一年十一月三日爲東南大學文哲學會講演

一

中國文學家的老祖宗必推屈原從前並不是沒有文學但沒有文學的專家如三百篇及其他古籍所傳詩歌之類好的固不少但大半不得作者主名而且篇幅也很短我們讀這類作品頂多不過可以看出時代背景或時代思潮的一部分欲求表現個性的作品頭一位就要研究屈原

屈原的歷史在史記裏頭有一篇很長的列傳算是我們研究史料的人可欣慰的事可惜議論太多事實仍少我們最抱歉的是不能知道屈原生卒年歲和他所享年壽據傳文大略推算他該是西紀前三三八至二八八年間的人年壽最短亦應在五十上下和孟子莊子趙武靈王張儀等人同時他是楚國貴族貴族中最盛者昭屈景三家他便是三家中之一他曾做過『三閭大夫』據王逸說『三閭之職掌王族三姓曰昭屈景屈原序其譜屬率其賢良以厲國士』然則他是當時貴族總管了他曾經得楚懷王的信用官至『左徒』據本傳說『入則與王圖議國事以出號令出則接遇賓客應對諸侯王甚任之』可見他在政治上曾占很重要的位置其後被上官大夫所讒懷王疏了他懷王在位三十年西紀前三二八至二九七屈原做左徒不知是那年的事但最遲亦在懷王十六年前三一二以前因爲那年懷王受了秦相張儀所騙已經是屈原見疏之後了假定屈原做左徒在懷王十年前後那時他的年紀最少亦應二十歲以上所以他的生年不能晚於西紀前三三八年屈原在位的時候

楚國正極强盛。屈原的政策。大概是主張聯合六國共擯强秦。保持均勢。所以雖見疏之後。還做過齊國公使。可惜懷王太沒有主意。時而擯秦。時而聯秦。任憑縱横家擺弄。卒至『兵挫地削亡其六郡身客死於秦爲天下笑』（本傳文）懷王死了不到六十年。楚國便亡了。屈原當懷王十六年以後。政治生涯像已經完全斷絕。其後十四年間。大概仍居住郢都（武昌）一帶。因爲懷王三十年將入秦之時。屈原還力諫。可見他和懷王的關係。仍是藕斷絲連了。懷王死後。頃襄王立。（前二九八）屈原的反對黨越發得志。便把他放逐到湖南地方去。後來竟鬧到投水自殺。屈原什麼時候死呢。據卜居篇說。『屈原既放。三年不得復見』。哀郢篇說。『忽若不信兮。至今九年而不復』。假定認這兩篇爲頃襄王時作品。則屈原最少當西紀前二八八年仍然生存。他脫離政治生活。專做文學生活。大概有二十來年的日月。

屈原所走過的地方有多少呢。他著作中所見的地名如下。

令沅湘兮無波使江水兮安流
邅吾道兮洞庭
望涔陽兮極浦
遺余佩兮澧浦　右湘君
洞庭波兮木葉下
沅有芷兮澧有蘭
遺余褋兮澧浦　右湘夫人
哀南夷之莫吾知兮且余濟乎江湘
乘鄂渚而反顧兮

邸余車兮方林

乘舲船余上沅兮

朝發枉陼兮夕宿辰陽

入溆浦余儃佪兮迷不知吾之所如深林杳以冥冥兮乃猨狖之所居……山峻高以蔽日兮下幽晦以多雨霰雪紛其無垠兮雲霏霏而承雨　右涉江

發郢都而去閭兮

過夏首而西浮兮顧龍門而不見

背夏浦而西思兮

惟郢路之遼遠兮江與夏之不可涉　右哀郢

長瀨湍流泝江潭兮狂顧南行聊以娛心兮

低佪夷猶宿北姑兮　右抽思

浩浩沅湘紛流汨兮　右懷沙

遵江夏以娛憂　右思美人

指炎神而直馳兮吾將往乎南疑　右遠遊

路貫廬江兮左長薄　右招魂

內中說郢都．說江夏．是他原住的地方．洞庭湘水．自然是放逐後常來往的．都不必多考據．最當注意者．招魂說的『路貫廬江兮左長薄．』像江西廬山一帶．也曾到過．但招魂完全是浪漫的文學．不敢便認爲事實．涉江一篇．含有紀行的意味．內中說『乘舲船余上沅．』說『朝發枉陼夕宿辰陽．』可見他曾一直遡著沅水上游到過辰州等處．他說的『峻高蔽日霰雪無垠的』山．大概是衡嶽最高處了．他的作品中像『幽獨處乎山中．』『山中人兮芳杜若．』這一類話很多．我想他獨自一人在衡山上過活了好些日子．他的文學．諒來就在這個時代大成的。

最奇怪的一件事。屈原家庭狀況如何。在本傳和他的作品中。連影子也看不出。離騷有『女嬃之嬋媛兮申申其詈余』兩語。王逸注說『女嬃屈原姊也』這話是否對。仍不敢說。就算是眞。我們也僅能知道他有一位姐姊。其餘兄弟妻子之有無。一概不知。就作品上看來。最少他放逐到湖南以後。過的都是獨身生活。

二

我們把屈原的身世大略明白了。第二步要研究那時候爲什麼會發生這種偉大的文學。爲什麼不發生於別國而獨發生於楚國。何以屈原能占這首創的地位。第一個問題。可以比較的簡單解答。因爲當時文化正漲到最高潮。哲學勃興。文學也該爲平行線的發展。內中如莊子孟子及戰國策中所載各人言論。都很含著文學趣味。所以優美的文學出現。在時勢爲可能的。第二第三兩個問題。關係較爲複雜。依我的觀察。我們這華夏民族。每經一次同化作用之後。文學界必放異彩。楚國當春秋初年。純是一種蠻夷。春秋中葉以後。纔漸漸的同化爲「諸夏」屈原生在同化完成後約二百五十年。那時候的楚國人。可以說是中華民族裏頭剛剛長成的新分子。好像社會中纔成年的新青年。從前楚國人。本來是最信巫鬼的民族。很含些神祕意識和虛無理想。像小孩子喜歡幻構的童話。到了與中原舊民族之現實的倫理的文化相接觸。自然會發生出新東西來。這種新東西之體現者。便是文學。楚國在當時文化史上之地位。既已如此。至於屈原呢。他是一位貴族。對於當時新輸入之中原文化。自然是充分領會。他又曾經出使齊國。那時正當『稷下先生』數萬人日日高談宇宙原理的時候。

他受的影響。當然不少。他又是有怪脾氣的人。常常和社會反抗。後來放逐到南荒。在那種變化詭異的山水裏頭。過他的幽獨生活。特別的自然界和特別的精神作用相擊發。自然會產生特別的文學了。

屈原有多少作品呢。漢書藝文志詩賦略云『屈原賦二十五篇。』據王逸楚辭章句所列。則離騷一篇。九歌十一篇。天問一篇。九章九篇。遠遊一篇。卜居一篇。漁父一篇。尙有大招一篇。注云『屈原或言景差』。然細讀大招。明是摹倣招魂之作。其非出屈原手。像不必多辯。但別有一問題頗費研究者。史記屈原列傳贊云『余讀離騷天問招魂哀郢。悲其志。』是太史公明明認招魂爲屈原作。然而王逸說是宋玉作。逸、後漢人。有何憑據。竟敢改易前說。大概他以爲添上這一篇。便成二十六篇。與藝文志數目不符。他又想這一篇標題像是屈原死後別人招他的魂。所以硬把他送給宋玉。依我看招魂的理想及文體和宋玉其他作品很有不同處。應該從太史公之說。歸還屈原。然則藝文志數目不對嗎。又不然。九歌末一篇禮魂。只有五句。實不成篇。九歌本侑神之曲。十篇各侑一神。禮魂五句。當是每篇末後所公用。後人傳鈔貪省便。不逐篇寫錄。總擺在後頭作結。王逸鬧不清楚。把他也算成一篇。便不得不把招魂擠出了。我所想像若不錯。則屈原賦之篇目應如下。

離騷一篇

天問一篇

九歌十篇　東皇太一　雲中君　湘君　湘夫人　大司命　少司命　東君　河伯　山鬼　國殤

九章九篇　惜誦　涉江　哀郢　抽思　思美人　惜往日　橘頌　悲回風　懷沙

遠遊一篇

招魂一篇

卜居一篇

漁父一篇

今將這二十五篇的性質大略說明。

(一)離騷　據本傳這篇爲屈原見疏以後使齊以前所作當是他最初的作品起首從家世敍起好像一篇自傳篇中把他的思想和品格大概都傳出可算得全部作品的縮影。

(二)天問　王逸說『屈原……見楚先王之廟及公卿祠堂圖畫天地山川神靈琦瑋僪佹及古賢聖怪物行事……因書其壁呵而問之。』我想這篇或是未放逐以前所作因爲「先王廟」不應在偏遠之地這篇體裁純是對於相傳的神話發種種疑問前半篇關於宇宙開闢的神話所起疑問後半篇關於歷史神話所起疑問對於萬有的現象和理法懷疑煩悶是屈原文學思想出發點。

(三)九歌　王逸說『沅湘之間其俗信鬼而好祀其祠必作樂鼓舞以樂諸神屈原放逐竄伏其域……見其詞鄙陋因爲作九歌之曲上陳事神之敬下以見己之寃。』這話大概不錯『九歌』是樂章舊名不是九篇歌所以屈原所作有十篇這十篇含有多方面的趣味是集中最『浪漫式』的作品。

(四)九章　這九篇並非一時所作大約惜誦思美人兩篇似是放逐以前作哀郢是初放逐時作涉江是南遷極遠時作懷沙是臨終作其餘各篇不可深考這九篇把作者思想的內容分別表現是離騷的放大

(五)遠遊　王逸說『屈原履方直之行不容於世……章皇山澤無所告訴乃深惟元一修執恬漠思欲濟

世。則意中憤然。文采秀發。遂敍妙思。託配仙人。與俱遊戲。周歷天地。無所不到。然猶懷念楚國。思慕舊故。』我說遠遊一篇。是屈原宇宙觀人生觀的全部表現。是當時南方哲學思想之現於文學者。

（六）招魂　這篇的考證。前文已經說過。這篇和遠遊的思想。表面上像恰恰相反。其實仍是一貫。這篇講上下四方沒有一處是安樂土。那麼回頭還求現世物質的快樂怎麼樣呢。好嗎。他的思想正和葛得的浮士特Goethe Faust劇上本一樣。遠遊便是那劇的下本。總之這篇是寫懷疑的思想歷程最惱悶最苦痛處。

（七）卜居及漁夫　卜居是說兩種矛盾的人生觀。漁父是表自己意志的抉擇。意味甚爲明顯。

三

研究屈原。應該拿他的自殺做出發點。屈原爲什麼自殺呢。我說。他是一位有潔癖的人。爲情而死。他是極誠專慮的愛戀一個人。定要和他結婚。但他卻懸著一種理想的條件。必要在這條件之下。纔肯委身相事。然而他的戀人老不理會他。不理會他。他便放手。不完結嗎。不不。他決然不肯。他對於他的戀人。又愛又憎。越憎越愛。兩種矛盾性日日交戰。結果拿自己生命去殉那「單相思」的愛情。他的戀人是誰。是那時候的社會。

屈原腦中。含有兩種矛盾原素。一種是極高寒的理想。一種是極熱烈的感情。九歌中山鬼一篇。是他用象徵筆法描寫自己人格。其文如下。

『若有人兮山之阿。被薜荔兮帶女蘿。
既含睇兮又宜笑。子慕予兮善窈窕。

乘赤豹兮從文貍。辛夷車兮結桂旗。被石蘭兮帶杜蘅。折芳馨兮遺所思。

余處幽篁兮終不見天。路險艱兮獨後來。

表獨立兮山之上。雲容容兮而在下。杳冥冥兮羌晝晦。東風飄兮神靈雨。

留靈脩兮憺忘歸。歲既晏兮孰華予。

采三秀兮於山間。石磊磊兮葛蔓蔓。怨公子兮悵忘歸。君思我兮不得閒。

山中人兮芳杜若。飲石泉兮蔭松柏。君思我兮然疑作。

雷塡塡兮雨冥冥。猨啾啾兮狖夜鳴。風颯颯兮木蕭蕭。思公子兮徒離憂。』

我常說。若有美術家要畫屈原。把這篇所寫那山鬼的精神抽顯出來。便成絕作。他獨立山上。雲霧在脚底下。用石蘭杜若種種芳草莊嚴自己。眞所謂『一生兒愛好是天然』一點塵都染汙他不得。然而他的『心中風雨』沒有一時停息。常常向下界『所思』的人寄他萬斛情愛。那人愛他與否。他都不管。他總說『君是思我』不過『不得閒』罷了。不過『然疑作』罷了。所以他十二時中的意緒。完全在『雷塡塡雨冥冥風颯颯木蕭蕭』裏頭過去。

他在哲學上有很高超的見解。但他決不肯耽樂幻想。把現實的人生丟棄。他說。

『惟天地之無窮兮。哀人生之長勤。往者余弗及兮。來者吾不聞。』遠遊

他一面很達觀天地的無窮。一面很悲憫人生的長勤。這兩種念頭。常常在腦裏輪轉。他自己理想的境界。儘夠受用。他說。

『道可受兮不可傳。其小無內兮其大無垠。無滑而魂兮彼將自然。壹氣孔神兮於中夜存。虛以待之兮無爲之先。庶類以成兮此德之門。』遠遊

這種見解。是道家很精微的所在。他所領略的。不讓前輩的老聃和並時的莊周。他曾寫那境界道。

『經營四荒兮周流六漠。上至列缺兮降望大壑。下崢嶸而無地兮上廖廓而無天。視儵忽而無見兮聽惝怳而無聞。超無爲以至淸兮與泰初而爲鄰。』遠遊

然則他常住這境界。翛然自得。豈不好嗎。然而不能。他說。

『余固知謇謇之爲患兮。忍而不能舍也。』離騷

他對於現實社會。不是看不開。但是捨不得。他的感情極銳敏。別人感不著的苦痛。到他腦筋裏便同電擊一般。他說。

『微霜降而下淪兮。悼芳草之先零。……誰可與玩斯遺芳兮。晨向風而舒情。……』遠遊

又說。

『惜吾不及見古人兮。吾誰與玩此芳草。』思美人

一朶好花落去。『干卿甚事。』但在那多情多血的人心裏。便不知幾多難受。屈原看不過人類社會的痛苦。所以他

『長太息以掩涕兮。哀民生之多艱。』離騷

社會爲什麽如此痛苦呢。他以爲由於人類道德墮落。所以說。

『時繽紛其變易兮、又何可以淹留、蘭芷變而不芳兮、荃蕙化而爲茅、何昔日之芳草兮、今直爲此蕭艾也、豈其有他故兮、莫好脩之害也、……固時俗之從流兮、又孰能無變化、覽椒蘭其若此兮、又況揭車與江離、』離騷

所以他在青年時代便下決心和惡社會奮鬭、常怕悠悠忽忽把時光躭誤了、他說、

『汨余若將不及兮、恐年歲之不吾與、朝搴阰之木蘭兮、夕攬洲之宿莽、日月忽其不淹兮、春與秋其代序、惟草木之零落兮、恐美人之遲暮、不撫壯而棄穢兮、何不改乎此度也、』離騷

要和惡社會奮鬭、頭一件是要自拔於惡社會之外、屈原從小便矯然自異、就從他外面服飾上也可以見出他說、

『余幼好此奇服兮、年既老而不衰、帶長鋏之陸離兮、冠切雲之崔巍、被明月兮珮寶璐、世溷濁而莫余知兮、吾方高馳而不顧、』涉江

又說、

『高余冠之岌岌兮、長余佩之陸離、芳與澤其雜糅兮、惟昭質其猶未虧、』離騷

莊子說『尹文作爲華山之冠以自表、』當時思想家作些奇異的服飾以表異於流俗、想是常有的、屈原從小便是這種氣概、他既決心反抗社會、便拿性命和他相搏、他說、

又說、

『民生各有所樂兮、余獨好脩以爲常、雖體解吾猶未變兮、豈余心之可懲、』離騷

又說、

『既替余以蕙纕兮、又申之以攬茝、亦余心之所善兮、雖九死其猶未悔。』離騷

『與前世而皆然兮、吾又何怨乎今之人、吾將董道而不豫兮、固將重昏而終身。』涉江

他從發心之日起、便有絕大覺悟、知道這件事不是容易、他賭咒和惡社會奮鬭到底、他果然能實踐其言、始終未嘗絲毫讓步、但惡社會勢力太大、他到了『最後一粒子彈』的時候、只好潔身自殺、我記得在羅馬美術館中曾看見一尊額爾達治武士石彫遺像、據說這人是額爾達治國幾百萬人中最後死的一個人、眼眶承淚、頰脣微笑、右手一劍自刺左脅、屈原沉汨羅、就是這種心事了。

四

『余既滋蘭之九畹兮、又樹蕙之百晦、畦留夷以揭車兮、雜杜蘅與芳芷、冀枝葉之峻茂兮、願俟時乎吾將刈、雖萎絕其亦何傷兮、哀衆芳之蕪穢。』離騷

這是屈原追敍少年懷抱、他原定計畫、是要多培植些同志出來、協力改革社會、到後來失敗了、一個人失敗有什麼要緊、最可哀的是從前滿心希望的人、看著墮落下去、所謂『衆芳蕪穢』、就是『昔日芳草今爲蕭艾』、這是屈原最痛心的事。

他想改革社會、最初從政治入手、因爲他本是貴族、與國家同休戚、又曾得懷王的信任、自然是可以有爲、他所以『奔走先後』與聞國事、無非欲他的君王能㪍『及前王之踵武』離騷無奈懷王太不是材料、

『初旣與余成言兮後悔遁而有他余旣不難夫離別兮傷靈脩之數化』離騷

『昔君與我誠言兮曰黃昏以爲期羌中道而回畔兮反旣有此他志』抽思

他和懷王的關係就像相愛的人已經定了婚約忽然變卦所以他說

『心不同兮媒勞恩不甚兮輕絕……交不忠兮怨長期不信兮告余以不閒』湘君

他對於這一番經歷很是痛心作品中常常感慨內中最纏綿沈痛的一段是

『吾誼先君而後身兮羌衆人之所仇專惟君而無他兮又衆兆之所讎壹心而不豫兮羌不可保也疾親君而無他兮有招禍之道也思君其莫我忠兮忽忘身之賤貧事君而不貳兮迷不知寵之門忠何罪以遇罰兮亦非余心之所志行不羣以顚越兮又衆兆之所咍……』惜誦

他年少時志盛氣銳以爲天下事可以憑我的心力立刻做成不料纔出頭便遭大打擊他曾寫自己心理的經過說道

『昔余夢登天兮魂中道而無杭吾使厲神占之兮曰有志極而無旁……吾聞作忠以造怨兮忽謂之過言九折臂而成醫兮吾至今而知其信然』惜誦

他受了這一回敎訓煩悶之極但他的熱血常常保持沸度再不肯冷下去於是他發出極沈摯的悲音說道

『閨中旣已邃遠兮哲王又不寤懷朕情而不發兮余焉能忍與此終古』離騷

以屈原的才氣倘肯稍爲遷就社會一下發展的餘地正多他未嘗不盤算及此他託爲他姊姊勸他的話說道

『女嬃之嬋媛兮申申其詈余曰「鮌婞直以亡身兮終然殀乎羽之野汝何博謇而好脩兮紛獨有此姱

節。竇蓑葹以盈室兮。判獨離而不服。衆不可戶說兮。孰云察余之中情。世並舉而好朋兮。夫何煢獨而不余聽，」……』（離騷）

又託爲漁父勸他的話說道。

『夫聖人者不凝滯於物。而能與世推移。舉世皆濁。何不淈其泥而揚其波。衆人皆醉。何不餔其糟而歠其醨。』（漁父）

他自己亦曾屢屢反勸自己說道。

『懲於羹者而吹齏兮。何不變此志也。欲釋階而登天兮。猶有曩之態也。』（惜誦）

說是如此他肯嗎。不不。他斷然排斥『遷就主義』他說。

『刓方以爲圜兮。常度未替。易初本迪兮。君子所鄙。……玄文處幽兮。矇瞍謂之不章。離婁微睇兮。瞽以爲無明。……邑犬羣吠兮。吠所怪也。非俊疑傑兮。固庸態也。』（懷沙）

他認定眞理正義和流俗人不相容。受他們壓迫乃是當然的。自己最要緊是立定脚跟寸步不移。他說。

『嗟爾幼志。有以異兮。獨立不遷。豈不可喜兮。深固難徙。廓其無求兮。蘇世獨立。橫而不流兮。』（橘頌）

他根據這『獨立不遷』主義。來定自己的立場。所以說。

『固時俗之工巧兮。偭規矩而改錯。背繩墨以追曲兮。競周容以爲度。忳鬱邑余侘傺兮。吾獨窮困乎此時也。寧溘死以流亡兮。余不忍爲此態也。鷙鳥之不羣兮。自前世而固然。何方圜之能周兮。夫孰異道而相安。屈心而抑志兮。忍尤而攘垢。伏淸白以死直兮。固前聖之所厚。』（離騷）

易卜生最喜歡講的一句話。All or nothing。（要整個不然寧可什麼也沒有）屈原正是這種見解。『異道相安。』他認爲和方圓相周一樣。是絕對不可能的事。中國人愛講調和。屈原不然。他只有極端。『我決定要打勝他們打不勝我就死。』這是屈原人格的立脚點。他說也是如此說。做也是如此做。

五

不肯還就。那麼丢開罷。怎麼樣呢。這一點。正是屈原心中常常交戰的題目。丢開有兩種。一是丢開楚國。二是丢開現社會。丢開楚國的商搉。所謂

『思九州之博大兮。豈惟是其有女。……

何所獨無芳草兮。爾何懷乎故宇。』（離騷）

這種話就是後來賈誼弔屈原說的『歷九州而相君兮。何必懷此都也。』屈原對這種商搉怎麼呢。他以爲舉世溷濁。到處都是一樣。他說

『溘吾遊此春宮兮。折瓊枝以繼佩。及榮華之未落兮。相下女之可詒。

吾令豐隆乘雲兮。求宓妃之所在。解佩纕以結言兮。吾令蹇修以爲理。紛總總其離合兮。忽緯繣其難遷。……

……望瑤臺之偃蹇兮。見有娀之佚女。吾令鴆爲媒兮。鴆告余以不好。雄鳩之鳴逝兮。余猶惡其佻巧。……

及少康之未家兮。留有虞之二姚。理弱而媒拙兮。恐導言之不固。時溷濁而嫉賢兮。好蔽美而稱惡。……』（離騷）

這些話怎樣解呢。對於這一位意中人已經演了失戀的痛史了。再換別人。只怕也是一樣。宓妃嗎緯繣難遷。有娀嗎不好佻巧。二姚嗎導言不固。總結一句。就是舊戲本說的笑話『我想平兒平兒老不想我。』怎麼樣他纔會想我呢。除非我變個樣子。然而我到底不肯。所以任憑你走徧天涯地角。終久找不著一個可意的人來結婚。於是他發出絕望的悲調說。

『忽反顧以流涕兮哀高丘之無女。』(離騷)

他理想的女人簡直沒有。那麼他非在獨身生活裏頭甘心終老不可了。

舉世溷濁的感想。招魂上半篇表示得最明白。所謂

『魂兮歸來。東方不可以託些。……魂兮歸來。南方不可以止些。……魂兮歸來。西方之害。流沙千里些。……

……魂兮歸來。北方不可以止些。……魂兮歸來。君無上天些。……魂兮歸來。君無下此幽都些。……』

似此『上下四方多賊姦』有那一處可以說是比『故宇』強些呢。所以丟開楚國。全是不徹底的理論。不能成立。

丟開現社會。確是徹底的辦法。屈原同時的莊周。就是這樣。屈原也常常打這個主意。他說。

『悲時俗之迫阨兮願輕舉以遠遊。』(遠遊)

他被現社會迫阨不過。常常要和他脫離關係。宣告獨立。而且實際上他的神識。亦往往靠這一條路得些安慰。

他作品中表現這種理想者最多。如

『駕青虯兮驂白螭。吾與重華遊兮瑤之圃。登崑崙兮食玉英。與天地兮同壽。與日月兮同光。』(涉江)

『與女遊兮九河．衝風起兮水揚波．乘水車兮荷蓋．駕兩龍兮驂螭．登崑崙兮四望．心飛揚兮浩蕩．』河伯

『春秋忽其不淹兮奚久留此故居．軒轅不可攀援兮吾將從王喬而遊戲．餐六氣而飲沆瀣兮漱正陽而含朝霞．保神明之清澄兮精氣入而麤穢除．順凱風以從遊兮至南巢而一息．見王子而宿之兮審壹氣之和德．』遠遊

『穆眇眇之無垠兮莽芒芒之無儀．聲有隱而相感兮物有純而不可爲．藐蔓蔓之不可量兮縹綿綿之不可紆．……上高巖之峭岸兮處雌蜺之標顛．據青冥而攄虹兮遂儵忽而捫天．……』悲回風

『邅吾道夫崑崙兮路脩遠以周流．揚雲霓之晻靄兮鳴玉鸞之啾啾．朝發軔於天津兮夕余至乎西極．鳳皇翼其承旂兮高翺翔之翼翼．忽吾行此流沙兮遵赤水而容與．麾蛟龍使梁津兮詔西皇使涉余．……屯余車其千乘兮齊玉軑而並馳．駕八龍之婉婉兮載雲旗之委蛇．抑志而弭節兮神高馳之邈邈．奏九歌而舞韶兮聊假日以媮樂．』離騷

諸如此類所寫都是超現實的境界．都是從宗教的或哲學的想像力構造出來．倘使屈原肯往這方面專做他的精神生活．他的日子原可以過得很舒服．然而不能．他在遠遊篇正在說『絕氛埃而淑尤兮終不反其故都．』底下忽然接著道．

『恐天時之代序兮耀靈曄而西征．微霜降而下淪兮悼芳草之先零．』

他在離騷篇正在說『假日媮樂』底下忽然接著道．

『陟升皇之赫戲兮忽臨睨夫舊鄉．僕夫悲余馬懷兮蜷局顧而不行．』

乃至如招魂篇把物質上娛樂敷陳了一大堆，煞尾卻說道，

『皋蘭被徑兮斯路漸，湛湛江水兮上有楓，目極千里兮傷春心，魂兮歸來哀江南。』

屈原是情感的化身，他對於社會的同情心常常到沸度，看見衆生苦痛，便和身受一般，這種感覺，任憑用多大力量的痲藥也痲他不下，正所謂『此情無計可消除，纔下眉頭，卻上心頭。』說丟開嗎，如何能彀呢，他自己說，

『登高吾不說兮，入下吾不能。』思美人

這兩句眞是把自己心的狀態，全盤揭出，超現實的生活不願做，一般人的凡下現實生活又做不來，他的路於是乎窮了。

六

對於社會的同情心既如此其富，同情心刺戟最烈者，當然是祖國，所以放逐不歸，是他最難過的一件事，他寫初去國時的情緒道，

『發郢都而去閭兮，怊荒忽之焉極，楫齊揚以容與兮，哀見君而不再得，望長楸而太息兮，涕淫淫其若霰，過夏首而西浮兮，顧龍門而不見，……將運舟而下浮兮，上洞庭而下江，去終古之所居兮，今逍遙而來東，羌靈魂之欲歸兮，何須臾而忘返，背夏浦而西思兮，哀故都之日遠。』哀郢

『望孟夏之短夜兮，何晦明之若歲，惟郢路之遼遠兮，魂一夕而九逝，曾不知路之曲直兮，南指月與列星，願徑逝而不得兮，魂識路之營營。』抽思

內中最沈痛的是、

『曼余目以流觀兮、冀一反之何時、鳥飛返故居兮、狐死必首丘、信非余罪而放逐兮、何日夜而忘之。』哀郢

這等作品、眞所謂『一聲河滿子、雙淚落君前。』任還是鐵石人、讀了怕都不能不感動哩。

他在湖南過的生活、涉江篇中描寫一部分如下、

『乘舲船余上沅兮、齊吳榜以擊汰、船容與而不進兮、淹回水而凝滯、朝發枉陼兮、夕宿辰陽、苟余心其端直兮、雖僻遠之何傷、入漵浦余儃佪兮、迷不知吾所如、深林杳以冥冥兮、乃猨狖之所居、山峻高以蔽日兮、下幽晦以多雨、霰雪紛其無垠兮、雲霏霏而承宇、哀吾生之無樂兮、幽獨處乎山中、吾不能變心而從俗兮、固將愁苦而終窮。』

大概他在這種陰慘岑寂的自然界中、過那非社會的生活、經了許多年、像他這富於社會性的人、如何能受、他在那裏

『退靜默而莫余知兮、進號呼又莫吾聞。』惜誦

他和惡社會這場血戰、眞已到矢盡援絕的地步、肯降服嗎、到底不肯、他把他的潔癖堅持到底、說道、

『安能以身之察察、受物之汶汶者乎、甯赴湘流葬於江魚腹中、又安能以皓皓之白、而蒙世俗之塵埃乎。』漁父

他是有精神生活的人、看著這臭皮囊、原不算什麼一回事、他最後覺悟到他可以死而且不能不死、他便從容死去、臨死時的絕作說道、

『人生有命兮．各有所錯兮．定心廣志．余何畏懼兮．曾傷爰哀．永歎喟兮．世溷不吾知．人心不可謂兮．知死不可讓兮．願勿愛兮．明告君子．吾將以爲類兮．』懷沙

西方的道德論說．凡自殺皆怯懦．依我們看．犯罪的自殺是怯懦．義務的自殺是光榮．匹夫匹婦自經溝瀆的行爲．我們誠然不必推奬他．至於『志士不忘在溝壑．勇士不忘喪其元．』這有什麼見不得人之處．屈原說的『定心廣志何畏懼』『知死不可讓．願勿愛．』這是怯懦的人所能做到嗎．

九歌中有讚美戰死的武士一篇．說道．

『……出不入兮往不反．平原忽兮路迢遠．帶長劍兮挾秦弓．首雖離兮心不懲．誠既勇兮又以武．終剛强兮不可陵．身既死兮神以靈．子魂魄兮爲鬼雄．』國殤

這雖屬侑神之詞．實亦寫他自己的魄力和身分．我們這位文學老祖宗留下二十多篇名著．給我們民族偌大一份遺產．他的責任算完全盡了．末後加上這汨羅一跳．把他的作品添出幾倍權威．成就萬劫不磨的生命．永遠和我們相摩相盪．呵呵．『誠既勇兮又以武．終剛强兮不可陵．』呵呵．屈原不死．屈原惟自殺故．越發不死．

七

以上所講．專從屈原作品裏頭．體現出他的人格．我對於屈原的主要研究．算是結束了．最後對於他的文學技術．應該附論幾句．

屈原以前的文學．我們看得著的只有詩經三百篇．三百篇好的作品．都是寫實感．實感自然是文學主要的生

命.但文學還有第二個生命.曰想像力.從想像力中活跳出實感來.纔算極文學之能事.就這一點論.屈原在文學史的地位.不特前無古人.截到今日止.仍是後無來者.因爲屈原以後的作品.在散文或小說裏頭.想像力比屈原優勝的或者還有.在韻文裏頭.我敢說還沒有人比得上他.

他作品中最表現想像力者.莫如天問招魂遠遊三篇.遠遊的文句.前頭多已徵引.今不再說.天問純是神話文學.把宇宙萬有.都賦予他一種神祕性.活像希臘人思想.招魂前半篇.說了無數半神半人的奇情異俗.令人目搖魄蕩.後半篇說人世間的快樂.也是一件一件的從他腦子裏幻構出來.至如離騷.什麼靈氛、什麼巫咸、什麼豐隆、望舒、蹇脩、飛廉、雷師.這些鬼神.都拉來對面談話.或指派差事.什麼宓妃、什麼有娀佚女、什麼有虞二姚.都和他商量愛情.鳳皇、鴆鳩、題鴂.都聽他使喚.或者和他答話.虬龍、虹霓、鸞.或是替他拉車.或是替他打傘.或是替他搭橋.蘭、茝、桂、椒、芰荷、芙蓉……無數芳草.都做了他的服飾.崑崙、縣圃、咸池、扶桑、蒼梧、崦嵫、閶闔、閬風、窮石、洧盤、天津、赤水、不周……種種地名.或建築物.都是他腦海裏頭的國土.又如九歌十篇.每篇寫一神.便把這神的身分和意識都寫出來.想像力豐富瑰偉到這樣.何止中國.在世界文學作品中.除了但丁神曲外.恐怕還沒有幾家彀得上比較哩.

班固說『不歌而誦謂之賦.』從前的詩.諒來都是可以歌的.不歌的詩.自『屈原賦』始.幾千字一篇的韻文.在體格上已經是空前創作.那波瀾壯闊.層疊排奡.完全表出他氣魄之偉大.有許多話講了又講.正見得纏綿悱惻.一往情深.有這種技術.纔配說『感情的權化.』

寫客觀的意境.便活給他一個生命.這是屈原絕大本領.這類作品.九歌中最多.如

「君不行兮夷猶，蹇誰留兮中洲，美要眇兮宜脩，沛吾乘兮桂舟，令沅湘兮無波，使江水兮安流。」湘君

「帝子降兮北渚，目眇眇兮愁予，嫋嫋兮秋風，洞庭波兮木葉下……沅有芷兮澧有蘭，思公子兮未敢言……」湘夫人

「秋蘭兮蘼蕪，羅生兮堂下，綠葉兮素枝，芳菲菲兮襲予……秋蘭兮青青，綠葉兮紫莖，滿堂兮美人，忽獨與余兮目成，入不言兮出不辭，乘回風兮載雲旗，悲莫悲兮生別離，樂莫樂兮新相知，荷衣兮蕙帶，儵而來兮忽而逝，夕宿兮帝郊，君誰須兮雲之際……」少司命

「子交手兮東行，送美人兮南浦，波滔滔兮來迎，魚鱗鱗兮媵予。」河伯

這類作品讀起來，能令自然之美和我們心靈相觸逗，如此纔算是有生命的文學。太史公批評屈原道，「其文約，其辭微，其志潔，其行廉，其稱文小而其指極大，舉類邇而見義遠，其志潔，故其稱物芳，其行廉，故死而不容自疏，濯淖汙泥之中，蟬蛻於濁穢，不獲世之滋垢，皭然泥而不滓者也，推此志也，雖與日月爭光可也。」史記本傳

雖未能盡見屈原，也算略窺一斑了。我就把這段作為全篇的結束。

歷史統計學

十一月十日為東南大學史地學會講演

歷史統計學。是用統計學的法則，拿數目字來整理史料，推論史蹟。這個名稱，是我和我幾位朋友們杜撰的，嚴

格的說。應該名爲「史學上之統計的研究法」。因貪省便。姑用今名。但我們確信他是研究歷史一種好方法。而且在中國史學界尤爲相宜。我們正在那裏陸續試驗。成績很是不壞。所以我願意把我們所擬的方法介紹諸君。盼望多得些同志共同做去。

我們爲什麼想用這種方法研究歷史呢。我們以爲欲知歷史眞相。決不能單看臺面上幾個大人物幾樁大事件便算完結。最要的是看出全個社會的活動變化。全個社會的活動變化。要集積起來比較一番。纔能看見。往往有很小的事平常人絕不注意者。一旦把他同類的全搜集起來。分別部居。一研究。便可以發見出極新奇的現象。而且發明出極有價值的原則。比方我們看見一兩隻蝴蝶。算得什麼呢。一旦到了動物學者的手裏。成千成萬的蝴蝶標本聚攏起來。綜合一番。分析一番。便成絕大學問。我們做史學的人對於史料之搜集整理。也是如此。

統計學的作用。是要『觀其大較』。換句話說。是專要看各種事物的平均狀況。拉勻了算總帳。近來這種技術應用到各方面。種種統計表出來。我們想研究那件事。只要拿他的專門統計表一看。眞相立刻了然。所以『統計年鑑』等類之出版物。眞算得絕好的現代社會史。假如古代也有這種東西傳下來。我們便根據着他看出許多歷史上『大較』的眞相。然後究其所以然之故。豈非快事。這種現成飯固然沒得給我們。但我們用自己的努力。也許有許多方面能彌補這種缺憾來。

用統計方法治史。也許是中國人最初發明。史記的『表』是模仿那『旁行斜上』的周譜。周譜這部書。今雖失傳。想來該是西紀前三四百年人做的。後來歷代正史都有表。給我們留下種種好資料和好方法。可惜範圍還太窄。許多我們想知道『大較』的事件，都沒有用表的形式排列出來。到清初有位顧棟高先生著成一部五十卷的春秋大事表，把全部左傳拆碎了，從各方面分析研究，很有統計學的精神。我從小讀過這部書，實在愛他不過。常常想我幾時能有工夫，定要把全部二十四史照他樣子，按着我自己所要研究的目的，分類做一部通表，纔算快事哩。我這個心願，懷抱了二十多年，但我很慚愧，到今日還沒有動手。

我想我們中國的史學家做這件事，便宜極了。因為我們紙片上的史料，是豐富不過的。一切別史雜史文集筆記之類，且不必說；就以一部二十四史而論，真算得文獻寶藏。就學校裏頭學歷史的學生看，固然恨他『浩如煙海』，就我們專門做史學的人看，真不能不感謝我們先輩給我們留下這大份遺產。我們只要肯在裏頭爬梳，什麼寶貝都可以發見出來。

以上把這種學問的理論大略說明了。以下要說我們着手的試驗及其成績。

我多年想做一張表，將二十四史裏頭的人物分類，學者、文學家、政治家、軍人、大盜……等等，每人看他本傳第一句『某某地方人也』，因此研究某個時代多產某種人，某個地方多產某種人。我這計畫曾經好幾次和我的朋友丁文江先生談起，他很贊成。後來他說先且不必分類，只要把正史上有傳的人的籍貫列下來再說。他自己便幹起來了。現在還沒有完全成功，只是把幾個統一的朝代——漢唐宋明做成了，編出一張很有趣的歷史人物之地理分配表如下。

歷史人物之

	省別	陝西	直隸	山西	河南	山東	江蘇	浙江	湖北	四川	安徽
前漢	人數	22	21	10	39	61	23	2	7	4	3
	%	10.58	10.10	4.92	18.75	29.33	11.06	0.96	3.36	1.92	1.44
後漢	人數	73	28	16	170	57	12	14	11	26	24
	%	15.91	6.12	3.50	37.20	12.47	2.84	2.99	2.48	5.68	5.25
漢	人數	95	49	26	209	118	36	16	18	30	27
	%	14.96	7.36	3.91	31.43	17.75	5.41	2.40	2.70	4.51	2.06
唐	人數	248	212	176	203	89	76	32	23	9	19
	%	21.60	18.48	15.33	17.68	7.83	6.62	2.78	2.00	0.78	1.65
北宋	人數	63	212	141	324	156	97	84	19	93	53
	%	4.31	14.51	9·65	23.80	10.68	6.63	8.74	1.30	6.36	3.62
南宋	人數	6	7	17	37	13	49	136	14	71	38
	%	0.99	1.16	281	6.12	2.15	8.20	22.50	2.32	11.75	6.29
宋	人數	69	219	158	361	169	146	220	33	164	91
	%	3.34	10.60	7.65	17.58	8.17	7.07	10.65	1.60	7.94	4.40
明	人數	80	128	56	123	93	241	288	76	57	199
	%	4.51	7.22	3.16	6.94	5.25	13.61	14.51	4.29	3.21	11.24

地理分配表

總數	外族	內蒙(漢人)	奉天(漢人)	甘肅	雲南	貴州	廣西	廣東	福建	湖南	江西
208	2	3	0	10	0	0	0	0	0	0	1
	0.96	1.44	0	4.92	0	0	0	0	0	0	0.49
457	1	1	0	17	0	0	1	0	1	2	2
	0.21	0.21	0	3.72	0	0	0.21	0	0.21	0.42	0.42
665	3	4	0	27	0	0	1	0	1	2	3
	0.45	0.60	0	4.06	0	0	0.15	0	0.15	0.30	0.45
1,149	40	0	3	50	0	1	0	3	0	2	2
	3.48	0	0.26	4.35	0	0.08	0	0.26	0	0.17	0.17
1,461	7	0	0	19	0	0	2	3	95	12	81
	0.61	0	0	1.30	0	0	0.13	0.20	6.50	0.82	5.54
604	0	0	0	23	0	0	6	4	88	12	83
	0	0	0	3.89	0	0	0.99	0.66	14.60	1.98	13.40
2,065	7	0	0	42	0	0	8	7	183	24	164
	0.34	0	0	2.03	0	0	0.38	0.33	8.80	1.16	7.94
1,771	14	0	0	23	14	10	13	50	92	27	204
	0.79	0	0	1.29	0.79	0.56	0.73	2.82	5.19	1.52	11.52

這張表的體例，是將漢書、後漢書、新唐書、宋史、明史中有傳的人都列出，調查他們的籍貫分配現今各省，再拿所有的列傳總數，按照各省人數列出百分比例。例如兩漢通共六百六十五篇傳，河南人二百零九，占百分之三十一零四三，山東人一百一十八，占百分之十七零七五，湖南人只有兩個，占百分之三釐，福建人只有一個，占百分之一釐五，廣東雲南貴州一個也沒有，全表以是爲推。我們在這表中可以看出幾個原則。

(一)帝都所在地人物往往特多。例如後漢之河南占百分之三十七而强，唐之陝西占百分之二十一而强，北宋之河南占百分之二十三而强，南宋之浙江占百分之二十二而强，都是居全比例之第一位。但其中有兩個例外，前漢的陝西僅占百分之十，居第四位，不惟遠在山東河南之下，而且還在江蘇之下。明的直隸僅占百分之七，居第五位。

(二)南北升降之跡甚顯著。如山東陝西直隸山西，漢唐時平均比例皆在百分之十以上，多者至二三十以上，宋明後皆落至十分以下，平均不過五六分。內中惟河南勉强保持平度，然亦有落下的趨勢。反之如江蘇安徽江西浙江，漢唐時甚微微，以次漸升，至明時皆漲至百分之十以上。此種現象，恐由於宋南渡後南方之人爲的開發，與蒙古侵入後北方之意外的蹂躪。但人民自身猛進與退嬰之精神，亦不容輕輕看過。

(三)原則上升降皆以漸，然亦有突進者。例如四川在前漢不及百分之二，後漢忽升至百分之六，其後即上下於此圈內。浙江向來不過百分二三之間，北宋忽升至百分之八，南宋又升至百分之二十二。江西向來不到百分之一，北宋忽升至百分之五以上，南宋忽升至百分之十三以上。福建情形與江西亦大略相等。我們想這種情形，係由文化之新開闢。從前這些地方離中央文化圈很遠，一經接觸之後，再加以若干年之醞釀醇化，便產出一種新化學作用。美國近年之勃興，就是這種道理。以此推之，還有許多新地方也該如此。這表現僅編到明爲止，若繼續編下去，當又有新資料可以證明這個公例。例如湖南始終沒有到過百分之二，倘將清史編出來，恐怕要驟漲到百分之十以上。廣東向來差不多都是零度，倘將民國十年史編出來，恐怕也漲到百分之十以上。

（四）此外尤有一最顯著之現象，則人物分配日趨平均。前漢山東占百分三十而弱，河南占百分二十而弱；後漢河南占百分三十七而强，山東占百分十二而强，僅此兩省占漢史人物之半數。其餘長江流域各省，沒有能到百分之五的。湖南福建兩廣雲貴都是零度。唐宋時各省都漸漸有人，均勻許多了。到明時越發均徧，沒有一省沒有人。除廣西雲貴三省不滿一分外，其餘各省最高的不過百分之十三四，最低的也有百分之一二。十八省中之九省，皆來往於百分三與百分七平均度數之間。可見我們文化普及之程度，一天比一天進步。倘若將清史編下去，只怕各省不平等的現象還要格外減少哩。

諸君想想，像這樣粗枝大葉的一張表，我們已經可以從這裏頭發現出四個原則來，而且還能逐個求出他所以然之故。這是何等有趣的事。凡做學問，總要在客觀正確的事實之上，纔下判斷。這是人人共知的。史學對象的事實，你說單靠幾位大英雄的戰記，幾位大學者的著述嗎？這些固然可以表現社會的特殊力，却不能表示社會的一般力。我們搜集史料，斷不能以此爲滿足。許多事實並不必從個人有意的動作看出來。即如這張表所根據的材料，不過每篇傳的頭一句——『某處人也』。這樣乾燥無味的句子，從前讀史的人，誰又肯信這裏頭還有研究價值，殊不知拆開了一句一句，誠絲毫無意味，聚攏起來，一綜合一分析，無限意味都發生出來了．這表所編．僅限於兩漢唐宋明五朝．而且是不管人物如何．有一篇傳算一篇．倘若把二十四史全數編出．再將人物分類．恐怕繼續發明的原則還要多哩．青年諸君啊．須知學問的殖民地豐富得很．到處可以容你做哥倫布．只看你有無志氣有無耐性罷了．

我又請說我們別方面的試驗．我近來因爲研究佛敎史．有一回發生起趣味．要調查我們先輩留學印度的事實．我費不少的勞力．考據出二百來個人．內中有姓名可考者一百零五．無姓名可考者八十二．我做了一篇文．叫做『千五百年前之中國留學生』．曾經登在改造雜誌．我在那篇文章裏頭做了種種統計．

(一)年代別

西曆第三紀後半	二人
第　四　紀	五人
第　五　紀	六十一人
第　六　紀	十四人
第　七　紀	五十六人
第八紀前半	三十一人

(二)籍貫別(內籍貫可考者僅六十五人)

甘肅十人	河南八人	山西七人
兩廣七人	四川六人	湖北五人
直隸四人	陝西四人	山東四人
新疆四人	遼東四人	湖南三人

(三)行跡別

1 已到印度學成後安返中國者四十二人

2 已到西域而曾否到印度無可考者十六人

3 未到印度而中途折回者十四人(?)

4 已到印度隨即折回者二人

5 未到印度而死於道路者三十一人

6 留學期中病死者六人

7 學成歸國而死於道路者五人

8 歸國後第二次再留學者六人

9 留而不歸者七人

10 歸留生死無考者八十人(?)

(四)留學期間別(可考者)

四十年以上一人

三十年以上一人

二十年以上八人

十五年以上八人

十年以上五人

五年以上三十九人

(五)經途別(可考者但有往返殊途者)

海道六十八人

西域葱嶺路七十七人
于闐罽賓路二人
西藏尼波羅路七人
雲南緬甸路二十許人

我根據這些數目字知道事實上『如此如此』我便逐件推尋他『爲什麼如此如此』於是得了好多條假說或定說對於那回事情的眞相大概都明瞭了我高興到了不得好像學期試驗得了一回最優等諸君若要知道詳細請把那篇文章一看

我研究佛教史從各方面應用這種統計法覺得成績很不壞我也曾從各家金石目錄中把幾千種關於佛教的石刻——如造像經幢之類調查出土的地方調查年代調查所刻文字的內容——如所造像爲釋迦像爲彌勒像爲阿彌陀像所刻經爲心經、爲金剛經、爲陀羅尼經咒等等我因此對於各時代各地方信仰態度之變遷得着一部分很明瞭的印像我又也會將正續高僧傳及各家經錄中凡關於佛教著述的目錄搜尋出一千來種用他們所解釋的經論分類一看下去便可以知道某時代某宗派興衰狀況何如這些都是我現時正在進行的工作我做這種麻煩的工作很勞苦但是我很快樂因爲我常常在我的工作中發見意外的光明我確信我的工作做一分定有一分成績做十分定有十分成績

我想這種方法可以應用到史學的全部分我的腦筋喜歡亂動一會發生一個問題一會又發生一個問題我對於我所發的問題都有趣味只可惜我不能把每日二十四點鐘擴充爲四十八點所以不能逐件逐件的去過我的癮現在請把我想做而未能做的題目隨便說幾個請教諸君

(一)我們試做一篇『歷代戰亂統計表』把戰亂所起的年月所經過的年月所起的地方所波及的地方爲何事起起於某種性質的人爲敵國相攻抑人民造反爲自相殘殺抑對外防衞……諸如此類預定十幾個條目依格塡去也不必汎濫許多書籍只要把正續資治通鑑編完我信得過可以成一張很好的表根據這表研究他『爲甚麼如此』一定可以發明許多道理出來

(二)我們試做一篇『異族同化人物表』先把各史有傳的人姓氏譜系來歷稍爲蹊蹺的——如長孫宇文之類都去研究一下考定某姓出於某族並不是很困難的事一面將各史傳中明記某人本屬某族——如金日磾本籍匈奴王思禮本籍高麗之類一一列出其族別則分爲匈奴、鮮卑、氐羌、蠻詔、高麗、女眞、蒙古、滿洲……等等看某種族人數何如某時代人數何如某地方人數何如此表若成則於各外族同化程度及我們現在的中華民族所含成分如何大概可以了解

(三)我們試做一篇『地方統治離合表』其各地在本族主權者統治之下者不計其北魏元淸三朝雖屬外族而勢力統一全國或半國者亦不計自餘各地約以現制各道爲區域每一區域先記其未隸中國版圖之年代既隸之後或本地異族據而自立或外來異族侵據皆記之也不必記詳細事跡但記分立侵據之年代及年數有這麼一張表我們各地方進化退化之跡自然有許多發明

(四)我們試做一篇『歷代著述統計表』把各史的藝文志和各人的本傳凡有著述者將其書名部數卷數列出再將書的性質分類將著書人的年代籍貫分類求出某時代某地方人關於某類學問的著述有幾多部幾多卷只把數目字列出便可以知道某時代某種學問發達或衰落某地方文化程度或高或低或進

化或退化。

（五）我們試做一篇『歷代水旱統計表』。我們歷代史官。對於這類災異極爲注意。試把各史的本紀和五行志做底本參以各省府縣志以年代地方爲別做一張表看隔多少年發一回何時代多何時代少這樣一來。上而氣候地質的變化。下而政治的修明和頹廢。都可以推測得幾分。諸君試想天下最無用的東西還有過於『五行志』嗎到了我們這些刁鑽古怪的史學家手裏頭也許有廢物利用的日子哩。

像這種大大小小的統計表題目常常在我腦子裏轉的。不下幾十個。我也無暇細述。姑且舉這五個不倫不類的講講。諸君舉一反三或者想出來的題目比我還多還好哩總之凡做學問不外兩層工夫第一層要知道『如此如此』第二層。要推求『爲什麼如此如此』論智識之增殖自然以第二層爲最可寶貴但是若把第一層看輕了。怕有很大的危險。倘若他並不是如此。你模模糊糊的認定他如此。便瞎猜他爲什麼如此。這工夫不是枉用嗎枉用還不要緊。最糟是瞎猜的結論。自誤誤人所以我們總要先設法知道他『的確如此如此』知道了過後。我自己能跟着推求他『爲什麼如此』固然最好。卽不能把事實擺出來讓別人推求也是有益的事。問設什麼法纔能知道『的確如此如此』呢我簡單回答一句『有路便鑽』統計法便是這裏頭一條路。我並非說這是研究史學的唯一好方法。但我敢說最少也是好方法中之一種。因爲史家最大任務。是要研究人類社會的『共相』和『共業』。而這種『觀其大較』的工作。實爲『求共』之絕妙法門所以我們很喜歡他加以我們現存的史料實在豐富越發獎厲我們工作的興味但是這種工作。是很麻煩很勞苦的。而且往往失敗。我自己就曾經失敗過好幾回。我並不勸各位同學都向這條路上走。但那一位對於這種工作有興味。

不妨找一兩個題目試一試。須知從麻煩勞苦中得着一點成功。便是人生最快樂的事。或者還可以說人生目的就在此哩。

人權與女權

十一年十一月六日爲南京女子師範學校講演

諸君看見我這題目。一定說梁某不通。女也是人。說人權自然連女權包在裏頭。爲什麼把人權和女權對舉呢。哈哈。不通誠然是不通。但這不通題目並非我梁某人杜撰出來。社會現狀本來就是這樣的不通。我不過照實說。而且想把不通的弄通罷了。

我要出一個問題考諸君一考『什麼叫做人。』諸君聽見我這話。一定又要說『梁某只怕瘋了。這問題有什麼難解。凡天地間「圓顱方趾橫目睿心」的動物自然都是人。』哈哈你這個答案錯了。這個答案只能解釋自然界人字的意義。並不能解釋歷史上人字的意義。歷史上的人其初範圍是很窄的。一百個『圓顱方趾橫目睿心』的動物之中頂多有三幾個彀得上做『人。』其餘都彀不上。換一句話說。從前能夠享有人格的人是很少的。歷史慢慢開展。『人格人』纔漸漸多起來。

諸君聽這番話。只怕越聽越糊塗了。別要着急。等我逐層解剖出來。同是『圓顱方趾橫目睿心』的動物。自然我做得到的事。你也做得到。你享有的權。我也該享有。是不是呢。着啊。果然應該如此。但是從歷史上看來。却大大不然。無論何國歷史。最初總有一部分人叫做『奴隸。』奴隸豈不也是『圓顱方趾橫目睿心』嗎。然而那些非奴隸的人只認他們是貨物不認他們是人諸君讀過西洋歷史諒來都知道古代希臘的雅典號稱『全民政治』說是個個人都平等都自由又應該知道有位大哲學家柏拉圖是主張共和政體的老祖宗不錯柏拉圖說凡人都應該參與政治但奴隸却不許爲什麼呢因爲奴隸並不是人雅典城裏幾萬人實際上不過幾千人參與政治爲什麼說是全民政治呢因爲他們公認是『人』的都已參與了剩下那一大部分便是奴隸本來認做貨物不認做人

不但奴隸如此就是貴族和平民比較只有貴族算是完完全全一個人平民頂多不過彀得上做半個人許多教育只准貴族受不准平民受許多職業只准貴族當不准平民當許多財產只准貴族有不准平民有這種現象我們中國自唐虞三代到孔子的時候便是如此歐洲自羅馬帝國以來一直到十八世紀都是如此在奴隸制度底下不但非奴隸的人把奴隸不當人看連那些奴隸也不知道自己是個『人』在貴族制度底下不但貴族把平民當半個人看連那些平民也自己覺得我這個人和他那個人不同如是者渾渾沌沌過了幾千年

人是有聰明的有志氣的他們慢慢的從夢中覺醒起來了你有兩隻眼睛一個鼻子我也有一個鼻子兩隻眼睛爲什麼你便該如彼我便該如此他們心問口口問心經過多少年煩悶悲哀忽然石破天驚發明一件怪事『啊啊原來我是一個人』這件怪事中國人發明到什麼程度我且不說歐洲人甚麼時候發明呢大約在十五六世紀文藝復興時代他們一旦發明了自己是個人不知不覺的便齊心合力下一個決心一面要把做人的條件預備充實一面要把做人的權利擴張圓滿第一步凡是人都要有受同等教育的機會不能讓貴族和

教會把學問壟斷。第二步。凡是人都要各因他的才能就相當的職業。不許說某項職業該被某種階級的人把持到底。第三步爲保障前兩事起見。一國政治。凡屬人都要有權過問。總說一句。他們有了『人的自覺』便發生出人權運動。教育上平等權。職業上平等權。政治上平等權。便是人權運動的三大階段。

啊。啊。了不得。了不得。人類心力發動起來什麼東西也擋他不住。『一、二、三開步走』『走、走、走』走到十八世紀末年。在法國巴黎城轟的放出一聲大礮來。『人權宣言』。好呀好呀我們一齊來。屬地麼。要自治。階級麼要廢除。選舉麼要普徧。黑奴農奴麼要解放。十九世紀全個歐洲全個美洲熱烘烘鬧了一百年。鬧的就是這一件事。吹喇叭放爆竹吃乾盃成功凱旋。人權萬歲。從前只有皇帝是人貴族是人僧侶是人。如今我們也和他們一樣。不算人的都算人了普天之下率土之濱凡叫做人的都恢復他們資格了。人權萬歲萬萬歲。

萬歲聲中。還有一大部分『圓顱方趾橫目睿心』的動物在那邊悄悄地滴眼淚。這一部分動物。雖然在他們同類中占一半的數量。但向來沒有把他們編在人類裏頭。這一部分是誰。就是女子。人權運動。運動的是人權。他們是 Women 不是 Men。說得天花亂墜的人權。却不關他們的事。

眼淚是神聖不過的東西。眼淚是從自覺的心苗中纔滴得出來。男子固然一樣的兩隻眼睛。一個鼻子。沒有什麼貴族平民奴隸的分別。難道女子又只有一隻眼睛半個鼻子嗎。當人權運動高唱入雲的時候。又發明一件更怪的事。『啊啊。原來世界上還有許多人。』有了這種發明。於是女權運動開始起來。女權運動。我們可以給他一個名詞。叫做廣義的人權運動。

廣義的人權運動——女權運動和那狹義的人權運動——平民運動。正是一樣。要有兩種主要條件。第一要自動第二要有階段。

什麼叫自動呢。例如美國放奴運動。不是黑奴自己要解放自己。乃是一部分有博愛心的白人要解放他們。這便是他動不是自動。不由自動得來的解放。雖解放了也沒有什麼價值。不惟如此。凡運動是多數人協作的事。不是少數人包辦的事。所以要多數共同的自動。例如中國建設共和政體。僅有極少數人在那裏動。其餘大多數不管事。這仍是算他動不是自動。像歐洲十九世紀的平民運動。的確是出於全部或大多數的平民自覺自動。其所以能成功而且徹底的理由。全在乎此。女權運動能否有意義有價值。第一件就要看女子切實自覺自動的程度何如。

什麼叫階段呢。前頭說過。人權運動含有三種意味。一是教育上平等權。二是職業上平等權。三是政治上平等權。這三件事雖然一貫。但裏頭自然分出個步驟來。在貴族壟斷權利的時代。他們辯護自己唯一的武器。就是說。我們貴族所有的學問智識。你們平民沒有。我們貴族辦得下來的事。你們平民辦不下來。這話對不對呢。對呀。歐洲中世的社會情狀。的確是如此。倘若十八九世紀依然是這種情狀。我敢保『人權宣言』一定發不出來。即發出來也是空話。所以自文藝復興以來。他們平民第一件最急切的要求。是要和貴族有受同等教育的機會。這種機會陸續到手。他們便十二分努力去增進自己的智識和能力。到十八九世紀時。平民的智識能力。比貴族只有加高。絕無低下。於是乎一鼓作氣。把平民運動成功了。換一句話說。他們是先把做人條件預備充實。纔能把做人的權利擴張圓滿。

他們的女權運動。現在也正往這條路上走。女權運動。也是好幾十年前已經開始了。但勢力很是微微不振。爲什麼不振呢。因爲女子智識能力的確趕不上男子。爲什麼趕不上呢。因爲不能和男子有受同等教育的機會。他們用全力打破這一關。打破之後。再一步一步的肉搏前去。以次到職業問題。以次到參政權問題。現在歐美這種運動漸漸的已有一部分成功了。

我們怎麼樣呢。咳。說起來又慚愧又可憐。連大部分男子也沒有發明自己是個人。何論女子。狹義的人權運動還沒有做過。說什麼廣義的人權運動。所以有些人主張『女權尚早論』。說等到平民運動完功之後。再做女權運動不遲。這種話對嗎。不對。歐洲造鐵路。先有了狹軌。纔漸漸改成廣軌。我們造鐵路。自然一動手就用廣軌。有什麼客氣。歐洲人把狹義廣義的人權運動分作兩回做。我們併作一回。並非不可能的事。但有一件萬不可以忘記。狹軌廣軌固然不成問題。然而沒有築路便想開車。却是斷斷乎不行的。我說一句不怕諸君嘔氣的話。中國現在男子的智識能力固然也是很幼稚很薄弱。但女子又比男子幼稚薄弱好幾倍。講女權嗎。頭一個條件。要不依賴男子而能獨立。換一句話說。是要有職業。譬如某學校出了一個教授的缺。十位女子和十位男子競爭誰爭贏誰。譬如某公司或某私人要用一位祕書。十位女子和十位男子競爭又誰爭贏誰。再進一步假使女子參政權實行。規定在憲法。到選舉場中公開講演自由競爭。又誰爭贏誰。以現在情形論。我斗膽敢說女子十回一定有九回失敗。爲什麼呢。因爲現在女子的智識能力實實在在不如男子。天生成不如嗎。不然不然。不過因爲學力不够。爲什麼學力不够。爲的是從前女子求學不能和男子有均等機會。沒有均等機會。固然不是現在女子之過。然而學力不够。却是不能諱言的事實。諸君在英文讀本裏頭諒來都讀過一句格言。"Knowledge is power"（智識即權力）不從智識基礎上求權力。權力斷斷乎得不到。僥倖得到。也斷斷乎保持不住。一個人如此。階級相互間也是如此。兩性相互間也是如此。

講到這裏。我們大概可以得一個結論了。女權運動。無論爲求學運動。爲競業運動。爲參政運動。我在原則上都贊成。不惟贊成。而且十分認爲必要。若以程序論。我說學第一。業第二。政第三。近來講女權的人。集中於參政問題。我說是急其所緩。緩其所急。老實說一句。現在男子算有參政權沒有。說沒有嗎。約法上明明規定。說有嗎。民國成立十一個年頭。看見那一位男子曾參過政來。還不是在選舉人名册上湊些假名。供那班『政棍』買票賣票的工具。人民在這種政治意識之下。就讓你爭得女子參政權。也不過每縣添出千把幾百個『趙蘭錢蕙孫淑李娟……』等等人名。替『政棍』多弄幾票生意。我眞不願志潔行芳的姊妹們。無端受這種汚辱。平心而論。政治上的事情。原不能因噎廢食。這種憤激之談。我也不願多說了。歸根結底一句。無論何種運動。都要多培實力。少作空譚。女權運動的眞意義。是要女子有痛切的自覺。從智識能力上力爭上游。務求與男子立於同等地位。這一着辦得到。那麽。競業參政。都不成問題。辦不到。任你攪得海沸塵飛。都是廢話。

諸君啊。現在全國中女子智識的製造場。就靠這十幾個女子師範學校。諸君就是女權運動的基本軍隊。莊子說得好。『水之積不厚。則其負大舟也無力』。諸君要知道自己責任重大。又要知道想盡此責任。除却把學問做好。智識能力提高外。別無捷徑。我盼望諸君和全國姑姊妹們。都徹底覺悟。自己是一個人。都加倍努力。完成一個人的資格。將來和全世界女子共同協力做廣義的人權運動。這回運動成功的時候。眞可以懽呼人權萬歲了。

護國之役回顧談

十一年十二月二十五日爲南京學界全體公開講演

諸君。今日是護國軍在雲南起義恢復共和的日子。學校裏都停課紀念。諸君因爲我和這件事有點關係。請我來這裏講演。我很感謝諸君的盛情。哎、這件事現在已成爲一段歷史了。和這段歷史有關係的人。親自來講這段歷史。聽的人自然親切有味。卻是可憐。這段歷史是傷心歷史。我這個在歷史裏頭湊腳色的人。好比帶着箭傷的一匹小鹿。那枝箭不搖他倒還罷了。搖起來便痛徹肝腸。因爲這段歷史是由好幾位國中第一流人物。而且是我生平最親愛的朋友。把他們的生命換出來。他們並不愛惜他自己的生命。但他們想要換得的是一個眞的善的美的中華民國。如今生命是送了。中華民國卻怎麼樣。像我這個和他們同生不同死的人。眞不知往後要從那一條路把我這生命獻給國家。纔配做他們朋友。六年以來。我每一想起。那眼淚便在肚子裏倒流。論起當時對於袁世凱做皇帝。眞是普天同憤。護國成功。原來是全國民心理所造成。並不是靠一部分幾個人之力。但別方面有許多事情。我知道得不十分正確。而且爲時間所限。不能多說。現在只好把我所親歷的事情中之一部分。忍着痛和諸君說說罷。

提起今天的紀念。人人都該聯想到那位打倒袁皇帝的英雄蔡公松坡——卽蔡鍔。蔡公許多事業。或者諸君都還知道。不必我細說。只說我和他的交情。我二十四歲時候。在湖南時務學堂講學。蔡公那年纔十六歲。是我四十個學生裏頭最小的一個。我們在一塊兒做學問不過半年。卻是人格上早已鎔成一片。到第二年就碰着戊戌之難。我亡命到日本。蔡公和他的同學十幾個人。不知歷盡幾多艱辛。從家裏偷跑出來尋我。據我後來所知道的。他從長沙到了上海的時候。身邊只剩得二百銅錢——卽二十個銅子。好容易到日本找着我了。我和我一位在時務學堂同事的朋友唐才常先生帶着他們十幾個人租一間兩丈來寬一樓一底的日本房子同住着。我們又一塊兒做學問做了差不多一年。我們那時候天天磨拳擦掌要革命唐先生便帶着他們去實行。可憐赤手空拳的一羣文弱書生那裏會不失敗。我的學生就跟着唐先生死去大半。那時蔡公正替唐先生帶信到湖南幸免於難。此外還有近年在教育界很盡些力的范源廉君也是那十幾個學生裏頭漏網的一個。蔡公舊名本是艮寅兩個字。自從那回跑脫之後。改名蔡鍔。投身去學陸軍。畢業後在雲南帶兵辛亥革命時在雲南獨立。做了兩年都督。這是蔡公和我的關係以及他在洪憲以前的歷史大概。

民國三年春天蔡公把都督辭掉回到北京。他辭都督並非有人逼着他辭雲南人苦苦挽留中央也不放他走。但蔡公意思。一來因爲怕軍人攬政權弄成藩鎮割據局面。自己要以身作則來矯正他。二來因爲他對外有一種懷抱。想重新訓練一班軍官對付我們理想的敵國。三來也因爲在雲南兩年太勞苦了。身子有點衰弱。要稍爲休息休息。他前後寫了十幾封信和我商量。要我幫他忙把官辭掉。於是我們在北京常在一塊兒又一年當時很有點癡心妄想想帶着袁世凱上政治軌道替國家做些建設事業。我和我一位最好的朋友——也是死於護國之役的——湯公覺頓專門研究財政問題。蔡公專門研究軍事問題。雖然還做我們的學問生活。卻是都從實際上積經驗。很是有趣。

民國三年年底。袁世凱的舉動越看越不對了。我們覺得有和他脫離關係之必要。我便把家搬到天津。我自己回廣東去侍奉我先君做了幾個月的鄉間家庭生活。那年陰曆端午前後。我又出來到南京頑耍正值馮華甫做江蘇將軍。他和我說。聽見要辦帝制了。我們應該力爭。他便拉我同車入京見袁世凱着實進些忠告。不料我們要講的話。袁世凱都先講了。而且比我們還痛切。於是我們以為他眞沒有野心。也就罷了。華甫回南京做他的官。我回天津讀我的書。過了兩個多月——我記不清楚是那一天——籌安會鬧起來了。籌安會發表宣言的第二日。蔡公從北京搭晚車來天津。拉着我和我們另外一位親愛的朋友——這個人現還在着。因他不願意人家知道他。故我不說他的姓名——同到湯公覺頓寓處。我們四個人商量了一夜。覺得我們若是不把討賊的責任自己背在身上。恐怕中華民國從此就完了。因為那時舊國民黨的人都已逃亡海外。在國內的許多軍人文人都被袁世凱買收得乾乾淨淨。蔡公說『眼看着不久便是盈千累萬的人頌王莽功德上勸進表。袁世凱便安然登其大寶。叫世界看着中國人是什麼東西呢。國內懷着義憤的人雖然很多。但沒有憑藉或者地位不宜。也難發手。我們明知力量有限。未必抗他得過。但為四萬萬人爭人格起見。非拚着命去幹這一回不可。』於是我們商量辦法。唯一的實力就是靠蔡公在雲南貴州的舊部。但是按到實際上有好幾個困難問題。第一層這件事自然非蔡公親自到雲南去不可。但不能等蔡公到了過後慢慢地去集合舊部。如此一定事機洩漏。鬧不成功。所以一面要蔡公先派人去。一面要打電報把重要的人叫來。這裏頭非費三個月以上的日子不可。第二層我和蔡公的關係是人人知道的。然而我們兩個人討賊所用的武器各各不同。蔡公靠的是鎗。我靠的是筆。帝制派既已有了宣言。我其勢不能不發表反對的文字。但我的文字發表之後。便是我們的鮮明旗幟已經打出來。恐怕妨害蔡公的實力行動。我們再四商量的結果。只有外面上做成蔡公和我分家的樣子。於是過了幾天。我在天津便發表了一篇萬多字的文章。題目叫做『異哉所謂國體問題者』。蔡公在北京。卻聯合好些軍官作贊成帝制的表示。他在北京到處逢人便說『我們先生是書獃子。不識時務。』那些袁黨的人便問他．『你爲什麼不勸你先生』．他說．『書獃子那裏勸得轉來．但書獃子也不會做成什麼事．何必管他呢』．當時蔡公這種辦法．誠不免是帶些權術作用但不是如此事情便做不成所以不得不行權．袁世凱總算一位有眼力的人他看定了當時最難攙最可怕的．就是我和蔡公師弟兩個當我那文章還沒有發表以前有一天他打發人送了十萬塊錢一張票子和幾件禮物來．說是送給我們老太爺的壽禮．他太看人不起了．以爲什麼人都是拿臭銅錢買得來．我當時大怒．幾乎當面就向來人發作．後來一想．我們還要做實事．只好忍着氣婉辭謝卻．把十萬塊錢璧回．別的禮物收他兩件．同時卻把那篇作成未印的稿子給來人看．請他告訴袁世凱採納我的忠告．那人便垂頭喪氣去了．蔡公那方面雖然在軍官贊成帝制的文章上親筆簽過名．袁世凱到底不放心．他有一天蔡公家裏出了盜案了．有四五個衣服很整齊的人帶着手鎗來搶劫．但是奇怪．什麼東西都沒有搶去．只是翻箱倒篋像要搜查什麼書籍紙片之類．結果搜不出什麼．空手走了．後來我們纔知道是袁世凱派來要偸蔡公的電報密碼本子．可惜他腦筋發動得遲慢．蔡公早已防備到這一著．在一個禮拜前已經把幾十部密碼帶到天津放在我的臥房裏頭了．袁世凱一面發氣．一面恐怕露馬腳．過幾天便把那幾個欽派强盜鎗斃滅口了．

我們在這幾個月裏頭．天天和袁世凱鉤心鬬角．把我們一羣心直口直的書生．也弄成很深的城府．偵探是常常二三十個跟着我們．我們卻不能不常常會面．蔡公總是每禮拜跑一趟天津．因爲要避袁黨注意起見．我們在一塊兒便打牌吃花酒．做成極腐敗的樣子．幾個月過後．袁世凱看着這兩個人眞沒有什麼可怕了．九十月間．蔡公叫出來的人都到了．又打發回去了．十一月底．蔡公便託病——其實亦是有病．入天津某醫院住着．等到袁世凱幾趟派來問病的人拿了醫生診斷書回去。蔡公便一溜溜到我家裏。搭船去日本長崎。會他派去雲南又從雲南再出來迎接他的一個人。——這人是一位師長現在已經出家做和尚在南京跟着歐陽竟無先生學佛。——我爲什麼一向守在天津不走動呢。頭一件因爲辦事祕密機關在我家裏。我不能走開。第二件因爲我一走動怕袁世凱加意防範蔡公。蔡公便到不了雲南。我們這幾個月刻刻當心。一直到十二月二號蔡公纔能跑脫。我們約定扣準日子。蔡公到雲南的時候。我便到上海。我們分手的時候約定兩句話『成功呢什麼地位都不要。回頭做我們的學問。失敗呢。就死。無論如何不跑租界。不跑外國。』蔡公走了十日後。我也悄悄地搭船往大連。由大連轉上海。蔡公走了。他家裏完全不知。到天天打電話來問我要人。我只好拿別的話支吾過去。我臨走的前一點鐘。去和我的夫人作別。把事情大概告訴他。我夫人說『我早已看出來了。因爲你不講。我當然也不問你。』他拿許多壯烈的話鼓厲我勇氣。但我向來出門。我夫人沒有送過我。這回是晚上三點鐘。他送我到大門口。很像有後會無期的感想。可憐袁世凱派下來幾十個飯桶偵探。頭一回把蔡鍔放跑。第二回把梁啓超放跑。他們還睡覺呢。聽說後來都鎗斃了。我臨動身的時候。把我預備好的討賊檄文和電報等等都交給一位朋友。雲南今天起義。明天北京天津上海中西文報紙都一齊登出來。和原文一字不差。聽說袁世凱後來看見氣極了。說『自己一世做人聰明伶俐。不料這回被梁啓超蔡鍔裝在鼓子裏頭。』

蔡公十二月十九日到雲南省城。我十八日也到上海。雲南軍界都是蔡公舊部。況且又經幾個月布置。自然根本上沒有多大問題。但到了臨時也不免言哤事雜。幾乎發動不成。我在上海接到蔡公一封「皓電」後。一連幾日別無消息。那時我們又不能打密電去問。只有乾着急。還好南京的馮華甫很和我們表同情。我託他幫我打封電去。這是二十二日的事。這封電卻有非常的效力。因爲這電是我和蔡公約的密碼。由南京一等印電發去。他們以爲我這個人已經在南京。馮華甫準備着就要響應了。二十五日下午。蔡公拿我的電文當衆宣布當場就把現成做好的反對帝制檄文用電報打出來。就是今日所紀念的護國之役歷史的發端了。

我們這幾個月的計畫。本來預定舉義後半個多月。我們的兵便到重慶。料定袁世凱調將遣兵。搶不過我們的先著。但起義後有許多意外的障礙——我現時也不忍多說。總之因爲這種障礙。弄到蔡公要從大理府一帶調兵。就閣了十來天的日子。而且好的兵都留在省城。蔡公所能帶到前敵的只是二等以下的兵。二等以下的軍械。因爲這種障礙。本來應該在重慶宜昌一帶和袁軍決勝負的。鬧到在敍州瀘州一帶被敵人堵截。我們那時洪憲皇帝那邊的主將。便是現在候補大總統曹錕。帶着張敬堯吳佩孚一班人。手下十幾萬器械精良糧食充足的軍隊。可憐我們最敬愛的蔡公。帶着不滿五千人的飢疲之衆和他們相持幾個月。講到軍事嗎。我是外行。一點說不出來。但我所知到的。蔡公四個月裏頭。平均每日睡覺睡不到三點鐘。吃的飯是一半米一半沙硬吞。他在萬分艱難萬分危險中。能彀令全軍將官兵卒個個都願意和他同生同死。他經過幾回以少擊衆之後。敵人便不敢和他交鋒。只打算靠着人多困死他餓死他。到後來。他的軍隊幾乎連半飽都得不着了。然而沒有一個人想着退卻。都說我們跟着蔡將軍爲國家而戰。爲人格而戰。蔡將軍死在那裏。我們也都歡欣鼓舞的死在那裏。哎、我眞不知蔡公的精神生活高尙到什麼程度。能彀令他手下人人都感動到如此。

說到這裏。我們要把蔡公一方面的事暫行閣起。說說各方面情形。蔡公在北京時候找出來商量大事的人。除了雲南軍官以外。最重要的是前任貴州省長戴公循若。戴公本來是一位學師範的文人。辛亥革命時。在貴州起義。後來做了省長。是一位極有肝膽極有才略的人。他從十月間就到北京。受了蔡公命令回貴州布置。雲南起義後二十多天他就把貴州響應起來他帶着一枝軍隊出到洪江。和蔡公猗角當時和他相持者就是吳佩孚。像他這樣一位文弱書生。用些殘兵弱卒和現在鼎鼎大名的第一流軍人能相持許久。我們可以想像他的人才和人格了。後來戴公做了四川督軍。被安福黨人劉存厚戕害。這是後話。姑且不提。且說自從雲南起義後三個多月。除貴州以外沒有一省響應。蔡公軍又圍困在瀘州。朝不保夕。袁世凱看着我們這些跳梁小醜指日可平。早已大踏步坐上皇帝寶座去了。我們在上海眞是急得要死。自己覺着除了以身殉國外沒有第二條路了。我自己是天天做文章鼓吹。還寫了許多信到各省的將軍們。也沒什麼功效。當時態度最不明瞭的就是廣西的陸君榮廷。我們所盼望第三省的響應。也只有這一處。我寫了一封很沈痛的信給他。陸君本來是久懷義憤。或者我這封信有點子幫助。也未可定。到三月中旬。陸君忽然派一位軍官姓唐的帶着他的親筆信來找我。要我到廣西去。他纔獨立。我早上到。他晚上發表。晚上到。他早上發表。我們得着這個消息。眞是喜從天降。我一點不遲疑答道。『我立刻就去。』但是怎麼樣去法呢。當時袁皇帝『捕拿梁啓超就地正法』的上諭。早已通行各省。我經過廣東到廣西。是萬萬不行的。只有走安南的一條路。當時香港政府是替袁皇帝出力的。我差不多連香港一關也過不去。加以我上海的寓所中。前後左右都是偵探圍繞。我幾乎一步不能出門。我一面籌畫我去的方法。一面請我們在北京頭一天商量大計的朋友湯公覺頓。先到陸君那裏。幫他的忙。俗語說得好。『天下無難事。只怕有心人。』我廣西到底去成了。我想法子從上海搭船到香港。我是蹲在煤炭房的旁邊。我下了船後。上海偵探纔知道。打電到香港。香港政府派人來搜船。也搜我不着。我又設法偷搭一隻裝貨船到了安南。

安南本來有我們設立的一個通信機關．我以爲到了那裏搭火車入廣西很容易了．那知道到了過後．各車站中已經有我的相片．到處截拿．我只好坐一段車坐一段船走一段路．三天工夫纔到鎮南關入廣西境．在這個期間內．我自己碰着一件終天大恨的事．哎．我先君因病過去了．那時候我正蹲在香港船煤炭房裏頭．哀哉．哀哉．我從此便永遠爲無父之人了．可憐我的朋友都瞞着不給我知道．我在廣西．怕老太爺擔心．三天五天一封稟帖去報平安．哎．講什麼國家大事．我簡直不是個人了．

陸君榮廷到底是好漢．我的朋友湯公到了南寧．併報告我已經起程．陸君並不等我到步．三月十五日已經把廣西獨立了．三月二十六日我纔到南寧．廣西問題解決之後．再進一步．就是廣東問題．那時廣東的將軍是龍濟光．袁世凱封他做親王．正在高興得很．我們想不把廣東拿過來．到底不能達討賊的目的．龍濟光因大勢的壓迫．漸漸拿出模棱態度．和我們通殷勤．有電到廣西．請派人來商量．當時湯公激於義憤．自己擔負這個責任．跑到廣州．和龍濟光痛陳利害．一日一夜．四月初九日居然把廣東獨立的電報打了出來．那時龍濟光左右都是帝制黨人．他自己就沒有誠意．那裏經得起別人的恐嚇呢．到了明天．他便變起卦來．說是要在海珠開善後會議．把湯公和我們在廣東共事最得力的明友．一位是警察廳長王公廣齡．一位是陸軍少將譚公學夔．一齊請去．門外是大兵重重圍住．開議不到一會．龍濟光部將兇賊顏啓漢等拿出手鎗．向湯公王公譚公狙擊．慘哉慘哉．這幾位忠肝熱血足智多謀的仁人志士．竟斷送在一羣草寇手裏頭．

我們在廣西得着凶報．痛憤自不待言．便連日連夜帶着大兵．從梧州順流而下．到了肇慶．肇慶鎮守使李君耀漢．歡迎我們．我和陸君就在肇慶和龍濟光相持．過了幾日．岑君春煊也從上海跑來了．聽說孫君逸仙也從外國回到上海。他手下的健將陳君炯明。也在惠州起兵響應我們。龍濟光着急了。派人到我們那裏謝罪。但是他的靠不住。誰也知道的。當時我們手下的人個個摩拳擦掌。說非打廣東不可。但我和陸君全盤打算徹底商量。蔡公正陷在重圍再下去個把月眼看着要全軍覆滅。我們把廣西獨立原是想出兵湖南牽制敵勢令根本問題早日解決。若是粵桂開起仗來。姑無論沒有必勝的把握。就令得勝也要費好些時日。而且精銳總損傷不少。還拿什麼力量來討賊。豈不是令袁世凱拍掌大笑嗎。論理湯王譚三公都是我幾十年骨肉一般的朋友。替他們報仇的心我比什麼人都痛切。但我當時毅然決然主張要忍着仇恨和龍濟光聯和。但是聯和嗎。他要來打我們又怎麼呢。我說非徹底叫龍濟光明白利害死心塌地跟我們走不可。有什麼方法叫他如此呢。我左思右想想了一日一夜。除非我親自出馬靠血誠去感動他。當時我就把我這意見提出來。我的朋友和學生跟着我在肇慶的個個大驚失色。說這件事萬萬來不得。有幾位跪下來攔我。但我那時候天天接着蔡公電報。形勢危在旦夕。我覺得我爲國家爲朋友都有絕大的責任。萬萬不能躲避。而且我生平不知爲什麼緣故有一種自信。信我斷不會橫死信我一定有八十歲命。當時無論何人也攔我不住。我竟自搭車跑廣州去了。我到了沙面。打電話告訴龍濟光說我來了。要會他。龍濟光也嚇一大驚。跟着我就一乘轎子跑上觀音山去了。我和龍濟光苦口婆心的談了十幾點鐘。還好他像是很心悅誠服的樣子。到第二天晚上。他把許多軍官都聚起來給我開歡迎會。個個都拖鎗帶劍如狠似虎的幾十人。初時還是客客氣氣的啊啊、酒過三巡。漸漸來了。坐在龍濟光旁邊一員大將——後來我纔知道他名字叫做胡令萱。在那裏大發議論。起首罵廣東民軍。漸漸罵廣西軍。漸漸連蔡公和護國軍都罵起來了。鼓起眼睛釘着我。像是就要動手的樣子。龍濟光坐在旁邊整勸少說話。我起初是一言不發。過了二十分鐘過後。我站起來了。我說『龍都督。我昨夜和你講的什麽話。你到底跟他們說過沒有。我所爲何來。我在海珠事變發生過後。纔來。並不是不知道你這裏會殺人。我單人獨馬手無寸鐵跑到你千軍萬馬裏頭。我本來並不打算帶命回去。我一來爲中華民國前途來求你們幫忙。二來也因爲我是廣東人不願意廣東糜爛。所以我拚着一條命來換廣州城裏幾十萬人的安寧。來爭全國四萬萬人的人格。既已到這裏自然是隨你們要怎樣便怎樣……』我跟着就把全盤利害給他們演說了一點多鐘。據後來有在座的人說。我那時候的意氣橫厲。簡直和我平時是兩個人。說我說話的聲音之大就像打雷。說我一面說一面不停的拍桌子。把那滿座的玻璃杯都打得丁當作響。我當時是忘形了。但我現在想起來。倘若我當時軟弱些。倒反或者免不了他們的毒手。我氣太盛了。像是把他們壓下去。那位胡令萱悄悄跑了。此外的人像都有些感動。散席後許多位來和我握手道歉。自從那一晚過後。廣東獨立沒有什麽問題了。第三天我就回肇慶。陸君也帶着兵出湖南去了。

以後湖南浙江都陸續獨立。四川那邊形勢鬆得多了。過些日子。接着馮華甫電報。要我來上海商量解決大局方法。我五月初旬回到上海。我的兄弟和我的女兒從天津來接我。住定了兩日。纔把老太爺的事告訴我。我魂魄都失掉了。還能管什麽國家大事。從此我就在上海居喪。連華甫也不便來和我商量了。過了二十多天袁世凱氣憤身亡。這齣戲算是唱完。

共和恢復了。黎總統就任了。當下任命蔡公做四川督軍兼省長。蔡公本來說過。成功不爭地位。而且這幾個月過的日子不是人過的。他本來已經有病的人。到這時更病到不成樣子。所以他無論如何不肯做這官。急急要將兵權交出來自己去養病。但一來因爲自己的軍隊要收束。二來因爲四川秩序要維持。他還扶着病親自到成都住了二十天把各方面情形都布置停妥當時政府無論如何不許他辭四川人燒着香攔着路不準他走。他到底毅然決然走了。他到上海時候我會着他幾乎連面目也認不清楚。喉嚨啞到一點聲音也沒有。醫生都看着這病是不能救了。北京政府接二連三派人歡迎他他也不去在上海住了幾天就到日本養病十一月七號。這位民國恩人便和這個世界長別了。

這回事件。拿國內許多正人君子去拚一個叛國的奸雄袁世凱。拚總算拚下了。但袁世凱的游魂現在依然在國內縱橫猖獗。而且經他幾年間權術操縱弄得全國人廉恥掃地國家元氣斲喪得乾乾淨淨。、紀念雲南起義。還有什麼紀念不過留下一段傷心的史料罷了。若說還有紀念價值嗎那麼請紀念蔡公松坡這個人。我們青年倘能因每年今天的紀念。受蔡公人格的一點感化。將來當眞造出一個眞的善的美的中華民國出來。蔡公在天之靈或者可以瞑目了。

蔡公死了嗎蔡公不死不死不死的蔡公啊。請你把你的精神變作百千萬億化身。永遠住在我們青年心坎裏頭。

什麼是文化

爲南京金陵大學第一中學講演

『什麼是文化』這個定義眞是不容易下。因爲這類抽象名詞。都是各家學者各從其所抽之象而異其概念。所以往往發生聚訟何況『文化』這個概念原是很晚出的從翁特 Wundt 和立卡兒特 Rickert 以後纔

算成立。他的定義只怕還沒有討論到徹底哩。我現在也不必徵引辨駁別家學說。逕提出我的定義來。是

『文化者。人類心能所開積出來之有價值的共業也。』

『共業』兩個字用的是佛家術語。『業』是什麼呢。我們所有一切身心活動。都是一剎那一剎那的飛奔過去。隨起隨滅。毫不停留。但是每活動一次。他的魂影便永遠留在宇宙間。不能磨滅。勉强找個比方。就像一個老宜興茶壺。多泡一次茶。那壺的內容便生一次變化。茶喫完了。茶葉倒去了。洗得乾乾淨淨。表面上看來什麼也沒有。然而茶的『精』漬在壺內。第二次再泡新茶。前次漬下的茶精便起一番作用。能令茶味更好。茶之隨泡隨倒隨洗。便是活動的起滅。漬下的茶精便是業。茶精是日漬日多。永遠不會消失的。除非將壺打碎。這叫做業力不滅的公例。在這種不滅的業力裏頭。有一部分我們叫他做『文化』。（這個比方自然不能確切因爲拿死的茶壺比活的人如何會對呢不過爲學者容易構成觀念起見找個近似的做引線罷了）

茶壺是死的。呆的。各歸各的。這個壺漬下的茶精。不能通到那個壺。人類不然。活的。整個的。相通的。一個人的活動勢必影響到別人。而且跑得像電子一般快。立刻波盪到他所屬的社會乃至人類全體。活動流下來的魂影。本人漬得最深。大部分遺傳到他的今生他生或他的子孫。永不磨滅。是之謂『別業』。還有一部分像細霧一般。霏灑在他所屬的社會乃至全宇宙。也是永不磨滅。是之謂『共業』。又叫做業力周徧的公例。文化是共業範圍內的東西。因爲通不到旁人的『別業』。便與組織文化的網子無關了。但還有一點應當注意。共業是實在的。整個的。雖然可以說是由許多別業融化而成。但決不是把許多別業加起來湊成。

文化是共業之一部。但共業之全部並非都是文化。文化非文化。當以有無價值爲斷。然則價值又是什麼呢。凡

事物之『自然而然如此』或『不能不如此』者，則無價値之可評，卽評也是白評，可以如此可以不如此而我們認爲應該如此，這是經我們評定選擇之後，纔發生出來的價値，認爲應該如此，就做到如此，便是我們得着的價値，由此言之，必須人類自由意志選擇，且創造出來的東西纔算有價値，自由意志所無如之何的東西，我們便沒有法子說出他的價値，我們拿價値有無做標準來看宇宙間事物，可以把他們劃然分爲兩系，一是自然系，二是文化系，自然系是因果法則所支配的領土，文化系是自由意志所支配的領土，

人類活動，有一部分是與文化系無關的，依我的見解，人類活動之方式及其所屬系統應表示如下，

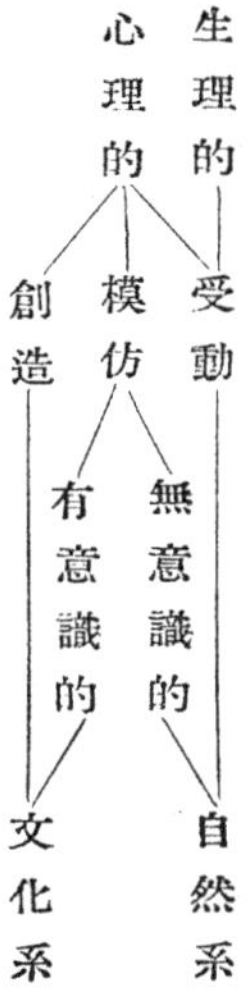

生理上的受動，如饑則食，渴則飲，疲倦則休息，乃至血管運行，渣液排泄等等，心理上的受動，如五官接物則有感覺，有感覺則有印象，有記憶等等，這都是不得不然的理法，與天體運行物質流轉性質相同，全屬自然界現象，其與文化系無關，自不待言，再進一步，則心理作用中之無意識的模仿，如衣服的款式常常變遷，如兩個人相處日子久了，彼此的言語動作有一部分互相傳染，這都是『自然而然如此』，也與文化系無關，就全社會活動而論，也有屬於這類的例，如社會在某種狀態之下，人口當然會增殖，在某種狀態之下，當然會鬬爭或戰爭，乃至在某種狀態之下，當然發生某種特殊階級，這都是拿因果法則推算得出來的，換一句話說，這是生物進化的通則，並非人類所獨有，所以不能歸入文化範圍內。

人類所以獨稱爲文化的動物者，全在其能創造且能爲有意識的模仿，『創造』怎麽解呢。

『創造者人類以自己的自由意志選定一個自己所想要到達的地位，便用自己的「心能」闖進那地位去。』

假如人類沒有了這種創造的意志和力量，那麽，一部歷史，將如河岸上沙痕，一層一層的堆積上去，經幾千幾萬年都是一樣，我們也可以算定他明年如何，後年如何，乃至百千萬年後如何，然而人類決不如此，他的自由意志怎樣的發動和發動方向如何，不惟旁人猜不着，乃至連他自己今天也猜不着明天怎麽樣，這一秒鐘也猜不着後一秒鐘怎麽樣，他是絕對不受任何因果律之束縛限制，時時刻刻可以爲不斷的發動，便時時刻刻可以爲不斷的創造，人類能對於自然界宣告獨立開拓出所謂文化領域者，全靠這一點，創造的概念大略如右，但仍須注意者四點。

(一)創造不必定在當時此地發生效果，所以有在此時創造，到幾百年後纔看見結果的，例如孔子的創造力到漢以後纔表見，或者從今日以後纔表見，亦有在此處創造，結果不見於此處而見於彼處者，例如基督的創造力在猶太看不出，在羅馬纔看得出，要之，一切創造都循『業力周徧不滅』的公例，超越時間空間，永遠普徧的存在。

(二)創造的效果，不必定和創造人所期待者同其內容，例如淸敎徒到美洲，原只爲保持信仰自由，結果會創建美國，漢武帝通西域，原只爲防禦匈奴，結果會促成中印交通，這是什麽緣故呢，因爲一個創造，常常引起第二第三個創造，所以也可以說創造能率是累進的。

(三)創造是永不會圓滿的這句話怎麼講呢凡一件事物到完成的時候便是創造力停止的時候譬如這張桌子完全造成後放在這裏還有什麼創造創造的工夫一定要在未有桌子或未成桌子之時(這些譬喻總不能貼切萬勿拘泥)桌子是死的有完成的那一天所以經過一個期間創造便停止人類文化是活的永遠沒有完成的那一天所以永遠容得我們創造亦正惟因此之故從事創造者只能以『部分的』『不圓滿的』自甘

(四)創造是不能和現境距離很遠的創造的動機總是因為對於現在的環境不滿意或不安心想另外開拓出一種新環境來所以創造必與現境生距離其理易明但這種距離是不容太遠而且不會太遠的太遠便引不起創造或創造不成創造者總是以他所處的現境為立脚點前走一步或兩步換一句話說是在不圓滿的宇宙中間一寸二寸的向圓滿理想路上挪去

以上算把創造的性質大略解釋明白了跟着還要說說『模仿的性質』我們既已曉得創造之可貴提到模仿便認為創造的反面像是很不值錢的這種見解却錯了模仿分為有意識無意識兩種無意識的模仿自然沒有什麼價值前文曾經說過現在所講專指有意識的模仿依我看

『模仿是複性的創造有模仿纔有共業』

『複』有兩義一是個體的複集二是時間的複現假如人類沒有這兩種性能那麼雖然有很大的創造也只是限於一時連『業』也不能保持或者限於一人只能造成『別業』如何會有文化呢須知無論創造力若何偉大之人(例如孔子釋迦)總不能沒有他所依的環境既有所依的環境自然對於環境(固有的文化)有所感受感受即是模仿的資糧所以嚴格說來無論何種創造行為中都不能絕對的不含有模仿的成分這是說創造以前的事

創造以後呢。一方面自己將所創造者常常為心理的複現。令創造的內容越加豐富確實。一方面熏感到別人。被熏感的人。把那新創造的吸收到他的『識閾』中形成他的『心能』之一部分。加工協造這兩種作用都是模仿內中第二種尤為重要。

凡有意識的模仿。都是經過自由意志選擇纔發生的。所以他的本質。已經是和創造同類。尤當注意者。凡模仿的活動。必不能與所模仿者絲毫都脗合。因為所模仿的對象。經過能模仿者的『識閾』。當然起多少化學作用。當然有若干之修正或蛻變。所以嚴格說來。無論何種模仿行為中又不能絕對的不含有創造的成分。因此也可以說。『模仿是羣衆體的創造』明白這種意味。方纔知道所謂『民族心』所謂『時代精神』者作何解。

人類有創造模仿兩種『心能』都是本着他的自由意志。不斷的自動互發。因以『開拓』其所欲得之價值。而『積厚』其所已得之價值。隨開隨積隨積隨開。於是文化系統以成。所以說。『文化者人類心能所開積出來之有價值的共業也』

以上所說。把『文化』的觀念。略已確定。還要附帶着一審查文化之內容。依我說。

『文化是包含人類物質精神兩面的業種業果而言。』

文化是人類以自由意志選定價值憑自己的心能開積出來以進到自己所想站的地位。既如前述。價值選定。當然要包含物質精神兩面人類欲望最低限度。至少也想到『利用厚生』。為滿足這類欲望所以要求物質的文化。如衣食住及其他工具等之進步。但欲望決不是如此簡單便了。人類還要求秩序。求愉樂。求安慰。求拓大、爲滿足這類欲望、所以要求精神的文化．如言語、倫理、政治、學術、美感、宗教等．這兩部分攏合起來．便是文化的總量．

說到這裏．要把業種業果兩語先爲解釋一下．這也是用的佛家術語．『種』卽種子．『果』卽果實．一棵樹是由很微細的一粒種子發生出來．這粒種子．含有無限創造力．不斷的長長、長長、開枝、發葉、放花、結果．到結成滿樹果實時．便是創造力成了結晶體．便算『一期的創造』暫作結束．但只要這棵樹不死．他的創造力並不消滅．還跟着有第二第三乃至無數期的創造．一面那果實裏頭．又含有種子．碰着機會．又從新發出創造力來．也是一期二期……的不斷．如是一個種生無數個果．果又生種．種又生果．一層一層的開積出去．人類活動所組成的文化之綱．正是如此．

但此中有一點萬不可以忘記．業果成熟時．便是一期創造的結束．現在請歸到文化本題來說明此理．人類用創造或模仿的方式開積文化．那創造心模仿心及其表現出來的活動．便是業種．也可以說是文化種．活動一定有產出來的東西．產出來的東西．一定有實在體．換一句話說．創造力終須有一日變成『結晶』．這種結晶便是業果．也可以說是文化果．文化種與文化果．有很不同的性質．文化種是活的．文化果是呆的．試舉其例．科學發明是業種．是活的．用那發明來創造的機器是業果．是呆的．人權運動是業種．是活的．運動產生出來的憲法是業果．是呆的．美感是業種．是活的．美感落到字句上成一首詩．落到顏色上成一幅畫．是業果．是呆的．所以我說創造不會圓滿．圓滿時創造便停．業果成熟．便是活力變成結晶．便是一期的創造圓滿而停息．就這一點論．很可以拿珊瑚島作個譬喻．海底的珊瑚．刻刻不停的在那裏活動．我們不知道他有目的沒有．假使有目的．

可以說他想創造珊瑚島．但是到珊瑚島造成時．他本身却變作灰石．文化到了結晶成果的時候．便有這種氣象．所以已成的文化果是不容易改變的停頓久了．那殭質也許成爲活動的障礙物．但人類文化果究竟不能拿珊瑚島作比．因爲珊瑚變成灰石之後．灰石裏頭便一毫活力也沒有．人類文化果不然．正如剛纔說的樹上果實．果中含有種子．所以能彀從文化果中熏發文化種．從新創造起來．人性中不可思議的神密．都在這一點．今請將文化內容的總量列一張表作結．

文化
- 物質的——業種——生存的要求心及活動力——業果
  - 衣食住等成品
  - 開闢的土地
  - 修治的道路
  - 工具機器等
  - 其他
- 精神的——業種——業果
  - 社交的要求心及活動力……言語習慣倫理等
  - 組織的要求心及活動力……關於政治經濟等諸法律
  - 智識的要求心及活動力……學術上之著作發明
  - 愛美的要求心及活動力……文藝美術品
  - 超越的要求心及活動力……宗敎

爲學與做人

十一年十二月二十七日爲蘇州學生聯合會公開講演

諸君．我在南京講學將近三個月了．這邊蘇州學界裏頭．有好幾回寫信邀我．可惜我在南京是天天有功課的．

不能分身前來。今天到這裏。能夠和全城各校諸君聚在一堂。令我感激得很。但有一件。還要請諸君原諒。因爲我一個月以來。都帶着些病。勉强支持。今天不能作很長的講演。恐怕有負諸君期望哩。

問諸君『爲甚麼進學校。』我想人人都會衆口一辭的答道『爲的是求學問。』再問『你爲什麼要求學問。』『你想學些什麼。』恐怕各人的答案。就很不相同。或者竟自答不出來了。諸君啊。我請替你們總答一句罷。『爲的是學做人。』你在學校裏頭學的什麼數學幾何物理化學生理心理歷史地理國文英語。乃至什麼哲學文學科學政治法律經濟教育農業工業商業等等。不過是做人所需要的一種手段。不能說專靠這些便達到做人的目的。任憑你把這些件件學得精通。你能夠成個人不能成個人還是別問題。

人類心理。有知情意三部分。這三部分圓滿發達的狀態。我們先哲名之爲三達德——智、仁、勇。爲什麼叫做『達德』呢。因爲這三件事是人類普通道德的標準。總要三件具備。纔能成一個人。三件的完成狀態怎麼樣呢。孔子說。『知者不惑。仁者不憂。勇者不懼。』所以教育應分爲知育情育意育三方面。——現在講的智育德育體育。不對。德育範圍太籠統。體育範圍太狹隘。——知育要教到人不惑。情育要教到人不憂。意育要教到人不懼。教育家教學生。應該以這三件爲究竟。我們自動的自己教育自己。也應該以這三件爲究竟。

怎麼樣纔能不惑呢。最要緊是養成我們的判斷力。想要養成判斷力。第一步。最少須有相當的常識。進一步。對於自己要做的事須有專門智識。再進一步。還要有遇事能斷的智慧。假如一個人連常識都沒有。聽見打雷。說是雷公發威。看見月蝕。說是蝦蟆貪嘴。那麼。一定鬧到什麼事都沒有主意。碰着一點疑難問題。就靠求神問卜看相算命去解決。眞所謂『大惑不解。』成了最可憐的人了。學校裏小學中學所教。就是要人有了許多基本的常識。免得凡事都暗中摸索。但僅僅有這點常識。還不够我們做人。總要各有一件專門職業。這門職業。也並不是我一人破天荒去做。從前已經許多人做過。他們積了無數經驗。發見出好些原理原則。這就是專門學識。我打算做這項職業。就應該有這項專門學識。例如我想做農嗎。怎樣的改良土壤。怎樣的改良種子。怎樣的防禦水旱病蟲。……等等。都是前人經驗有得成爲學識的。我們有了這種學識。應用他來處置這些事。自然會不惑。反是則惑了。做工做商。……等等都各各有他的專門學識。也是如此。我想做財政家嗎。何種租稅可以生出何樣結果。何種公債可以生出何樣結果。……等等。都是前人經驗有得成爲學識的。我們有了這種學識。應用他來處置這些事。自然會不惑。反是則惑了。教育家軍事家。……等等都各各有他的專門學識。也是如此。我們在高等以上學校所求的智識。就是這一類。但專靠這種常識和學識就够嗎。還不能。宇宙和人生是活的不是呆的。我們每日所碰見的事理。是複雜的變化的。不是單純的印板的。倘若我們只是學過這一件纔懂這一件。那麽碰着一件沒有學過的事來到跟前。便手忙脚亂了。所以還要養成總體的智慧。纔能得有根本的判斷力。這種總體的智慧如何纔能養成呢。第一件。要把我們向來粗浮的腦筋。着實磨練他。叫他變成細密而且踏實。那麽。無論遇着如何繁難的事。我都可以徹頭徹尾想清楚他的條理。自然不至於惑了。第二件。要把我們向來昏濁的腦筋。着實將養他。叫他變成清明。那麽。一件事理到跟前。我纔能很從容很瑩澈的去判斷他。自然不至於惑了。以上所說常識學識和總體的智慧。都是智育的要件。目的是教人做到知者不惑。

怎麽樣纔能不憂呢。爲什麽仁者便會不憂呢。想明白這個道理。先要知道中國先哲的人生觀是怎麽樣。『仁』之一字。儒家人生觀的全體大用都包在裏頭。『仁』到底是什麽。很難用言語說明。勉强下個解釋。可以說是。

『普徧人格之實現。』孔子說。『仁者人也。』意思說是人格完成就叫做『仁』。但我們要知道。人格不是單獨一個人可以表見的要從人和人的關係上看出來所以仁字從二人鄭康成解他做『相人偶。』總而言之。要彼我交感互發成爲一體。然後我的人格纔能實現所以我們若不講人格主義。那便無話可說。講到這個主義當然歸宿到普徧人格換句話說宇宙卽是人生。人生卽是宇宙我的人格和宇宙無二無別體驗得這個道理就叫做『仁者』然則這種仁者爲甚麼就會不憂呢。大凡憂之所從來不外兩端。一曰憂成敗。二曰憂得失。我們得着『仁』的人生觀就不會憂成敗爲什麼呢。因爲我們知道宇宙和人生是永遠不會圓滿的。所以易經六十四卦始『乾』而終『未濟』正爲在這永遠不圓滿的宇宙中纔永遠容得我們創造進化我們所做的事不過在宇宙進化幾萬萬里的長途中往前挪一寸兩寸。那裏配說成功呢。然則不做怎麼樣呢。不做便連這一寸兩寸都不往前挪。那可眞眞失敗了。『仁者』看透這種道理。信得過只有不做事纔算失敗肯做事便不會失敗所以易經說。『君子以自强不息』換一方面來看他們又信得過凡事不會成功的。幾萬萬里路挪了一兩寸算成功嗎。所以論語說。『知其不可而爲之』你想有這種人生觀的人還有什麼成敗可憂呢。再者。我們得着『仁』的人生觀便不會憂得失爲什麼呢。因爲認定這件東西是我的纔有得失之可言。連人格都不是單獨存在。不能明確的畫出這一部分是我的。那一部分是人家的然則那裏有東西可以爲我所得。既已沒有東西爲我所得。當然也沒有東西爲我所失。我只是爲學問而學問。爲勞動而勞動。並不是拿學問勞動等等做手段來達某種目的——可以爲我們『所得』的所以老子說。『生而不有爲而不恃。』『既以爲人己愈有。既以與人己愈多』你想有這種人生觀的人還有什麼得失可憂呢。總而言之有了這種人生觀。自然會覺得『天地與我並生。而萬物與我爲一。』自然會『無入而不自得。』他的生活。純然是趣味化藝術化。這是最高的情感教育目的教人做到仁者不憂。

怎麼樣纔能不懼呢。有了不惑不憂工夫。懼當然會減少許多了。但這是屬於意志方面的事。一個人若是意志力薄弱。便有很豐富的智識。臨時也會用不着。便有很優美的情操。臨時也會變了卦。然則意志怎麼纔會堅强呢。頭一件須要心地光明。孟子說。『浩然之氣。至大至剛。行有不慊於心則餒矣。』又說。『自反而不縮。雖褐寬博。吾不惴焉。自反而縮。雖千萬人吾往矣。』俗語說得好。『生平不作虧心事。夜半敲門也不驚。』一個人要保持勇氣。須要從一切行爲可以公開做起。這是第一著。第二件要不爲劣等欲望之所牽制。論語記。『子曰。吾未見剛者。或對曰。申棖。子曰。棖也慾。焉得剛。』一被物質上無聊的嗜慾東拉西扯。那麼百鍊鋼也會變爲繞指柔了。總之一個人的意志。由剛强變爲薄弱極易。由薄弱返到剛强極難。一個人有了意志薄弱的毛病。這個人可就完了。自己作不起自己的主。還有什麼事可做。受別人壓制。做別人奴隸。自己只要肯奮鬬。終須能恢復自由。自己的意志做了自己情欲的奴隸。那麼眞是萬劫沈淪。永無恢復自由的餘地。終身畏首畏尾。成了個可憐人了。孔子說。『和而不流。强哉矯。中立而不倚。强哉矯。國有道不變塞焉。强哉矯。國無道至死不變。强哉矯。』我老實告訴諸君說罷。做人不做到如此。決不會成一個人。但做到如此眞是不容易。非時時刻刻做磨練意志的工夫不可。意志磨練得到家。自然是看着自己應做的事。一點不遲疑。扛起來便做。『雖千萬人吾往矣。』這樣纔算頂天立地做一世人。絕不會有藏頭躲尾左支右絀的醜態。這便是意育的目的。要教人做到勇者不懼。

我們拿這三件事作做人的標準。請諸君想想。我自己現時做到那一件——那一件稍爲有一點把握。倘若連一件都不能做到連一點把握都沒有嗳喲那可眞危險了你將來做人恐怕就做不成講到學校裏的教育嗎第二層的情育第三層的意育可以說完全沒有剩下的只有第一層的知育就算知育罷又只有所謂常識和學識至於我所講的總體智慧靠來養成根本判斷力的却是一點兒也沒有這種「販賣智識雜貨店」的教育把他前途想下去眞令人不寒而慄現在這種教育一時又改革不來我們可愛的青年除了他更沒有可以受教育的地方諸君啊你到底還要做人不要你要知道危險呀非你自己抖擻精神想方法自救沒有人能救你呀

諸君啊你千萬別要以爲得些斷片的智識就算是有學問呀我老實不客氣告訴你罷你如果做成一個人智識自然是越多越好你如果做不成一個人智識却是越多越壞你不信嗎試想想全國人所唾罵的賣國賊某人某人是有智識的呀還是沒有智識的呢試想想全國人所痛恨的官僚政客——專門助軍閥作惡魚肉良民的人是有智識的呀還是沒有智識的呢諸君須知道啊這些人當十幾年前在學校的時代意氣橫厲天眞爛漫何嘗不和諸君一樣爲什麼就會墮落到這樣田地呀屈原說的『何昔日之芳草兮今直爲此蕭艾也豈其有他故兮莫好修之害也』天下最傷心的事莫過於看着一羣好好的青年一步一步的往壞路上走諸君猛醒啊現在你所厭所恨的人就是你前車之鑒了

諸君啊你現在懷疑嗎沉悶嗎悲哀痛苦嗎覺得外邊的壓迫你不能抵抗嗎我告訴你你懷疑和沉悶便是你因不知纔會惑你悲哀痛苦便是你因不仁纔會憂你覺得你不能抵抗外界的壓迫便是你因不勇纔有懼這都是你的知情意未經過修養磨練所以還未成個人我盼望你有痛切的自覺啊有了自覺自然會自動那麼

學校之外．當然有許多學問．讀一卷經．繙一部史．到處都可以發見諸君的良師呀．諸君啊．醒醒罷．養足你的根本智慧．體驗出你的人格人生觀．保護好你的自由意志．你成人不成人．就看這幾年哩．

治國學的兩條大路

十二年一月九日爲東大國學研究演講　李競芳記錄

梁先生在寧講學數月．每次講稿均先期手自編定．此次因離寧在即．應接少暇．故本講稿僅成其上篇．下篇則由競芳筆記．謹附識．

諸君．我對於貴會本來預定講演的題目．是『古書之眞僞及其年代』中間因爲有病．不能履行原約．現在我快要離開南京了．那個題目不是一回可以講完．而且範圍亦太窄．現在改講本題．或者較爲提綱挈領．於諸君有益罷．

我以爲研究國學有兩條應走的大路．

一、文獻的學問　應該用客觀的科學方法去研究．

二、德性的學問　應該用內省的和躬行的方法去研究．

第一條路．便是近人所講的「整理國故」這部分事業．這部分事業最浩博最繁難而且最有趣的．便是歷史．我們是有五千年文化的民族．我們一家裏弟兄姊妹們．便占了全人類四分之一．我們的祖宗世世代代在「宇宙進化線」上頭不斷的做他們的工作．我們替全人類積下一大份遺產．從五千年前的老祖宗手裏一直傳到今日沒有失掉。我們許多文化產品。都用我們極優美的文字記錄下來。雖然記錄方法不很整齊。雖然所記錄的隨時散失了不少。但卽以現存的正史、別史、雜史、編年、紀事本末、法典、政書、方志、譜牒、以至各種筆記、金石刻文等類而論。十層大樓的圖書館也容不下。拿歷史家眼光看來。一字一句。都藏有極可寶貴的史料。又不獨史部書而已。一切古書有許多人見爲無用者。拿他當歷史讀。都立刻變成有用。章實齋說『六經皆史』。這句話我原不敢贊成。但從歷史家的立脚點看。說『六經皆史料』。那便通了。既如此說。則何只六經皆史。也可以說諸子皆史。詩文集皆史。小說皆史。因爲裏頭一字一句都藏有極可寶貴的史料。和史部書同一價值。我們家裏頭這些史料。眞算得世界第一個豐富鑛穴。從前僅用土法開採。採不出什麼來。現在我們懂得西法了。從外國運來許多開礦機器了。這種機器是什麼。是科學方法。我們只要把這種方法運用得精密巧妙而且耐煩。自然會將這學術界無盡藏的富源開發出來。不獨對得起先人。而且可以替世界人類恢復許多公共產業。

這種方法之應用。我在我去年所著的歷史研究法和前兩個月在本校所講的歷史統計學裏頭已經說過大概。雖然還有許多不盡之處。但我敢說這條路是不錯的。諸君倘肯循着路深究下去。自然也會發出許多支路。不必我細說了。但我們要知道。這個鑛太大了。非分段開採不能成功。非一直開到深處不能得着寶貝。我們一個人一生的精力能够徹底開通三幾處鑛苗。便算了不得的大事業。因此我們感覺着有發起一個合作運動之必要。合起一羣人在一個共同目的共同計畫之下。各人從其性之所好。以及平時的學問根柢。各人分擔三兩門做「窄而深」的研究。拚着一二十年工夫下去。這個鑛或者可以開得有點眉目了。

此外和史學範圍相出入或者性質相類似的文獻學還有許多。都是要用科學方法研究去。例如。

(一)文字學　我們的單音文字每一個都含有許多學問意味在裏頭。若能用新眼光去研究。做成一部『新說文解字』。可以當作一部民族思想變遷史或社會心理進化史讀。

(二)社會狀態學　我國幅員廣漠種族複雜數千年前之初民的社會組織與現代號稱最進步的組織同時並存試到各省區的窮鄉僻壤更進一步入到苗子番子居住的地方再拿二十四史裏頭蠻夷傳所記的風俗來參證。我們可以看見現代社會學者許多想像的事項。或者證實或者要加修正。總而言之幾千年間一部豎的進化史在一塊橫的地平上可以同時看出除了我們中國以外恐怕沒有第二個國了。我們若從這方面精密研究眞是最有趣味的事。

(三)古典考釋學　我們因爲文化太古。書籍太多。所以眞僞雜陳。很費別擇。或者文義艱深。難以索解。我們治國學的人。爲節省後人精力而且令學問容易普及起見應該負一種責任。將所有重要古典都重新審定一番。解釋一番。這種工作前清一代的學者已經做得不少我們一面憑藉他們的基礎容易進行。一面我們因外國學問的觸發可以有許多補他們所不及所以從這方面研究。又是極有趣味的事。

(四)藝術鑑評學　我們有極優美的文學美術作品我們應該認識他的價值而且將賞鑑的方法傳授給多數人令國民成爲『美化』這種工作。又要另外一幫人去做。我們裏頭有性情近於這一路的。便應該以此自任。

以上幾件。都是舉其最重要者。其實文獻學所包含的範圍還有許多。就是上所講的幾件。剖析下去。每件都有無數的細目。我們做這類文獻學問。要懸着三個標準以求到達。

第一求真　凡研究一種客觀的事實。須先要知道他『的確是如此』。纔能判斷他為什麼如此。文獻部分的學問多屬過去陳跡。以譌傳譌失其真相者甚多。我們總要用很謹嚴的態度。子細別擇。把許多偽書和偽事剔去。把前人的誤解修正。纔可以看出真面目來。這種工作前清「乾嘉諸老」也曾努力做過一番。有名的清學正統派之考證學便是。但依我看來還早得很哩。他們的工作。算是經學方面做得最多。史學子學方面便差得遠。佛學方面卻完全沒有動手呢。況且我們現在做這種工作。眼光又和先輩不同。所憑藉的資料也比先輩們為多。我們應該開出一派『新考證學』。這片大殖民地。很夠我們受用咧。

第二求博　我們要明白一件事物的真相。不能靠單文孤證便下武斷。所以要將同類或有關係的事情網羅起來貫串比較。愈多愈妙。比方做生物學的人。採集各種標本。愈多愈妙。我們可以用統計的精神作大量觀察。我們可以先立出若干種『假定』。然後不斷的蒐羅資料來測驗這『假定』是否正確。若能善用這些法門。真如韓昌黎說的『牛溲馬勃。敗鼓之皮。兼收並蓄。待用無遺』。許多前人認為無用的資料。我們都可以把他廢物利用了。但求博也有兩個條件。荀子說。『好一則博』。又說。『以淺持博』。我們要做博的工夫。只能擇一兩件專門之業。為自己性情最近者做去。從極狹的範圍內生出極博來。否則件件要博。便連一件也博不成。這便是好一則博的道理。又滿屋散錢。穿不起來。雖多也是無用。資料越發豐富。則駕馭資料越發繁難。總須先求得個『一以貫之』的線索。纔不至『博而寡要』。這便是以淺持博的道理。

第三求通　好一固然是求學的主要法門。但容易發生一種毛病。這毛病我替他起個名叫做「顯微鏡生活」。鏡裏頭的事物看得纖悉周備。鏡以外卻完全不見。這樣子做學問。也常常會判斷錯誤。所以我們雖然專門一種。學問卻切不要忘卻別門學問和這門學問的關係。在本門中。也常要注意各方面相互之關係。這些關係。有許多在表面上看不出來的。我們要用銳利眼光去求得他。能常常注意關係。纔可以成通學。

以上關於文獻學。算是講完。兩條路已言其一。此外則爲德性學。此學應用內省及躬行的方法來研究。與文獻學之應以客觀的科學方法研究者絕不同。這可說是國學裏頭最重要的一部分。人人應當領會的。必走通了這一條路。乃能走上那一條路。

近來國人對於知識方面。很是注意。整理國故的名詞。我們也聽得純熟。誠然整理國故。我們是認爲急務。不過若是謂除整理國故外。遂別無學問。那卻不然。我們的祖宗遺予我們的文獻寶藏。誠然足以傲世界各國而無愧色。但是我們最特出之點。仍不在此。其學爲何。即人生哲學是。

歐洲哲學上的波瀾。就哲學史家的眼光看來。不過是主智主義與反主智主義兩派之互相起伏。主智者主智。反主智者即主情主意。本來人生方面。也只有智、情、意三者。不過歐人對主智特別注重。而於主情主意。亦未能十分貼近人生。蓋歐人講學。始終未以人生爲出發點。至於中國先哲則不然。無論何時代何宗派之著述。夙皆歸納於人生這一途。而於西方哲人精神萃集處之宇宙原理物質公例等等。倒都不視爲首要。故荀子儒效篇曰。『道仁之隆也。……非天之道。非地之道。人之所以道也。』儒家既純以人生爲出發點。所以以『人之所以爲道』爲第一位。而於天之道等等。悉以置諸第二位。而歐西則自希臘以來。即研究他們所謂的形而上學。一天到晚。只在那裏高談宇宙原理。憑空冥索。終少歸宿到人生這一點。蘇格拉底號稱西方的孔子。很想從人生這一方面做工夫。但所得也十分幼稚。他的弟子柏拉圖。更不曉得循着這條路去發揮。至全棄其師傳而復研究其所謂天之道。亞里斯多德出。於是又反趨於科學。後人有謂道源於亞里斯多德的話。其實他也不過僅於科學方面有所創發。離人生畢竟還遠得很。迨後斯端一派。大概可與中國的墨子相當。對於儒家仍是望塵莫及。一到中世紀。歐洲全部統成了宗敎化殘酷的羅馬與日耳曼人。悉受了宗敎的感化。而漸進於迷信。宗敎方面本來主情意的居多。但是純以客觀的上帝來解決人生。終竟離題尚遠。後來再一個大反動。便是「文藝復興」。遂一變主情主意之宗敎。而代以理智。近代康德之講範疇。範圍更過於嚴謹。好像我們的臨「九宮格」一般。所以他們這些。都可說是沒有走到人生的大道上去。直至詹姆士、柏格森、倭鏗等出。才感覺到非改走別的路不可。很努力的從體驗人生上做去。也算是把從前機械的唯物的人生觀。撥開幾重雲霧。但是眞果拿來與我們儒家相比。我可以說仍然幼稚。

總而言之。西方人講他的形而上學。我們承認有他獨到之處。換一方面講客觀的科學。也非我們所能及。不過最奇怪的。是他們講人生也用這種方法。結果眞弄到個莫明其妙。譬如用形而上學的方法講人。是絕不想到從人生的本體來自證。卻高談玄妙。把冥冥莫測的上帝來對喻。再如用科學的方法講。尤爲妙極。試問人生是什麼。是否可以某部當幾何之一角。三角之一邊。是否可以用化學的公式來化分化合。或是用幾種原質來造成。再如達爾文之用生物進化說來講人生。徵考詳博。科學亦莫能搖動。總算是壁壘堅固。但是果眞要問他人之所以異於禽獸者安在。人既自猿進化而來。爲什麼人自人而猿終爲猿。恐怕他也不能給我們以很有理由的解答。總之西人所用的幾種方法。僅能夠用之以研究人生以外的各種問題。人決不是這樣機械易懂的。歐洲人卻始終未澈悟到這一點。只盲目的往前做。結果造成了今日的煩悶。徬徨莫知所措。蓋中世紀時。人心還能依賴著宗教過活。及乎今日科學昌明。賴以醉麻人生的宗教。完全失去了根據。人類本從下等動物蛻化而來。那裏有什麼上帝創造宇宙。一切現象不過是物質和他的運動。還有什麼靈魂來世的天堂。既不可憑。眼前的利害。復日相肉搏。懷疑失望。都由之而起。眞正是他們所謂的世紀末了。

以上我等看西洋人何等可憐。肉搏於這種機械唯物的枯燥生活當中。眞可說是始終未聞大道。我們不應當導他們於我們祖宗這一條路上去嗎。以下便略講我們祖宗的精神所在。我們看看是否可以終身受用不盡。並可以救他們西人物質生活之疲敝。

我們先儒始終看得知行是一貫的。從無看到是分離的。後人多謂知行合一之說。爲王陽明所首倡。其實陽明也不過是就孔子已有的發揮。孔子一生爲人。處處是知行一貫。從他的言論上也可以看得出來。他說『學而不厭。』又說『爲之不厭。』可知「學」即是「爲。」「爲」即是「學。」蓋以知識之擴大。在人努力的自爲。從不像西人之從知識方法而求知識。所以王陽明曰『知而不行。是謂不知。』所以說這類學問。必須自證。必須躬行。這卻是西人始終未看得的一點。

又儒家看得宇宙人生是不可分的。宇宙絕不是另外一件東西。乃是人生的活動。故宇宙的進化。全基於人類努力的創造。所以易經曰『天行健。君子以自强不息。』又看得宇宙永無圓滿之時。故易卦六十四。始「乾」而以「未濟」終。蓋宇宙「既濟」。則乾坤已息。還復有何人類。吾人在此未圓滿的宇宙中。只有努力的向前創造。這一點。柏格森所見的。也很與儒家相近。他說宇宙一切現象。乃是意識流轉所構成。方生已滅。方滅已生。生滅相銜。方成進化。這些生滅。都是人類自由意識發動的結果。所以人類日日創造。日日進化。這意識流轉就喚作精神生活。是要從內省直覺得來的。他們既知道變化流轉。就是宇宙眞相。又知道變化流轉之權。操之在我。所以孔子曰。『人能弘道。非道弘人。』儒家既看清了以上各點。所以他的人生觀十分美渥。生趣盎然。人生在此不盡的宇宙當中。不過是蜉蝣朝露一般。向前做得一點是一點。既不望其成功。苦樂遂不繫於目的物。完全在我。眞所謂『無入而不自得。』有了這種精神生活。再來研究任何學問。還有什麼不成。那麼或有人說。宇宙既是沒有圓滿的時期。我們何不靜止不作。好嗎。其實不然。人既爲動物。便有動作的本能。穿衣吃飯。也是要動的。既是人生非動不可。我們就何妨就我們所喜歡做的。所認爲當做的做下去。我們最後的光明。固然是遠在幾千萬年幾萬萬年之後。但是我們的責任。不是叫一蹴而幾的達到目的地。是叫我們的目的地日近一日。我們的祖宗堯、舜、禹、湯、孔、孟。……在他們的進行中。長的或跑了一尺。短的不過跑了數寸。積累而成。才有今日。我們現在無論是一寸半分。只要往前跑。才是爲現在及將來的人類受用。這都是不可逃的責任。孔子曰。『士不可以不弘毅。任重而道遠。仁以爲己任。不亦重乎。死而後已。不亦遠乎。』所以我們雖然曉得道遠之不可致。還是要努力的。到死而後已。故孔子是『知其不可而爲之者。』正爲其知其不可而爲。所以生活上纔含着春意。若是不然。先計較他可爲不可爲。那麼情志便繫於外物。憂樂便關乎得失。或竟因爲計較利害的原故。使許多應做的事。反而不做。這樣還那裏領略到生活的樂趣呢。

再其次。儒家是不承認人是單獨可以存在的。故「仁」的社會。爲儒家理想的大同社會。仁字從二人。鄭玄曰。『仁、相人偶也。』（禮記注）非人與人相偶。則「人」的概念不能成立。故孤行執異。絕非儒家所許。蓋人格專靠各個自己。是不能完成。假如世界沒有別人。我的人格。從何表現。譬如全社會都是罪惡。我的人格受了傳染和壓迫。如何能健全。由此可知人格是個共同的。不是孤另的。想自己的人格向上。唯一的方法。是要社會的人格向上。然而社會的人格。本是各個自己化合而成。想社會的人格向上。唯一的方法。又是要自己的人格向上。明白了這個力和環境提攜。便成進化的道理。所以孔子教人『己欲立而立人。己欲達而達人』。所謂立人達人。非立達別人之謂。乃立達人類之謂。彼我合組成人類。故立達彼。卽是立達人類。立達人類。卽是立達自己。更用『取譬』的方法來體驗這個達字。才算是『仁之方』。其他論語一書講仁字的屢見不一見。儒家何其把仁字看得這麼重要呢。卽上面所講的儒家學問專以硏究『人之所以爲道』爲本。明乎仁。人之所以爲道自見。孟子曰『仁也者人也。合而言之道也』。蓋仁之概念。與人之概念相函。人者通彼我而始得名。彼我通。乃得謂之仁。知乎人與人相通。所以我的好惡。卽是人的好惡。我的精神中。同時也含有人的精神。不徒是現世的人爲然。卽如孔孟遠在二千年前。他的精神。亦浸潤在國民腦中不少。可見彼我相通。雖歷百世不變。儒家從這一方面看得至深且切。而又能躬行實踐。『無終食之間違仁』。這種精神影響於國民性者至大。卽此一分家業。我可以說眞是全世界唯一無二的至寶。這絕不是用科學的方法可以硏究得來的。要用內省的工夫。實行體驗。體驗而後。再爲躬行實踐。養成了這副美妙的仁的人生觀。生趣盎然的向前進。無論硏究什麼學問。管許是興致勃勃。孔子曰『仁者不憂』。就是這個道理。不幸漢以後這種精神便無人繼續的弘發。人生觀也漸趨於機械。八股制興。孔子的眞面目日失。後人日稱『尋孔顏樂處』。究竟孔顏樂處在那裏。還是莫明其妙。我們既然誦法孔子。應該好好保存這分家私——美妙的人生觀——才不愧是聖人之徒啊。

此外我們國學的第二源泉。就是佛敎、佛本傳於印度。但是盛於中國。現在大乘各派。五印全絕。正法一派。全在中國歐洲人研究佛學的甚多。梵文所有的經典。差不多都繙出來。但向梵文裏頭求太乘。能得多少。我們自創的宗派。更不必論了。像我們的禪宗。眞可算得應用的佛教。世間的佛教。的確是印度以外纔能發生。的確是表現中國人的特質。叫出世法與入世法並行不悖。他所講的宇宙精微的確還在儒家之上。說宇宙流動不居。永無圓滿。可說是與儒家相同。曰『一衆生不成佛。我誓不成佛』。即孔子立人達人之意。蓋宇宙最後目的。乃是求得一大人格實現之圓滿相。絕非求得少數個人超拔的意思。儒佛所略不同的。就是一偏於現世的居多。一偏於出世的居多。至於他的共同目的。都是願世人精神方面完全自由。現在自由二字。誤解者不知多少。其實人類外界的束縛。他力的壓迫。終有方法解除。最怕的是「心爲形役」。自己做自己的奴隸。儒佛都用許多的話來教人。想叫把精神方面的自縛解放淨盡。頂天立地。成一個眞正自由的人。這點佛家弘發得更爲深透。眞可以說佛教是全世界文化的最高產品。這話。東西人士。都不能否認。此後全世界受用於此的正多。我們先人既辛苦的爲我們創下這分產業。我們自當好好的承受。因爲這是人生唯一安身立命之具。有了這種安身立命之具。再來就性之所近的去研究一種學問。那麼纔算盡了人生的責任。

諸君聽了我這夜的演講。自然明白我們中國文化。比世界各國並無遜色。那一般沉醉西風。說中國一無所有的人。自屬淺薄可笑。論語曰『人雖欲自絕。其何傷於日月乎。多見其不知量也。』這邊的諸同學。從不對於國學輕下批評。這是很好的現象。自然我也聞聽有許多人諷刺南京學生守舊。但是只要舊的是好。守舊又何足病詬。所以我很願此次的講演。更能夠多多增進諸君以研究國學的興味。

飲冰室文集之四十

研究文化史的幾個重要問題

對於舊著中國歷史研究法之修補及修正

爲南京金陵大學第一中學演講

前回已經把文化的概念和內容說過。文化史是敍述文化的。懂得文化是什麽。自然也懂得文化史是什麽。似乎不用再詞費。但我覺得前人對於歷史的觀念有許多錯誤。對於文化史的範圍尤其不正確。所以還要提出幾個問題來討論一番。

第一　史學應用歸納研究法的最大效率如何

現代所謂科學。人人都知道是從歸納研究法產生出來。我們要建設新史學。自然也離不了走這條路。所以我舊著中國歷史研究法極力提倡這一點。最近所講演歷史統計學等篇也是這一路精神。但我們須知道這種研究法的效率是有限制的。簡單說。整理史料要用歸納法。自然毫無疑義。若說用歸納法就能知道『歷史其物』。這卻太不成問題了。歸納法最大的工作是求『共相』。把許多事物相異的屬性剔去。相同的屬性抽出。各歸各類。以規定該事物之內容及行歷何如。這種方法應用到史學。却是絕對不可能。爲什麽呢。因爲歷史現象只是『一躺過』自古及今從沒有同鑄一型的史蹟這又爲什麼呢因爲史蹟是人類自由意志的反影而各人自由意志之內容絕對不會從同所以史家的工作和自然科學家正相反專務求『不共相』倘若把許多史蹟相異的屬性剔去專抽出那相同的屬性結果便將史的精魂剝奪淨盡了因此我想歸納研究法之在史學界其效率只到整理史料而止不能更進一步然則把許多『不共相』堆壘起來怎麼能成爲一種有組織的學問我們常說歷史是整個的又作何解呢你根問到這一點嗎依我看什有九要從直覺得來不是什麼歸納演繹的問題這是歷史哲學裏頭的最大關鍵我現在還沒有研究成熟等將來再發表意見罷

第二　歷史裏頭是否有因果律

這條和前條只是一個問題應該一貫的解決原來因果律是自然科學的命脈從前只有自然科學得稱爲科學所以治科學離不開因果律幾成爲天經地義談學問者往往以『能否從該門學問中求出所含因果公例』爲『該門學問能否成爲科學』之標準史學向來並沒有被認爲科學於是治史學的人因爲想令自己所愛的學問取得科學資格便努力要發明史中因果我就是這裏頭的一個人我去年著的中國歷史研究法內中所下歷史定義便有『求得其因果關係』一語我近來細讀立卡兒特著作加以自己深入反覆研究已經發覺這句話完全錯了我前回說過『宇宙事物可中分爲自然文化兩系自然系是因果律的領土文化系是自由意志的領土』看『什麼是文化』兩系現象各有所依正如鱗潛羽藏不能相易亦不必相羨歷史爲文化現象複寫品何必把自然科學所用的工具扯來裝自己門面非惟不必抑且不可因爲如此便是自亂法相必至進退

失據。當我著歷史研究法時。為這個問題。着實惱亂我的頭腦。我對於史的因果很懷疑。我又不敢撥棄他。所以那書裏頭有一段說道。

『若欲以因果律絕對的適用於歷史。或竟為不可能的而且有害的亦未可知。何則。歷史為人類心力所造成。而人類心力之動。乃極自由而不可方物。心力既非物理的或數理的因果律所能完全支配。則其所產生之歷史。自亦與之同一性質。今必強懸此律以馭歷史。其道將有時而窮。故曰不可能。不可能而強應用之。將反失歷史之眞相。故曰有害也。然則吾儕竟不談因果可乎。曰。斷斷不可。……』原著一七六葉

我現在回看這篇舊著。覺得有點可笑。既說『以因果律馭歷史不可能而且有害』。何以又說『不談因果斷斷不可』。我那時候的病根。因為認定因果律是科學萬不容缺的屬性。不敢碰他。所以有這種矛盾不徹底的見解。當時又因為調和這種見解。所以另外舉出歷史因果律與自然科學因果律不同的三點。原著一七七至一七九葉其實照那三點說來。是否還可以名之為因果律。已成疑問了。我現在要把前說修正。發表目前所見如下。

因果是什麼。『有甲必有乙。必有甲纔能有乙。於是命甲為乙之因。命乙為甲之果。』所以因果律也叫做『必然的法則』。科學上還有所謂『蓋然的法則』不過『必然性』稍弱耳。本質仍相同。『必然』與『自由』是兩極端。既必然便沒有自由。既自由便沒有必然。我們既承認歷史為人類自由意志的創造品。當然不能又認他受因果必然法則的支配。其理甚明。

再檢查一檢查事實。更易證明。距今二千五百年前。我們人類裏頭產出一位最偉大的人物。名曰佛陀。為什麼那個時候會產生佛陀。試拿這問題來考試一切史家。限他說出那『必然』的原因。恐怕無論什麼人都要交

白卷這還罷了佛陀本是一位太子物質上快樂儘够享用原可以不出家爲什麼他要出家出家成道後本來可以立刻『般涅槃』享他的精神快樂爲什麼他不肯如彼偏要說四十九年的法須知倘使佛陀不出家或者成道後不肯說法那麼世界上便沒有佛教我們文化史上便缺短了這一件大遺產試問有什麼必然的因果法則支配佛陀令其必出家必說法一點兒也沒有只是赤裸裸的憑佛陀本人的意志自由創造須知不但佛陀和佛教如此世界上大大小小的文化現象沒有一件不是如此欲應用自然科學上因果律求出他『必然的因』可是白費心了

『果』的方面也是如此該撒之北征雅里亞（今法蘭西一帶地）本來爲對付內部綳標一派的陰謀結果倒成了羅馬統一歐洲之大業的發軔明成祖派鄭和入海他正目的不過想訪拿建文最多也不過爲好大喜功之一念所衝動然而結果會生出閩粵人殖民南洋的事業歷史上無論大大小小都是如此從沒有一件可以預先算準那『必然之果』爲什麼呢因爲人類自由意志最是不可捉摸的他正從這方向創造說不定一會又移到那方向創造去而且一個創造又常常引起（或不引起）第二第三……個創造你想拿玻璃管裏加減原素那種頑意來測量歷史上必然之果豈不是癡人說夢嗎

所以歷史現象最多只能說是『互緣』不能說是因果互緣怎麼解呢謂互相爲緣佛典上常說的譬喻『相待如交蘆』這件事和那件事有不斷的聯帶關係你靠我我靠你纔能成立就在這種關係狀態之下前波後波銜接動盪便成一個廣大淵深的文化史海我們做史學的人只要專從這方面看出歷史的『動相』和『不共相』倘若拿『靜』的『共』的因果律來鑿四方眼那可糟了

然則全部歷史裏頭竟自連一點因果律都不能存在嗎是又不然我前回說過文化總量中含有文化種文化果兩大部門文化種是創造活力純屬自由意志的領域當然一點也不受因果律束縛文化果是創造力的結晶換句話說是過去的『心能』現在變爲『環境化』成了環境化之後便和自然系事物同類入到因果律的領域了這部分史料我們儘可以拿因果律駕馭他

第三　歷史現象是否爲進化的

我對於這個問題本來毫無疑義一直都認爲是進化的現在也並不曾肯拋棄這種主張但覺得要把內容重新規定一回

孟子說『天下之生久矣一治一亂』這句話可以說是代表舊史家之共同觀念我向來最不喜歡聽這句話（記得二十年前在新民叢報裏頭有幾篇文章很駁他）因爲和我所信的進化主義不相容但近來我也不敢十分堅持了我們平心一看幾千年中國歷史是不是一治一亂的在那裏循環何止中國全世界只怕也是如此埃及呢能說現在比『三十王朝』的時候進化嗎印度呢能說現在比優波尼沙曇成書釋迦牟尼出世的時候進化嗎說孟子荀卿一定比孔子進化董仲舒鄭康成一定比孟荀進化朱熹陸九淵一定比董鄭進化顧炎武戴震一定比朱陸進化無論如何恐說不去說陶潛比屈原進化杜甫比陶潛進化但丁比荷馬進化索士比亞比但丁進化擺倫比索士比亞進化說黑格兒比康德進化倭鏗柏格森羅素比黑格兒進化這些話都從那裏說起又如漢唐宋明清各朝政治比較是否有進化不進化之可言亞歷山大該撒拿破崙等輩人物比較又是否有進化不進化之可

言。所以從這方面找進化的論據。我敢說一定全然失敗完結。

從物質文明方面說嗎。從漁獵到游牧。從游牧到耕稼。從耕稼到工商。乃至如現代所有之幾十層高的洋樓。幾萬里長的鐵道。還有什麼無線電。飛行機。潛水艇……等等。都是前人所未曾夢見。許多人得意極了。說是我們人類大大進化。雖然。細按下去。對嗎。第一要問這些物質文明。於我們有什麼好處。依我看。現在點電燈坐火船的人類。所過的日子。比起從前點油燈坐帆船的人類。實在看不出有什麼特別舒服處來。第二要問這些物質文明。是否得着了過後再不會失掉。中國『千門萬戶』的未央宮。三個月燒不盡的咸陽城。推想起來。雖然不必像現代的紐約巴黎。恐怕也有他的特別體面處。如今那裏去了呢。羅馬帝國的繁華。雖然我們不能看見。看發掘出來的建築遺址。只有令現代人嚇死羞死。如今又都往那裏去了呢。遠的且不必說。維也納聖彼得堡戰前的勢派。不過隔五六年。如今又都往那裏去了呢。可見物質文明這樣東西。根柢脆薄得很。霎時間電光石火一般發達。在歷史上原值不了幾文錢。所以拿這些作進化的證據。我用佛典上一句話批評他『說為可憐愍者。』

現在講學社請來的杜里舒。前個月在杭州講演。也曾談到這個問題。他大概說。『凡物的文明。都是堆積的非進化的。只有心的文明。是創造的進化的。』又說。『𣪊得上說進化的只有一條「智識線」』他的話把文化內容說得太狹了。我不能完全贊成。雖然。我很認他含有幾分眞理。我現在並不肯撤消我多年來歷史的進化的主張。但我要參酌杜氏之說。重新修正進化的範圍。我以為歷史現象可以確認為進化者有二。

一　人類平等及人類一體的觀念的確一天比一天認得眞切。而且事實上確也著著向上進行。

二　世界各部分人類心能所開拓出來的『文化共業』。永遠不會失掉。所以我們積儲的遺產。的確一天比一天擴大。

只有從這兩點觀察。我們說歷史是進化。其餘只好編在『一治一亂』的循環圈內了。但只須這兩點站得住。那麼歷史進化說也儘够成立哩。

以上三件事本來同條共貫。可以通用一把鑰匙來解決他。總結一句。歷史爲人類活動所造成。而人類活動有兩種。一種是屬於自然系者。一種是屬於文化系者。分配到這三個問題。得表如下。

	（自然系的活動）	（文化系的活動）
第一題	歸納法研究得出	歸納法研究不出
第二題	受因果律支配	不受因果律支配
第三題	非進化的性質	進化的性質

東南大學課畢告別辭

十二年一月十三講演　　李競芳　王覺新筆記

諸君。我在這邊講學半年。大家朝夕在一塊兒相處。我很覺得快樂。並且因爲我任有一定的功課。也催逼着我把這部十萬餘言的先秦政治思想史著成。不然。恐怕要等到十年或十餘年之後。中間不幸身體染有小病。即今還未十分復原。我常常恐怕不能完課。如今幸得講完了。這半年以來。聽講的諸君。無論是正式選課或是旁聽。都是始終不曾曠課。可以證明諸君對於我所講有十分興味。今當分別。彼此實在很覺得依戀難舍。因爲我們這半年來彼此人格上的交感不少。最可惜者。因爲時間短促。以致僅有片面的講授。沒有相互的討論。所謂教學相長。未能如願做到。今天爲這回最末的一次講演。當作與諸君告別之辭。

諸君千萬不要誤解。說梁某人是到這邊來販賣知識。我自計知識之能貢獻於諸君者實少。知識之爲物。實在是無量的廣漠。誰也不能說他能給誰以絕對不易的知識。頂多。亦只承認他有相對的價值。卽如講奈端罷。從前總算是衆口同詞的認爲可靠。但是現在。安斯坦又幾乎完全將他推倒。專門的知識。尚且如此。何況像我這種泛濫雜博的人。並沒有一種專門名家的學問呢。所以切盼諸君不要說我有一藝之長。講的話便句句可靠。最多。我想亦只叫諸君知道我自己做學問的方法。譬如諸君看書。平素或多忽略不經意的地方。必要尋着這個做學問的方法。乃能事半功倍。眞正做學問。乃是找着方法去自求。不是僅看人家研究所得的結果。因爲人家研究所得的結果。終是人家的。況且所得的。也未必都對。講到此處。我有一個笑話告訴諸君。記得某一本小說裏說。『呂純陽下山覓人傳道。又不曉得誰是可傳。他就設法來試驗。有一次在某地方遇着一個人。呂純陽登時將手一指。點石成金。就問那個人要否。那人只搖着頭。說不要。呂純陽再點一塊大的試他。那人仍是不爲所動。呂純陽心裏便十分歡喜。以爲道有可傳的人了。但是還恐怕靠不住。再以更大的金塊試他。那人果然仍是不要。呂純陽便問他不要的原因。滿心承望他答覆一個熱心向道。那曉得那人不然。他說。我不要你點成了的金塊。我是要你那點金的指頭。因爲有了這指頭。便可以自由點用。』這雖是個笑話。但却很有意思。所以很盼諸君要得着這個點石成金的指頭。——做學問的方法——那麼以後才可以自由探討。並可以辯正師傳的是否。教拳術的教師最少要希望徒弟能與他對敵。學者亦當懸此爲鵠。最好是要青出於藍而勝於藍。若僅僅是看前人研究所得。而不自行探討。那麼得一便不能知其二。且取法乎上。得僅在中。這樣。學術豈不是要一天退化一天嗎。人類知識進步。乃是要後人超過前人。後人應用前人的治學方法。而復從舊方法中開發出新方法。來方法一天一天的增多。便一天一天的改善。拿着改善的新方法去治學。自然會優於前代。我個人的治學方法。或可以說是不錯。我自己應用來也有些成效。可惜這次全部書中所說的。仍爲知識的居多。還未談做學的方法。倘若諸君細心去看。也可以尋找得出來。既經找出。再循着這方法做去。或者更能發現我的錯誤。或是來批評我。那就是我最歡喜的。

我今天演講。不是關於知識方面的問題。誠然。知識在人生地位上。也是非常緊要。我從來並未將他看輕。不過。若是偏重知識。而輕忽其他人生重要之部。也是不行的。現在中國的學校。簡直可說是販賣知識的雜貨店。文哲工商。各有經理。一般來求學的。也完全以顧客自命。固然歐美也同坐此病。不過病的深淺。略有不同。我以爲長此以往。一定會發生不好的現象。中國現今政治上的窳敗。何嘗不是前二十年教育不良的結果。蓋二十年前的教育。全採用日德的軍隊式。並且僅能襲取皮毛。以至造成今日一般無自動能力的人。現在呢。教育是完全換了路了。美國式代日式德式而興。不出數年。我敢說是全部要變成美國化。或許我們這裏——東南大學——就是推行美化的大本營。美國式的教育。誠然是比德國式日本式的好。但是毛病還很多。不是我們理想之鵠。英人羅素回國後。頗豔稱中國的文化。發表的文字很多。他非常盼望我們這占全人類四分之一的特殊民族。不要變成了美國的「醜化」這一點可說是他看得很淸楚。美國人切實敏捷。誠然是他們的長處。但是中國人即使全部將他移植過來，使純粹變成了一個東方的美國，慢講沒有這種可能，即能，我不知道諸君怎樣，我是不願的。因爲倘若果然如此，那眞是羅素所說的把這有特質的民族，變成了醜化了。我們看得很清楚，今後的世界，決非美國式的教育所能域領。現在多數美國的青年，而且是好的青年，所作何事，不過是一生到死，急急忙忙的不任一件事放過，忙進學校，忙上課，忙考試，忙升學，忙畢業，忙得文憑，忙謀事，忙花錢，忙快樂，忙戀愛，忙結婚，忙養兒女，還有最後一忙——忙死。他們的少數學者，如詹姆士之流，固然總想爲他們別開生面，但是大部份已經是積重難返，像在這種人生觀底下過活，那麼千千萬萬人前脚接後脚的來這世界上走一趟，住幾十年，幹些什麼哩？唯一無二的目的，豈不是來做消耗麵包的機器嗎？或是怕那宇宙間的物質運動的大輪子缺了發動力，特自來供給他燃料。果眞這樣，人生還有一毫意味嗎？人類還有一毫價值嗎？現在全世界的青年，都因此無限的悽惶失望。知識愈多，沉悶愈苦。中國的青年，尤爲利害，因爲政治社會不安寧，家國之累，較他人爲甚，環顧宇內，精神無可寄託。從前西人唯一維繫內心之具，厥爲基督教，但是科學昌明後，第一個致命傷，便是宗教。從前在苦無可訴的時候，還得遠遠望着冥冥的天堂，現在呢？知道了人類不是什麼上帝創造，天堂更渺不可憑，這種宗教的麻醉劑，已是無法存在。講到哲學嗎？西方的哲人，素來只是高談玄妙，不得眞際，所足恃爲人類安身立命之具，也是沒有。再如講到文學嗎？似乎應該少可慰藉，但是歐美現代的文學，完全是刺戟品，不過叫人稍醒麻木，但一切耳目口鼻所接，都足陷人於疲敝，刺戟一次，疲麻的程度又增加一次。如吃辣椒然，寖假而使舌端麻木，到極點，勢非取用極辣的胡椒來刺戟不可。這種刺戟的功用，簡直如有煙癖的人，把鴉片或嗎啡提精神，一般雖精神或可暫時振起，但是這種精神，不是鴉片和嗎啡帶得來的，是預支將來的精神所以說。一次預支。一回減少。一番刺戟。一度疲麻。現在他們的文學。只有短篇的最合胃口。小詩兩句或三句戲劇要獨幕的好。至於荷馬但丁屈原宋玉那種長篇的作品。可說是不會理會因爲他們碌碌於舟車中時間來不及。目的只不過取那種片時的刺戟大大小小。都陷於這種病的狀態中所以他們一般有先見的人。都在遑遑求所以療治之法。我們把這看了。那麼雖說我們在學校應求西學而取舍自當有擇。若是不問好歹無條件的移植過來豈非人家飲鴆你也隨着服毒。可憐可笑孰甚。

近來國中青年界很習聞的一句話就是『智識饑荒』却不曉得還有一個頂要緊的『精神饑荒』在那邊。中國這種饑荒都鬧到極點但是只要我們知道饑荒所在自可想方法來補救現在精神饑荒鬧到如此而人多不自知豈非危險。一般教導者也不注意在這方面提倡。只天天設法怎樣將知識去裝青年的腦袋子。不知道精神生活完全而後多的知識才是有用苟無精神生活的人。爲社會計爲個人計都是知識少裝一點爲好。因爲無精神生活的人。知識愈多痛苦愈甚。作歹事的本領也增多。例如黃包車夫知識粗淺他決沒有有知識的青年這樣的煩悶並且作惡的機會也很少大奸慝的賣國賊都是智識階級的人做的。由此可見沒有精神生活的人有知識實在危險。蓋人苟無安身立命之具生活便無所指歸生理心理。並呈病態試略分別言之就生理言陽剛者必至發狂自殺陰柔者自必委靡沉溺。再就心理言陽剛者便悍然無顧充分的恣求物質上的享樂。然而慾望與物質的增加率相競騰升。故雖有妻妾宮室之奉。仍不覺快樂。陰柔者便日趨消極。成了一個競爭場上落伍的人。悽惶失望更爲痛苦。故謂精神生活不全爲社會爲個人都是知識少點的爲好。因此我可以說爲學的首要是救精神飢荒。

救濟精神饑荒的方法。我認爲東方的——中國與印度——比較最好。東方的學問以精神爲出發點。西方的學問以物質爲出發點。救知識饑荒在西方找材料。救精神饑荒。在東方找材料。東方的人生觀。無論中國印度。皆認物質生活爲第二位。第一就是精神生活。物質生活僅視爲補助精神生活的一種工具。求能保持肉體生存爲已足。最要在求精神生活的絕對自由。精神生活貴能對物質界宣告獨立。至少要不受其牽掣。如吃珍味。全是獻媚於舌。並非精神上的需要。勞苦許久。僅爲一寸軟肉的奴隸。此卽精神不自由。以身體全部論。吃麵包亦何嘗不可以飽。甘爲肉體的奴隸。卽精神爲所束縛。必能不承認舌——一寸軟肉——爲我。方爲精神獨立。東方的學問道德。幾全部是教人如何方能將精神生活對客觀的物質或己身的肉體宣告獨立。佛家所謂解脫。近日所謂解放。亦卽此意。客觀物質的解放尙易。最難的爲自身——耳目口鼻……的解放。西方言解放。尙不及此。所以就東方先哲的眼光看去。可以說是淺薄的。不澈底的。東方的主要精神。卽精神生活的絕對自由。求精神生活絕對自由的方法。中國印度不同。印度有大乘小乘不同。中國有儒墨道各家不同。就講儒家。又有孟荀朱陸的不同。任各人性質機緣之異。而各擇一條路走去。所以具體的方法很難講出。且我用的方法也未見眞是對的。更不能强諸君從同。但我自覺煩悶時少。自二十餘歲到現在。不敢說精神已解脫。然所以煩悶少。也是靠此一條路。以爲精神上的安慰。至於先哲教人救濟精神饑荒的方法。約有兩條。

(一)裁抑物質生活。使不得猖獗。然後保持精神生活的圓滿。如先平盜賊。然後組織强固的政府。印度小乘教。卽用此法。中國墨家道家的大部。以及儒家程朱。皆是如此。以程朱爲例。他們說的持敬制欲。注重在應事接物上裁抑物質生活。以求達精神自由的境域。

(二)先立高尚美滿的人生觀。自己認淸楚。將精神生活確定。靠其勢力以壓抑物質生活。如此。不必細心檢點。用拘謹功夫。自能達到精神生活絕對自由的目的。此法可謂積極的。卽孟子說『先立乎其大者。則其小者不能奪也。』不主張一件一件去對付。且不必如此。先組織强固的政府。則地方自安。卽有小醜跳梁。不必去管。自會消滅。如雪花飛近大火。早已自化了。此法佛家大乘教。儒家孟子陸王皆用之。所謂『浩然之氣。』卽是此意。

以上二法。我不過介紹與諸君。並非主張諸君一定要取某種方法。兩種方法雖異。而認淸精神要解脫這一點。却同。不過說青年時代應用的。現代所適用的。我以爲採積極的方法較好。就是先立定美滿的人生觀。然後應用之以處世。至於如何的人生觀方爲美滿。我却不敢說。因爲我的人生觀。未見得眞是對的。恐怕能認淸最美滿的人生觀。只有孔子釋迦牟尼有此功夫。我現在將我的人生觀講一講。對不對。好不好。另爲一問題。我自己的人生觀。可以說是從佛經及儒書中領略得來。我確信儒家佛家有兩大相同點。

(一)宇宙是不圓滿的。正在創造之中。待人類去努力。所以天天流動不息。常爲缺陷。常爲未濟。若是先已造成——旣濟的。那就死了。固定了。正因其在創造中。乃如兒童時代。生理上時時變化。這種變化。卽人類之努力。除人類活動以外。無所謂宇宙。現在的宇宙。離光明處還遠。不過走一步比前好一步。想立刻圓滿。不會有的。最好的境域——天堂。大同。極樂世界——不知在幾千萬年之後。決非我們幾十年生命所能做到的。能了解此理。則作事自覺快慰。以前爲個人爲社會做事。不成功。或做壞了。常感煩悶。明乎此。知做事不成功。是不足憂的。世界離光明尚遠。在人類努力中。或偶有退步。不過是一現相。譬如登山。雖有時下。但以全部看。仍是向上走青年人煩悶多因希望太過知政治之不良以爲經一次改革卽行完滿及屢試而仍有缺陷於是不免失望不知宇宙的缺陷正多豈是一步可升天的失望之因卽根據於奢望過甚易經說『樂則行之憂則違之確乎其不可拔』此言甚精采人要能如此看方知人生不能不活動而有活動卻不必往結果處想最要不可有奢望我相信孔子卽是此人生觀所以『發憤忘食樂以忘憂不知老之將至』他又說『智者樂水仁者樂山智者動仁者靜智者樂仁者壽』天天快活無一點煩悶氣象這是一件最重要的事

(二)人不能單獨存在說世界上那一部分是我很不對的所以孔子「毋我」佛家亦主張「無我」所謂無我幷不是將固有的我壓下或拋棄乃根本就找不出我來如說幾十斤的肉體是我那麼科學發明證明我身體上的原質也在諸君身上也在樹身上如說精神的某部分是我我敢說今天我講演我已跑入諸君精神裏去了常住學校中許多精神變爲我的一部分讀孔子的書及佛經孔佛的精神又有許多變爲我的一部分再就社會方面說我與我的父母妻子究竟有若干區別許多人——不必盡是純孝——看父母比自己還重要此卽我父母將我身之我壓小又如夫婦之愛有妻視其夫或夫視其妻比己身更重的然而何爲我呢男子爲我抑女子爲我實不易分故澈底認淸我之界限是不可能的事(此理佛家講得最精惜不能多說)世界上本無我之存在能體會此意則自己作事成敗得失根本沒有佛說『有一衆生不成佛我不成佛』『我不入地獄誰入地獄』至理名言洞若觀火孔子也說『誠者非但誠己而已也……』將爲我的私心掃除卽將許多無謂的計較掃除如此可以做到『仁者不憂』的境域有憂時就是『先天下之憂而憂』爲人類——如父母、妻子、朋友、國家、世界——而痛苦免除私憂卽所以免煩惱我認東方宇宙未濟人類無我之說。並非論理學的認識。實在如此。我用功雖少。但時時能看清此點。此即我的信仰。我常覺快樂悲愁不足擾我。即此信仰之光明所照。我現已年老。而趣味淋漓。精神不衰。亦靠此人生觀。至於我的人生觀對不對。好不好。或與諸君的病合不合。都是另外一問題。我在此講學。並非對於諸君有知識上的貢獻。有呢。就在這一點。好不好。我自己也不知道。不過諸君要知道自己的精神饑荒。要找方法醫治。我吃此藥覺得有效。因此貢獻諸君採擇。世界的將來。要靠諸君努力。

為江蘇省議員摧殘教育事警告江蘇人民

余在寧講學數月。不幸於講課將畢行期在邇之時。乃遇蘇省議會一部分議員蹂躪教育致動公憤一事。事之真相雖非局外人所能詳悉。然議會一面通過自增日俸之案。一面硬將已公布施行之各校經費剋減。無論從何方面推測。實不能得其理由所存。吾儕日日痛恨軍閥。痛恨官僚。每希冀代表民意之議會作人民利益之保障。今蘇省不然。軍民各長官對於教育事業常表示維持提倡之態度。而號稱代表民意之議員。乃不惜出全力以摧殘之。可駭可哭。孰甚於是。吾以為此事並非教育界與少數敗類議員之訌爭問題。實江蘇全省人民人格問題。實全國代議制度存廢問題也。吾在寧數月。聞道路所傳言彼少數敗類議員之劣跡者。洋洋盈耳。以事不關己。良不欲過問。今覩此怪劇。真不能已於言。嗚呼江蘇人民。公等所居為全國文化最高之區。乃願以此等人為公等代表耶。彼其所代表者果公等之意。則吾於公等其為無望也已。嗚呼議員中不乏良分子。其甘終與彼輩為伍。而不思所以自拔耶。嗚呼神聖之議會機關。而為羣小所壟斷。天下滔滔。皆是循此以往。則議會之地。將成爲『君子惡居下流』議員之躬將成爲『國人皆曰可殺』共和前途尙堪設想耶嗚呼吾不忍多言吾望江蘇省議會中之佳士及江蘇省人民思所以一雪此恥耳

晨報增刊經濟界序

中國經濟界危機蓋未有甚於今日者受歐美工業革命之壓迫百業彫敝其勢之所積已百數十年加以十年來政治上之不安寧內地農工商日受摧殘而莫之救歐戰中以緩付賠款及參戰借款及原料輸出增額等原因資金驟形潤澤外國仰物品於我者亦多一時企業勃興頗有向榮之象乃因當事者絕無經濟常識絕不知經濟組織前項資金所產生之事業三年來早掃地盡矣其結果徒對外增一負擔又展轉由所謂中國金融家之手與貪黷無恥之惡官吏朋比重重疊疊嫁負擔於政府最後之負擔則仍在全體人民人人皆知現在政府已經破產殊不知破產者豈惟政府試問全國資產舍十幾萬萬元之紙片更有何物此十幾萬萬元者爲票面價格在市面上平均已不値三之一或四之一而其命皆託諸政府一旦政府宣告破產此十幾萬萬元立刻變爲「無價證券」全國人倚牆而餒已耳一方面青年血氣之士取歐美人對治其經濟界之藥方不審我國國情如何强爲削趾適屨的活動尤有政治野心家欲利用之以擴勢力不問當事人（包資本勞動兩級言）利害如何也而所謂在政治社會經濟社會現在握有勢力之人又絕不知大勢所趨以一時之高壓獲勝謂爲得計其所醞釀之危險賈生所謂『抱火措諸積薪之下而寢其上』未足云喩也吾以爲（第一）直接救濟中國經濟界且勿高談何種何種主義第一要著在如何講求組織方法如何養成組織能力自命資本主義者流、

惟知憎惡恐怖過激派。殊不知以公等之反科學的無常識的組織。豈能延壽命以俟過激派洪水之來襲耶。自命社會主義者流。一若將現在私人企業摧陷廓清。能事已畢。試問其時所謂國有地方有社會之事業是否尚須辦。以現在不解組織方法絕無組織能力之中國人當之。其貽苦痛於社會者。又不知其若干倍於今日也。（第二）欲間接救濟中國經濟界。在先使社會多數人確知現在經濟社會之實況。復有相當之常識以批判之。今日自極頑鈍之閣員議員以至極勇銳之社會革命運動家。皆懵然不知現今經濟社會作何狀。即侁侁然號稱實業家者。其智識亦正與彼輩相等。乃若雍容揄揚之士大夫。出作入息之一般市民。益復漠然以爲無與己事。無數迫於眉睫的問題。在國人腦中絕對不成問題。偶有人握筆弄舌淸談幾句。乃類舉子之對空策。去事實不知幾萬里。曾讀幾本外國經濟學教科書者。開口便如宋儒之談井田封建。以危機之洊迫既至此極。而當事者如彼。批評指導監督者如此。非舉全部經濟社會淪胥以亡不止也。晨報之受社會恩遇久矣。今茲增刊經濟界。吾祝其以全力注此兩點。庶乎其可以自效。而告無罪也。

湘報序

丁酉戊戌間。譚復生唐紱丞諸君子發行一日報於長沙。名湘報。是爲湖南有報紙之始。其報宗旨有二。一曰鼓吹民主政治。二曰發揮湖南人固有精神。雖發行未匝歲。而見錮於淸政府。然湖南人自此昭蘇。後此奇才蔚起。以締造我中華民國。湘報之賜也。民國肇建既十有二年。而中樞不綱。俶擾滋甚。識者思以省自治藥之。而湖南實首布省憲爲全國倡。夫作始之難。天下通義也。湖南之以省憲爲治。前無所師。而其事又起於累歲兵爭。公私彫敝之後。險艱百倍於常。其不能一蹴而得滿志之成績。有固然矣。雖然。一事之成。未有不自積經驗而來者。既確信眞理之所在。則躬行之。行之而後其事之經緯本末層累曲折見。則所以補救其偏弊而尅勝其困衡者。於是乎出也。吾友唐君規嚴及其同志有見於此。胥謀辦一報以闡發自治之眞精神。使湖南人知自治之果爲眞理而所以能實現之者。又須費莫大之努力也。遂取湖南最初之報之名。仍名曰湘報。今者言論自由之保障優於昔若前湘報之見摧殘於政府者。蓋爲事所必無。然則今湘報也。殆永復生紱丞之精神於不敝。而且進其指導湖南者以指導渴求自治之全國民。其責任之重如是也。規嚴及報中諸君子其必有以副之矣。民國十二年三月二十五日新會梁啓超序。

陽明先生傳及陽明先生弟子錄序

陽明先生百世之師。去今未遠。而譜傳存世者殊不足以饜吾儕望。集中所附年譜。諸本雖有異同。率皆以李卓吾所編次爲舊本。卓吾之雜駁誕詭。天下共見。故譜中神話盈幅。尊先生而適以誣之。若乃事爲之犖犖大者。則泰半以爲粗迹而不厝意也。梨洲明儒學案千古絕作。其書固以發明王學爲職志。然詳於言論。略於行事。其王門著籍弟子搜采雖勤。湮沒者亦且不少。餘姚邵念魯廷采嘗作陽明王子傳王門弟子傳。號稱博洽。顧未得見。不識視梨洲何如。且不知其書今尙存焉否也。居恆服膺孟子知人論世之義。以謂欲治一家之學。必先審知其人身世之所經歷。蓋百家皆然。況於陽明先生者。以知行合一爲教。其表見於事爲者。正其學術精詣所醇化也。綜其出處進退之節。觀其臨大事所以因應者之條理本末。然後其人格之全部乃躍如與吾儕相接。此必非徒記載語錄之所能盡也。鐵山斯傳。網羅至博。而別裁至嚴。其最難能者於贛閩治盜。及宸濠思田諸役。情節至繁賾紛亂者一一鉤稽爬梳而行以極廉銳極飛盪之文。使讀者如與先生相對。睪然見大儒之精義入神以致用者如是也。其弟子傳則掇拾叢殘於佚集方志。用力之艱什伯梨洲。而發潛之效過之。蓋二書成而姚江墜緒復續於今日矣。抑吾尤有望於鐵山者。吾生平最喜王白田朱子年譜。以謂欲治朱學。此其梯航。彼蓋於言論及行事兩致重焉。鐵山斯傳正史中傳體也。不得不務謹嚴於先生之問學與年俱進者。雖見其概而未之盡也。更依白田例重定一年譜。以論學語之精要者入焉。弟子著籍歲月有可考者皆從而次之。得彼與斯傳並行。則誦法姚江者執卷以求。如歷階而升也。鐵山儻有意乎。

民國十二年三月新會梁啓超

稷山論書詩序

癸亥長夏。獨居翠微山之祕魔巖。每晨盡開軒窗納山氣。在時鳥繁聲中作書。課一小時許以爲常。一日蔣百里挾一寫本小冊至。且曰『三十年夙負合坐索矣。』視之則會稽陶心雲先生論書絕句百首。原稿有俞曲園譚復堂李蒓客袁爽秋沈乙庵諸序跋。皆手寫也。而不佞一短札亦儽然溷其間。文筆書勢皆稚弱如乳臭兒。視之羞欲死。蓋十七八歲時初游京師作也。札中答心老諈諉作序云『三月內必有以報命。』迄今爲三月者殆百有五十。而心老墓木久拱矣。記十二三歲時在粵秀山三君祠見心老書一楹帖。目敓魂搖不能去。學書之興自此。京師識心老。蓋在夏穗卿座中。心老即席見贈一帖。文曰『學問文章過吾黨。東南淮海惟揚州。』且曰粵地在禹貢固揚分也。其書龍跳虎卧，意態横絶。亡命後帖久燼，然神理深鏤吾心目，今猶可髣髴也。心老論書尊碑絀帖，此固道咸以來定讞，雖然簡札之與碑版，其用終殊。孫虔禮所謂『以點畫爲情性，使轉爲形質者』，其妙諦又非貞石刻文所能盡也。明矣輓近流沙墜簡出世，中典午殘縑數片，與彙帖所摹鍾王書乃絶相類。其書蓋出諸北地不知名之人之手，非江左流風所扇。故知翰素既行，風格斯嬗，未可遂目以僞體祧之也。余於書不能有所就，且平昔誦習皆在北刻。心老之論，復何間然？顧孟子惡執一賊道，然則北刻外無楷法之論，終未敢苟同。恨不得起心老於地下，更一揚榷之。或問曰：論書之作，在今日毋亦可以已耶？應之曰：不然。吾聞之百里，今西方審美家言，最尊線美。吾國楷法，線美之極軌也。又曰：字爲心畫，美術之表見作者性格，絶無假借者，惟書爲最。然則書道之不能磨滅於天地間，又豈俟論哉！新會梁啓超。

巴黎和會預備提案序

巴黎和會將開，余嘗與同志擬議，欲草一蒙古西藏自治案，與山東、滿洲問題諸案同時提出。蓋思徹底的適用民族自決主義，而以我國爲天下倡也。既至歐洲，覩彼都人士之精神，殊不在是，且對於東方問題，蓋擾擾未暇及，則廢然不復欲有云。雖然吾信茲議非久終須實現也。吾族雖未嘗不以地狹人稠爲病，而通計全境，則調劑之餘裕正多，不必利蒙藏之土地以自封殖。蒙藏既各有其民族之特性與其歷史，譬諸家有二幼弟，既已及年，爲長兄者，宜左右之，使自樹立，使永保敦睦，而家以榮。而非然者，束縛之，馳驟之，致相怨，一方勢必爲室外人所間，兩受其敝而已。藏事今方在醖釀中，端兆未露；蒙事則情見勢絀，既如彼矣。嗚呼！近世所謂帝國主義者，本與吾族固有之大同汎愛精神相反。而十年來所以待蒙古者。偏欲襲彼已死之灰而然之。進退失據。固其所也。往者不可諫矣。亡羊補牢。猶未爲遲。自今以往。吾漢人宜有徹底的覺悟。努力扶助蒙古人使養成完全自治之能力。將來以聯邦的形式共榮於五色國旗之下。蒙古人亦宜有徹底的覺悟。詩有之。凡今之人莫如兄弟。其母以過去小忿悻悻然利用異族。而結果乃至被利用也。嗚呼。兩族中曾有此覺悟者幾何人耶。吾不敢言。未覺而覺之則先覺者之責也。郭君道甫。蒙古之振奇士也。當蒙人酣睡初覺。意態橫厲之際。既乘流以揚掖之。復思患而豫防之。炯炯然目營四海。爲族人樹百年大計。其著書曰黃禍之復活。痛禍之將復而思弭之。使勿復也。書中所述蒙人之國民運動的實狀。多爲吾國人士所未嘗聞覩。而其所策兩族互助之下手辦法。若甚微末甚迂遠。實乃洞察兩族特性。與其共同利害關係之所存。而善於批竅導郤者也。嗚呼。邦人諸友。儻亦聞郭君之言而興也。

民國十二年四月新會梁啓超敍。

人生觀與科學

對於張丁論戰的批評

一

張君勱在清華學校演說一篇人生觀。惹起丁在君做了一篇玄學與科學和他宣戰。我們最親愛的兩位老友。忽然在學界上變成對壘的兩造。我不免也見獵心喜。要把我自己的意見寫點出來助興了。當未寫以前。要先聲敍幾句話。

第一我不是加在那一造去「參戰」也不是想斡旋兩造做「調人」尤其不配充當「國際法庭的公斷人」我不過是一個觀戰的新聞記者把所視察得來的戰況隨手批評一下便了讀者還須知道我是對於科學玄學都沒有深造研究的人我所批評的一點不敢自以爲是我兩位老友以及其他參戰人觀戰人把我的批評給我一個心折的反駁我是最歡迎的

第二這回戰爭範圍已經蔓延得很大了幾乎令觀戰人應接不暇我爲便利起見打算分項批評做完這篇之後打算還跟著做幾篇(一)科學的智識論與所謂「玄學鬼」(二)科學教育與超科學教育(三)論戰者之態度……等等但到底作幾篇要看我趣味何如萬一興盡也許不作了

第三聽說有幾位朋友都要參戰本來想等讀完了各人大文之後再下總批評但頭一件因技癢起來等不得了第二件再多看幾篇也許「崔顥題詩」叫我閣筆不如隨意見到那裏說到那裏所以這一篇純是對於張丁兩君頭一次交綏的文章下批評他們二次彼此答辯的話只好留待下次其餘陸續參戰的文章我很盼早些出現或者我也有繼續批評的光榮或者我要說的話被人說去或者我未寫出來的意見已經被人駁倒那末我只好不說了

二

凡辯論先要把辯論對象的內容確定先公認甲是什麼乙是什麼纔能說到甲和乙的關係何如否則一定鬧到「驢頭不對馬嘴」一當局的辯論沒有結果旁觀的越發迷惑我很可惜君勱這篇文章不過在學校裏隨便

講演未曾把「人生觀」和「科學」給他一個定義在君也不過拈起來就駁究竟他們兩位所謂「人生觀」所謂「科學」是否同屬一件東西不惟我們觀戰人摸不清楚只怕兩邊主將也未必能心心相印哩我為替讀者減除這種迷霧起見擬先規定這兩個名詞的內容如下

（一）人類從心界物界兩方面調和結合而成的生活叫做「人生」我們懸一種理想來完成這種生活叫做「人生觀」（物界包含自己的肉體及己身以外的人類乃至己身所屬之社會等等）

（二）根據經驗的事實分析綜合求出一個近眞的公例以推論同類事物這種學問叫做「科學」（應用科學改變出來的物質或建設出來的機關等等只能謂之「科學的結果」不能與「科學」本身併為一談）

我解釋這兩個名詞的內容不敢說一定對假令拿以上所說做個標準我的答案便如下

『人生問題有大部分是可以——而且必要用科學方法來解決的卻有一小部分——或者還是最重要的部分是超科學的』因此我對於君勱在君的主張覺得他們各有偏宕之處今且先駁君勱

君勱既未嘗高談無生那麼無論尊重心界生活到若何程度終不能說生活之為物能彀脫離物界而單獨存在既涉到物界自然為環境上——時間空間——種種法則所支配斷不能如君勱說的那麼單純專憑所謂「直覺」的「自由意志」的來片面決定君勱列舉「我對非我」之九項他以為不能用科學方法解答者依我看來什有八九倒是要用科學方法解答他說『忽君主忽民主忽自由貿易忽保護貿易……等等試問論理學公例何者能證其合不合乎』其意以為這類問題既不能驟然下一個籠統普遍的斷案便算屏逐在

科學範圍以外。殊不知科學所推尋之公例乃是。(一)在某種條件之下會發生某種現象。(二)欲變更某種現象。當用某種條件籠統普遍的斷案。無論其不能。卽能。亦斷非科學之所許。若仿照君勱的論調也可以說『忽衣裘忽衣葛。忽附子玉桂。忽大黃芒硝……試問論理學公例何者能證其合不合乎』然則連衣服飲食都無一定公例可以支配了。天下有這種理嗎。殊不知科學之職務不在絕對的普遍的證明衣裘衣葛之孰爲合孰爲不合。他却能證明某種體氣的人在某種溫度之下非衣裘或衣葛不可。君勱所列舉種種問題。正復如此。若離卻事實的基礎劈地憑空說君主絕對好民主絕對好自由貿易絕對好保護貿易絕對好………當然是不可能。却是在某種社會結合之下宜於君主。在某種社會結合之下宜於民主。在某種經濟狀態之下宜自由貿易。在某種經濟狀態之下宜保護貿易……那麽論理上的說明自然是可能而且要絕對的尊重。君勱於意云何難道能並此而不承認嗎。總之凡屬於物界生活之諸條件。都是有對待的。有對待的自然一部或全部應爲「物的法則」之所支配。我們對於這一類生活總應該根據「當時此地」之事實用極嚴密的科學方法。求出一種「比較合理」的生活這是可能而且必要的就這點論在君說『人生觀不能和科學分家』我認爲含有一部分眞理。

君勱尊直覺尊自由意志我原是贊成的。可惜他應用的範圍太廣泛而且有錯誤。他說『………常有所觀察也。主張也。希望也。要求也。是之謂人生觀。甲時之所以爲善者至乙時則又以爲不善而求所以革之乙時之所以爲善者至丙時又以爲不善而求所以革之……』君勱所用「直覺」這個字到底是怎樣的內容我還沒有十分淸楚照字面看來總應該是超器官的一種作用。若我猜得不錯。那麽他說的『有所觀察而甲乙丙時或以爲善或以爲不善』便純然不是直覺的範圍爲什麼『甲時以爲善乙時以爲不善』因爲『常有所觀察』因觀察而以爲不善跟著生出主張希望要求不觀察便罷觀察離得了科學程序嗎『以爲善不善』正是理智產生之結果一涉理智當然不能逃科學的支配若說到自由意志嗎他的適用當然該有限制我承認人類所以貴於萬物者在有自由意志又承認人類社會所以日進全靠他們的自由意志但自由意志之所以可貴全在其能選擇於善不善之間而自己作主以決從違所以自由意志是要與理智相輔的若像君勱全抹殺客觀以談自由意志這種盲目的自由恐怕沒有什麼價值了（君勱清華講演所列舉人生觀五項特徵第一項說人生觀爲主觀的以與客觀的科學對立這話毛病很大我以爲人生觀最少也要主觀和客觀結合纔能成立）

然則我全部贊成在君的主張嗎又不然在君過信科學萬能正和君勱之輕蔑科學同一錯誤在君那篇文章很像專制宗教家口吻殊非科學者態度這是我最替在君可惜的地方但也無須一一指摘了在君說『我們有求人生觀統一的義務』又說『用科學方法求出是非眞僞將來也許可以把人生觀統一』（他把醫學的進步來做比喻）我說人生觀的統一非惟不可能而且不必要非惟不必要而且有害要把人生觀統一結果豈不是「別黑白而定一尊」不許異己者跳梁反側除非中世的基督教徒纔有這種謬見似乎不應該出於科學家之口至於用科學來統一人生觀我更不相信有這回事別的且不說在君說『世界上的玄學家一天沒有死完自然一天人生觀不能統一』我倒要問萬能的科學有沒有方法令世界上的玄學家死完如其不能卽此已可見科學功能是該有限制了閑話少敍請歸正文

人類生活，固然離不了理智，但不能說理智包括盡人類生活的全內容。此外還有極重要一部分——或者可以說是生活的原動力，就是「情感」。情感表出來的方向很多，內中最少有兩件的的確確帶有神祕性的，就是「愛」和「美」。「科學帝國」的版圖和威權，無論擴大到什麼程度，這位「愛先生」和那位「美先生」依然永遠保持他們那種「上不臣天子下不友諸侯」的身分。請你科學家把「美」來分析研究罷，什麼線，什麼光，什麼韻，什麼調……任憑你說得如何文理密察，可有一點兒搔着癢處嗎？至於「愛」，那更「玄之又玄」了。假令有兩位青年男女相約爲「科學的戀愛」，豈不令人噴飯？又何止兩性之愛呢？父子朋友……間，至性，其中不可思議者何限？孝子割股療親，稍有常識的也該知道是無益，但他情急起來，完全計較不到這些。程嬰杵臼代人撫孤，撫成了還要死；田橫島上五百人，死得半個也不剩。這等舉動，若用理智解剖起來，都是很不合理的，却不能不說是極優美的人生觀之一種。推而上之，孔席不煖，墨突不黔，釋迦割臂飼鷹，基督釘十字架替人贖罪。他們對於一切衆生之愛，正與戀人之對於所歡同一性質。我們想用什麼經驗什麼軌範去測算他的所以然之故，眞是癡人說夢。又如隨便一個人對於所信仰的宗教，對於所崇拜的人或主義，那種狂熱情緒，旁觀人看來，多半是不可解，而且不可以理喩的。然而一部人類活歷史，却什有九從這種神祕中創造出來。從這方面說，却用得著君勱所謂主觀所謂直覺所謂綜合而不可分析……等等話頭。想用科學方法去支配他，無論不可能，卽能，也把人生弄成死的，沒有價值了。

我把我極粗淺極凡庸的意見總括起來，是

『人生關涉理智方面的事項，絕對要用科學方法來解決；關涉情感方面的事項，絕對的超科學。』

我以為君勱和在君所說都能各明一義可惜排斥別方面太過都弄出語病來我還信他們不過是「語病」他們本來的見解也許和我沒有什麼大分別哩

以上批評「人生觀與科學」的話暫此為止改天還想討論別的問題

十二年五月廿三日翠微山祕魔巖作

關於玄學科學論戰之「戰時國際公法」

暫時局外中立人梁啓超宣言

我的摯友丁在君張君勱因對於人生觀的觀察點不同惹起科學玄學問題的論戰現在已開始交鋒聽說還有好幾位學者都要陸續加入戰團這些人都是我最敬愛的朋友我自己現在是暫時取「局外中立」態度但不久也許「參戰」最少亦想自告奮勇充當「公斷人」這個問題是宇宙間最大的問題這種論戰是我國未曾有過的論戰學術界中忽生此壯闊波瀾是極可慶幸的現象兩軍主將都是我們耳鬢厮磨的老友我們尤感覺莫大光榮我很盼望這回論戰能為徹底的討論把兩造意見發揮盡致而且希望參戰人愈多愈好因此我自己當未參戰或未公斷以前擬出兩條「戰時國際公法」先行露布

第一我希望問題集中一點而且針鋒相對剪除枝葉倘若因一問題引起別問題寧可別為專篇更端討論(理由)這問題太大而且太複雜所牽涉的方面自然不少但這回論戰原是想替我們學界開一新紀元令青年學子對於這問題得正確深造的了解倘若「枝辭」太多眉目不清不獨本問題真相難明反會助長

國人思想儱侗之病。所以我希望兩造十分注意此點。

至於牽引出來的問題繼續討論我是極贊成的。我很希望這回論戰像歐洲三十年戰爭百年戰爭。時日愈久愈好。範圍愈大愈好。但又希望攻守兩方無論何時都集精力向一個要塞。這個要塞工作做完。纔移到別個不可同時混戰。令觀戰人摸不着頭腦。

第二。我希望措詞莊重懇摯。萬不可有嘲笑或謾罵語。倘若一方面偶然不檢。也希望他方面別要效尤。（理由）在君和君勱交誼不同尋常。他們太相熟了。脫略形跡慣了。每見面必談。每談必吵。每吵必極詼諧有意趣。這是我常常親見而且極愛慕的。他們無論吵到怎麼田地。再不會傷私人感情。我是敢下保證的。但「著諸竹帛」的文章。到底和隨便劇談有點不同。況且這回論戰題目太重大了。行文更要格外勤懇鄭重。否則令人看作游戲文章。便會把原來精神失掉大半。再者我希望這回論戰能做往後學問上乃至其他主義上一切論戰之模範。所以「虐謔」「詭辯」「憤爭」的態度。務要剗除淨盡。

現在兩造交綏伊始。像已不免有些越軌的言論。我希望雙方都向對造道一番歉。以後萬不可再如此。

以上兩條「公法」我希望兩位領袖大將和將來的參戰人都注意恪守。我自己將來若到參戰時。也要勉厲自己恪守。謹宣言。

十二年五月五日在翠微山攬翠山房作

松坡圖書館記

民國五年十一月七日蔡公薨。國人謀所以永其念者。則有松坡圖書館之議。顧以時事多故。集資不易。久而未成。僅在上海置松社。以時搜購圖籍作先備。十二年春所儲中外書既逾十萬卷。大總統黃陂黎公命撥北海快雪堂爲館址。於是以後廡奉祀蔡公及護國之役死事諸君子。擴前楹藏書。且供閱覽。詩曰『高山仰止。景行行止。』入斯室者。百世之後。猶當想見蔡公爲人也。民國十二年六月二十日梁啓超記。

（附）松坡圖書館勸捐啓

當袁世凱之僭帝號也。蔡松坡將軍鍔爲人格而戰。不得已而有護國之役。將軍將起義。微服由京入滇。瀕行與啓超以二語相約曰。成功不爭地位。失敗不逃外國。蓋將以激厲一世之廉恥。爲軍人示範。以挽國之浩刼。不僅爲一時計也。袁氏既亡。國命復續。將軍踐其言。解兵柄以退。政府任以兼圻。敦勸至百十次。皆以病辭。堅不肯就。然將軍起義之初。本實扶病而往。其在軍中積數月不得睡。病日益深。及功成身退後。僅數月。遂棄民國而長逝矣。七八年來。南北軍閥爭權奪利。日相搏噬。小民顛連。無所告愬。咸謂蔡將軍若在。不至有今日。此雖無聊慰藉之言。然將軍德業之深入人心。抑可見矣。將軍既沒。國人思所以永其念者。於是有松坡圖書館之設。而委啓超主其事。黽勉締造。僅而獲成。今在京師設立兩館。藏書及管理法規模粗具。閱覽者亦日起有功。惟是才力綿薄。所集基金。不足以資維持擴充之用。深懼基礎不牢。有負委託。用敢將現在辦理情形及將來計劃。撮舉涯略。敬告邦人諸友。庶仗羣力。共襄厥成。於戲。蔡將軍爲再造民國之偉大人物。而其唯一之留貽紀念。實在本館。本館永存。則蔡將軍之精神隨而永存。本館光大。則將軍之志事隨而光大。凡登斯堂者。高山仰止。景行行止。愛國之

心油然生焉然則所關係者又豈徒在以典籍嘉惠士林而已海外內同志其或亦有樂於是歟

民國十四年四月

黃梨洲朱舜水乞師日本辯

梨洲乞師日本說首創者爲全謝山其所撰梨洲先生神道碑文云

『己丑……公副馮公京第乞師日本抵長崎不得請公爲賦式微之章以感將士』（原注云是馮公第二次乞師事）

謝山更於碑文後自跋云

『公有日本乞師記但載馮侍郎奉使始末而於己無預諸家亦未有言公曾東行者乃避地賦則有曰「歷長崎與薩斯瑪兮方粉飾夫隆平招商人以書舶兮七昱緣於東京（粤雅堂本雷南文定作「七錄韡於東京」韡字當爲曄字之譌康熙後諱曄改爲昱又訛錄爲緣又錯倒之故此句不可讀矣）予既惡其汰侈兮日者亦言帝殺夫青龍返旆而西行兮胡爲乎泥中」則是公雖偕馮以行而後諱之顧略見其事於賦予以問公孫千人亦愕然不知也事經百年乃始考得之』

謝山以考得此事自詑其實誤也馮躋仲乞師是丁亥年事避地賦所敍是甲申年事賦中上文云

『彼兩京之顚覆兮曾不償孔壬之恩讎我亦何罪何辜兮竊獨罹此橫流榜朝堂而名捕兮圍門閭以戈矛令無伏牀之泣兮友鮮複壁之收而乃避地於口口兮觀日月之出沒……越長崎與薩師瑪兮……

……』

此文所紀爲避仇亡命時情事甚明。蓋福王立南都。馬阮當國。製蝗蝻錄以羅織東林復社。梨洲實其所必欲得而甘心者。謝山敍此事云『公等惴惴不保駕帖尚未出而大兵至得免』一若梨洲彼時尚晏然在里閈託淸兵以免於難。讀避地賦乃知以亡命海外獲全可補爾時一段史料也。謝山因日本乞師記言長崎薩師瑪忽生聯想的錯覺。混爲一談。殊不知馮之東行後於黃五年。馮僅至長崎。且未嘗登岸。（梨洲海外慟哭記於丁亥六月下記云。（御史馮京第乞師日本……日本新遭外國之侮。聞外國人至一切不聽登陸。京第至。遙望而哭。』日本乞師記云。『先是日本絕西洋人往來。……西洋人復仇大舶載礮而來。與日本爲難。日本請解始退。退一日而京第至。……京第卽於舟中朝服哭拜不已。』據此知躋仲確未登陸。所以然者實由日本新値外難。故五年前梨洲亡命時。尚得遊行內地。而躋仲獨見拒也。）

黃則直到東京。且歷其衢市。覩其風俗。（避地賦『七錄曄於東京』下尙有四句云。『金石古奇器兮比戶能辨其贗眞。華堂隔以綾幔兮月夜而箏琵笙管之齊鳴。』可見梨洲曾登陸且採訪頗周）兩事絕不相蒙。安得謂黃從馮遊而自諱之。乃別見其事於賦耶。且梨洲行朝錄於己所歷一無所諱。何爲而獨諱此事耶。

馮躋仲乞師日本有兩次。亦謝山臆造也。據海外慟哭記及乞師記。則乞師前後凡三次。第一次在乙酉冬。爲周鶴芝所遣使。第二次卽丁亥六月馮京第及黃孝卿副安昌王恭梘行。第三次在己丑冬。則僧湛微招搖撞騙之舉也。躋仲並無兩次東行之事。謝山謂有兩次。不知指乞師記所記爲第二次耶。抑乞師記以後別有一第二次耶。玩碑文後跋語詞意。似謂乞師記中情節實梨洲所親歷而自匿之。此與事實大謬。躋仲奉命當丁亥。其時魯王在閩梨洲在浙己丑七月魯王次健跳梨洲始奔赴行在不應兩年前有奉使事而使還又不復命也然謝山碑文敍此事於己丑而注云第二次則又似謂乞師記後別有一次此亦與事實謬也梨洲在健跳因見諸將之驕橫無可爲且清廷方思劫質其母於八月間陳情乞歸謝山旣詳述之矣（此文云『時諸帥之悍甚於方王文臣稍異同其間立致禍……公之從亡也太夫人尙居故里而中朝詔下以勝國遺臣不順命者錄其家口以聞公聞而歎曰「方寸亂矣吾不能爲姜伯約矣」乃陳情監國得請變姓名間行歸家吳公鍾巒掉三板船送之二十里外』啓超案鍾巒以是年八月殉難故知梨洲去健跳在八月前）旣以將母告歸僅一二月又起而奉使梨洲何輕於去就乃爾耶再者馮躋仲戊子己丑庚寅三年間始終在四明山杜奧薛奧等地方與王翊相犄角庚寅十一月殉難其事蹟具見梨洲之四明山寨記思舊錄海外慟哭記無緣於己丑冬更有二次奉使事躋仲非不解事者又豈有於長崎望哭之後更忍再辱耶故知謝山第二次乞師說決無稽而梨洲始終未與茲役也

朱舜水國變後流寓日本史家因又以與躋仲乞師事糾葛附會海東逸史舜水先生別傳云

『馮京第之自湖州軍破也間關入四明王翊軍中時內地單弱欲藉海外之師爲響應京第勸斌卿乞師日本斌卿因命弟孝卿副京第往之瑜（舜水名）從之薩師瑪王許發衆人三千及洪武錢數十萬京第先歸之瑜留而師不果出』

此文所記年月完全顚亂躋仲乞師之舉主持者爲黃斌卿固事實也然事在躋仲入四明前之三年躋仲在山寨與王翊共事時斌卿已爲張名振所殺其年月可稽諸行朝錄也乞師之役留而不歸者爲黃孝卿孝卿悍泐

之弟。不識國恥爲何事。在長崎縱酒狎妓。爲日人所侮。（見乞師記）烏得以此污舜水耶。舜水遭國變後。最初十年來往於日本安南。而在安南之日爲尤多。（其間常常歸國。又不待言。）其安南供役紀事一書。爲丁酉年所著。中云。

「中國折柱缺維。天傾日喪。不甘薙髮從虜。逃避貴邦。至今一十二年。」

又舜水文集上長崎鎭揭云

「來此七年。憂辱百端。……故敢昧死上書。惟閣下裁擇而轉達之執政。或使瑜暫留長崎。編管何所。以取進止。或附船往東京交趾以聽後命。」（揭中尙云「瑜之師友三人或闔室自焚。或賦詩臨刑。無一存者矣。」案所謂師友三人者。指王翊吳鍾巒朱永祐。三人皆死於庚寅年。知此揭當作於辛酉。距甲申國變恰七年。故云來此七年。）

據此可知舜水當甲申後已往日本。然始終不克在彼居住。仍以在安南之日爲多。丁亥躋仲奉使時雖未審舜水在何地。然其偕行之跡。則一無可考也。至躋仲在王翊軍中時。舜水則在舟山。其祭王侍郎文云「瑜去舟山未盈月而先生死矣。」然則其時安得有躋仲東行事。更安得舜水與偕耶。

乞師之是非。別一問題。其有無不足爲梨洲舜水榮辱。惟茲事幾成歷史上鐵案。而遠於事實乃如彼。故不可以無辨。海東逸史不知何許人。日本人今井弘濟安積覺者。舜水親炙弟子也。其所撰舜水先生行實。卽不載此事。可謂傳信。獨惜以全謝山之淹博綜覈。而有此失。吾用是益感治史之不易易也。

救災同志會公啓（日地震）

蓋聞有生皆知愛其類。故急難匪擇於鄉邦。介孚則福以其鄰。故扶義宜倡諸連壤。日本此次地震。繼以火災。東京。橫濱沼津名古屋大阪諸都會。慘毒同罹。學校官署工廠商店道路各機關蕩亡殆盡。歐美以外世界物力所薈萃。隨烈燄以俱飛。唐宋以來東方文獻所流傳。逐洪濤而並沒。斯誠人類全體之浩刧。匪直扶桑三島之偏災。況復覆巢之下。烏鵲無枝。竭澤之餘。嗷鴻在野。丁茲窮厄。苦乏外援。哀彼孑遺。行將同盡。更有負笈學侶。持籌僑民。並我同氣之親。悉在池魚之數。公私環念。痛惻交加。詩曰。死生之威。兄弟孔懷。又曰。凡民有喪。匍匐救之。我國與日本以民族論本爲連理之枝。以地形論僅隔衣帶之水。患難相救。義不容辭。惟善是親。誰不如我。同人等上維人道。下念邦交。勉竭絲縷之誠。思作纓冠之救。爰集衆擎。聿倡斯會。所冀海內同仁共襄義舉。豈直指囷之誼。騰佳話於魯周。庶幾汎舟之行。泯夙嫌於秦晉。謹啓。

與曹仲珊論時事書

仲珊仁兄足下。丁巳秋間一晤。忽逾六稔。未嘗以片紙自通於記室。非故慢也。莊子曰。『魚相忘於江湖。人相忘於道術。』弟之與公固宜相忘者也。乃者世變日新。生民愁怨。而此中癥結有由公作之。宜由公解之者。是用不避交淺。爲公進一深言。最近中央政局之擾攘。其禍根全在公之欲爲總統。此天下所共見。毋庸爲諱也。民國總統。人人可爲。夫孰謂惟公而不可爲者。昔之曾爲總統與夫今後之欲爲總統者。吾良未識其人之賢於公者幾何。夫又孰謂某某必宜爲總統。而惟公不宜爲者。雖然。吾儕固不反對任何人之欲爲總統。但不能不反對任何人之用武力金錢威偪利誘以爭總統。一年以來。以我公欲爲總統之故。所播腥羶於立法行政各界者何限何量。怪劇之不已。至最近乃有六月十三日之事。一年來所逐逐以營者。其結果爲摧殘士類之廉恥。而最後一著所轟轟以鳴得意者。其結果爲遏夷國家之法紀。此兩種罪惡。實爲民國政治史留莫大汚點。爲國人所萬萬不能容赦。舉國輿論所以責備我公者。亦既言無不盡。無待弟詞費矣。今所欲問者。乃在我公既手構此滔天巨禍。所以善其後者何如。其猶將悍然不顧。怙前非盲進耶。語有之『衆怒難犯。專欲難成。』謂公今日尚能以法定人數具足之選舉會選爲合法總統。雖五尺之童。當知其決無其事。非常總統耶。事實總統耶。固猶我公好自爲之。雖然。公亦嘗與稍有常識之人一慮其後否。公自視威望才略孰與項城。項城自命一世之雄。卒以千夫所指。無病而死。須知亡項城者。乃全國人。非與項城爭長短之人也。弟不避忌諱。敢以極不祥之豫言相告曰。我公足履白宮之日。卽君家一敗塗地之時。夫君家廢興何與天下事。然以公一人之故。召十數省若干時日之亂。犧牲千萬人生命財產以爲殉。恐天下之怨毒。又決不止如今所云云而已。然則公將裝聾作啞。觀望形勢以待將來耶。吾以爲此種態度。決不足以贖公之愆。而求國人之恕。今茲之變。總統亡。國會裂。政府空。（現在之攝政內閣無論如何斷不能得法律上之根據。蓋此殘缺不完全之三五閣員。乃已經免職最少亦已經自行辭職者也。兩院會合會認十三日以後命令爲無效。該會有此權能與否。另一問題。藉曰有之。然免職令乃十三日黃陂未出京時所發也。再讓一步不認免職令。亦終無以解於辭職之在前。而閣員解釋此點。乃假借所謂黃陂慰留之寒電。假使此寒電有效。則又反於會合會之決議矣。此本屬法理談。但因便一論及之。）市民震驚。友邦騰笑。共管之禍。迫於目前。誰謂爲之。而至於此。爇火燔宅。勢成燎原。而謂坐觀成敗。可告無罪。誰能許之。嗚呼。公所履之境。不審公自視作何狀。就旁觀稍有常識者視之。公今日可謂狼狽無告天下之第一可憐人也已。以弟之愚。爲公孰計。公其勿復思爭天下也。宜亟思所以謝天下。謝天下奈何。其第一著。先要根本覺悟。完全斷念於爭總統。且發出極莊重沈痛之宣言。聲明無論如何不肯爲總統候選人。此論在公或認爲不堪入耳耶。吾不得而知之。雖然吾爲公計。公誠自信有奠安中國之方略。非得總統之位不能施行。則犯萬難且冒大不韙以求之。猶之可也。然以弟所見。今日之中國。決非一總統之所能奠定。謂吾爲總統卽能奠定中國。無論出諸誰氏之口。皆爲誕詞。弟不善諛。誠不敢以此望公。卽公亦未必能果於自信也。亦明矣。旣非爲奠定中國而來。然則復何爲耽耽於總統。其毋乃認總統爲皇帝變相。欲得此以爲虛榮。古詩云『妻子歡娛僮僕飽。看來算只爲他人。』富貴如公。斯更何利。無利猶可言也。而害且與之相隨。左手據天下之圖。右手揕其胸。何去何從。非病狂者當能辨此。公能宣言不爭總統。則天下之怒。或稍息矣。然猶未也。公誠欲爲國家立功爲自身立名。則更宜以兩大義倡於天下。其一。主張憲法上規定現役軍人不能當選總統。其二。主張首都若干里內不得駐兵。此兩義者。欲詳說其理由。非此短札之所能盡。姑簡單言之。民國若長此以軍人當總統。則必禍亂相尋。以底於亡。非謂軍人中決無能當總統之人也。有威力必喜濫用。而地位相逼。則相傾奪。人類普通根性則然。如惟以擁重兵者尸高位。則孰不從而歆之而甚之者己之敵無論矣。卽平昔所卵而翼者。亦何足恃。孟子曰『萬乘之國。弑其君者。必千乘之家。千乘之國。弑其君者。必百乘之家。』公等素以北洋正統自命。試問今所謂北洋派者何在。此寧非相傴相擠遞嬗遞仆以致此耶。傴人擠人之人。轉瞬卽爲見傴見擠之人。禍中於國家人民。而自身亦身名俱喪。果何爲者。至於京畿屯兵。爲國防耶。不守國境而守國都。天下寧有此種之軍事布置。爲治安耶。有警察在。安用軍隊越俎而代也。是故京畿駐兵。除資以脅迫政府外。更無他用。雖有巧舌。不能爲辯也。夫政府而常有數萬重兵脅迫於其旁。豈惟文人束手。卽以軍人執國命。又豈能一日安枕者。前此且然。況經此次公之教猱升木耶，故雖謂京畿之兵與健全之政府。勢不兩立焉可也。此兩義者。驟視之若專務裁抑軍人。實則非惟爲國家計。亦爲軍人計也。此兩義者。國民望之若渴。吾以爲中國竟亡則亦已耳。而非然者。早晚必見諸實行。但其事由軍人倡之。則勢順而國寧。軍人不悟。而致市民出其血肉之軀以與之搏。結果雖必出於軍人失敗。而國家之犧牲。乃不知紀極矣。我公固國中最有力之軍人也。若能以此義號召於天下。則一年來對於國民所負之罪責。可以完全解除。此後一切建置。悉以聽諸法定機關及一般輿論。於此而中國猶不能奠定。則別有任其咎者。而公亦可以執大義以隨其後矣。公今所處境。如航絕港。將陷死地。然及今猛省。則坦途固仍橫於其前也。弟所絮絮者。在公或爲甚逆耳之言。夫大覺悟與大懺悔。非大英雄不能也。勒馬懸崖。放刀成佛。抑何容易。吾誠不敢望公之能用吾言。徒以哀憐衆生故。終不能已於言耳。嗚呼。十年來生民之厄。亦云極矣。士夫平居。殷憂竊歎。冀天心一旦悔禍。夫禍由人興。天何與焉。今之造禍樂禍者。盈天下皆是也。非人人有徹底的覺悟。痛切的懺悔。國家前途。安能有豸。弟並非專以悔禍責諸我公之一人。亦殊不敢謂公一悔禍。而天下禍遂弭。特以公今日所處。其禍天下也。較他人最易而最烈。則其轉禍爲福也。亦較他人最易而最宏。故不揣疏逖。輒盡其言。弟言盡於此矣。惟更須有數語以自明其地位者。弟與政界隔絕既五六年。任何黨派皆不敢苟同。與我公雖無深交。亦無私怨。此書言雖戇直。自信純出於極肫誠之友誼的忠告。絕不含絲毫之對人惡意。質而言之。我反對無論何人之以武力金錢及其他卑劣手段爭總統。同時我亦反對無論何人之以武力金錢及其他卑劣手段以反對別人之爭總統。吾以爲苟出此途。則兩造之禍天下。厥罪惟均耳。吾非徒以能覺悟能懺悔望諸我公。亦以此望諸我公之敵及國中一般人士也。講課煎迫著述百忙有鯁在喉非吐不快輒輟他業陳此讜言倘承垂採何幸如之目以謗書無所逃罪溽暑鬱陶伏惟自愛不宣十二年七月四日梁啓超頓首

戴東原生日二百年紀念會緣起

稍爲研究過中國近世學術史的人都應該認識戴東原先生的位置和價值今年是他老先生的誕生二百年舊曆十二月二十四日是他的生日我以爲我們學界的人很應該替他做一回莊嚴的紀念

前清一朝學術的特色是考證學戴東原是考證學一位大師這是人人都知道的了單就這一點論他的研究成績値得紀念的已經很多

但我們以爲戴東原的工作在今後學術界留下最大價値者實在左列兩項

(一)他的研究法　東原本人自己研究出來的成績品可寶貴的雖然甚多但他同時或後輩的人有和他一樣或更優的成績品的也不少東原在學術史上所以能占特別重要位置者專在研究法之發明他所主張「去蔽」「求是」兩大主義和近世科學精神一致他自己和他的門生各種著述中處處給我們這種精神的指導這種精神過去的學者雖然僅用在考證古典方面依我們看很可以應用到各種專門科學的研究而且現在已經有一部分應用顯著成績所以東原可以說是我們「科學界的先驅者」

(二)他的情感哲學　宋明以來之主觀的理智哲學到淸初而發生大反動但東原以前大師所做的不過破壞工夫却未能有所新建設到東原纔提出自己獨重情感主義卓然成一家言他這項工作並不爲當時人所

重視。但我們覺得他的話是在世界哲學史上有價值的。最少也應該和朱晦翁王陽明平分位置。所以東原可以說是我們「哲學界的革命建設家。」

今年好容易碰着他二百年生日。我們打算趁那一天在北京舉行一次「東原學術講演會。」所要講的範圍大略如下。

一、戴東原在學術史上的位置。
二、戴東原的時代及其小傳。
三、音聲訓詁的戴東原。
四、算學的戴東原。
五、戴東原的治學方法。
六、東原哲學及其批評。
七、東原著述考。
八、東原師友及弟子。

以上不過就我個人感想所及。約略提個綱領。詳細的還要希望同志們共同討論。我自己學問很淺。愧不能有所發明。不過提出這個意見。助一助大家的興味。我希望海內崇拜東原的學者共同發起這次紀念會。而且分途擔任各部分的研究。到那一天能彀同赴盛會最好。即不然。也請把所作大文寄來宣讀。我自己願意自薦當一個臨時幹事。替諸君做傳達學說的機關。

我覺得這件事是於學術界有益的，所以陳述這點意見。

十二年雙十節

戴東原先生傳

啓超謹案關於東原先生傳記之資料，最詳者爲洪初堂所著行狀及段茂堂所著年譜，次則王述庵著有墓志銘，錢竹汀著有傳，淩次仲著有事略狀，孔巽軒著有遺書總序，次則阮芸臺之國史儒林傳稿，錢東生之文獻徵存錄，江子屏之漢學師承記，李次青之先正事略，咸各有專篇。洪爲先生同里後學，其狀作於乾隆丁酉六月，先生卒後之一月耳。洪於先生所學，能深知其意，且時近地切，見聞最眞，故所記實爲一切資料之基本。段爲先生門下老宿，所作年譜，最爲詳贍，但書成於嘉慶甲戌，（譜中未記著作年月，據經韻樓集卷七東原先生札册跋知之）距先生卒三十八年，茂堂年且八十矣，所追憶或涉影響，其大節目則多取諸洪也。王錢淩孔皆先生同時摯友或後輩，所記足互相補者尚不少，阮傳爲國史館稿，薈集衆篇，務取簡絜，錢江李以下則鈔錄舊文而已。本篇以洪段二氏爲主，參以諸家，其本集及他文集筆記中有可取材者，亦附入焉，不敢云備，庶可見先生風裁學詣之崖略云爾。體例依前代史稿，專採前人成文，不自撰一語，時或爲行文便利起見，竄易增加數字而已。私見所及，則別爲案語，綴各段之後。所據重要篇目及其略號如下。

洪　榜　初堂遺稿內戴先生行狀（略稱洪狀）

段玉裁　戴東原先生年譜（略稱段譜）

王　昶　述庵文鈔內戴先生墓志銘（略稱王志）
錢大昕　潛揅堂集內戴東原傳（略稱錢傳）
余廷燦　戴東原事略（略稱余略）
凌廷堪　校禮堂集內東原先生事略狀（略稱凌狀）
孔廣森　巽軒駢儷文內戴氏遺書總序（略稱孔序）
江　藩　國朝漢學師承記（略稱江記）
李元度　國朝先正事略（略稱李略）

先生姓戴．諱震．字愼修．一字東原．戴氏當唐時有自江西饒州樂平遷安徽歙州者．卒葬休寧之隆阜．因家焉．故世爲休寧人．父名弁．母朱氏．（洪狀）先生以雍正元年十二月二十四日乙巳生於里第．（段譜）乾隆十六年補縣學生．二十七年舉於鄉．三十八年奉召充四庫全書館纂修官．四十年賜同進士出身．授翰林院庶吉士．越二年．卒於官．（王志）實乾隆四十二年五月二十七日．時客京師崇文門西范氏之穎園．年五十有五．（段譜）

先生生而體貌厚重．性端嚴．（洪狀）十歲乃能言．蓋聰明蘊蓄者深矣．（段譜）就傅讀書．授大學章句至「右經一章」以下．問其塾師曰『此何以知其爲「孔子之言而曾子述之」．又何以知其爲「曾子之意而門人記之」』．師應之曰『此先儒朱子所注云爾』．卽問『朱子何時人』．曰『南宋』．又問『孔子曾子何時人』．曰『東周』．又問『宋去周幾何時』．曰『幾二千年矣』．又問『然則朱子何以知其然』．師無以應．大奇之．（洪狀）讀詩經至秦風小戎篇．卽自繪小戎圖．觀者咸訝其詳覈．（凌略）讀書每一字必求其義．塾師略舉傳注訓解之意．每不釋然．

師不勝其煩。授以許氏說文解字。先生大好之。學三年。盡得其節目。洪狀性强記。十三經注疏能盡舉其辭。嘗語段玉裁曰『余於疏不盡記。經注則無不能背誦也。』段譜時年十六七耳。洪狀先生家極貧。無以爲業。洪狀年十八。隨父客南豐。設塾於邵武。課童蒙自給。越二年乃歸。段譜時婺源江愼修先生永治經數十年。精於三禮及步算鐘律聲韻地名沿革。博綜淹貫。巋然大師。先生一見傾心。段譜偕其縣人鄭牧。歙人汪肇瀧。方矩。汪梧鳳。程瑤田。金榜師事之。先生獨能得其全。凌略及江先生卒。乾隆二十七年先生爲之狀其行實及著書數上之史館。秦蕙田纂五禮通考。延先生商榷。先生因出所藏江氏推步法解示秦。秦全採載入。後朱筠督學安徽。爲祠祀江。且檄取江書盡上之朝。亦由先生力爲表揚也。洪狀

啓超謹案魏默深謂『戴爲江永門人。及名旣盛。書中稱引師說。但稱「同里老儒江愼修」。不稱先生。背師盜名。』周壽昌思益堂日札引啓超謂先生所以推崇愼修者。具見於所撰江愼修先生事略狀。文集卷十二其不背愼修不俟辯。至其曾否受業愼修。稱弟子。則難確考。先生與姚姬傳書謂『古之所謂友。固分師之半。僕與足下無妨交相師。』文集卷九段茂堂上書稱弟子。先生復札云『古人所謂友。原有相師之義。我輩但還古之友道可耳。』段譜葉十六其平日持論如是。則其所以事愼修者。固當率此義以行。況其學原非盡出愼修耶。且子貢子思皆字稱仲尼。未有疑其慢者。甚矣魏氏之責人無已也。

自宋以來。儒者多剽襲釋氏之言之精者以說經。其所謂學。不求之於經。而但求之於理。不求之於故訓典章制度。而但求之於心。好古之士。雖欲矯其非。然僅取漢人傳注之一名一物。而輾轉考證之。則又煩細而不能至於道。於是有漢儒經學宋儒經學之分。一主於故訓。一主於義理也。先生則謂義理不可舍經而空憑胸臆。必求之

於古經。求之古經而遺文垂絕。今古懸隔。然後求之故訓。故訓明則古經明。古經明則賢人聖人之義理明。而我心之同然者乃因之而明。義理非他存乎典章制度者也。彼歧故訓義理而二之。是故訓非以明義理而故訓何爲。義理不存乎典章制度。勢必流入於異學曲說而不自知。凌略 先生自十七歲時卽有志聞道。謂當先從事於字義制度名物。以通六經之語言。爲之三十餘年。灼然知古今治亂之原。與段茂堂書段譜引 蓋自其丞歲。稽古綜覈。博聞强識。而尤長於論述。晚益窺於性與天道之傳。於老莊釋氏之說入人最深者。辟而闢之。使與六經孔孟之書截然不可以相亂。其學之本末次第大略如此。洪狀

先生之論治學也。曰『尋求所獲。有十分之見。有未至十分之見。所謂十分之見。必徵之古而靡不條貫。合諸道而不留餘議。鉅細畢究。本末兼察。若夫依於傳聞以擬其是。擇於衆說以裁其優。出於空言以定其論。據於孤證以信其通。雖溯流可以知源。不目覩淵泉所導。循根可以達杪。不手披枝肄所歧。皆未至十分之見也。以此治經。失不知爲不知之意。而徒增一惑以滋識者之辯也』文集九與姚姬傳書 又曰『爲學之道。不以人蔽己。不以己自蔽。不爲一時之名。亦不期後世之名。有名之見其弊二。非掊擊前人以自表襮。卽依傍昔賢以附驥尾。二者不同。而鄙陋之心同』文集九答鄭用牧書 又曰『學有三難。淹博難。識斷難。精審難。三者僕誠不足以與其間。其私自持暨爲書之大概端在乎是』文集九與是仲明書 又曰『知十而皆非眞。不若知一之爲眞知也』段玉裁經韻樓集娛親雅言序引 又曰『學者莫病於株守舊聞而不復能造新意。莫病於好立異說而不深求之以至其精微所存』文集十春秋究遺序 其治學之方大略如此。時東吳惠棟三世傳經。信而好古。王鳴盛嘗合評兩家曰『方今學者斷推兩先生。惠君求其古。戴君求其是』洪狀引 錢大昕曰『先生實事求是。不偏主一家。亦不過騁其辨以排擊前賢。每立一義。初若創獲。及參互

考之。果不可易。』(錢傳)可謂知言

先生之學無所不通。而其所由以至道者則有三。曰小學。曰測算。曰典章制度。(凌略)

先生以爲經之至者道也。所以明道者辭也。所以成辭者字也。必由字以通其辭。由辭以通其道。乃可得之。(洪狀)嘗謂今人讀書尙未識字。輒薄訓詁之學。夫文字之未能通。妄謂通其語言。語言之未能通。妄謂通其心志。此惑之甚者也。(錢傳)於是考諸篆書。由說文以覩古聖人制書本始。更念爾雅爲承學津筏。又殫心其書。旁推交勘。盡得古書古義古音聲。有一字不準六書。一解不貫羣經。卽無稽者不信。不信者必反復參證而後卽安。(余略)其小學之書。有聲韻考四卷。聲類表十卷。方言疏證十三卷。夫字書主於故訓。韻書主於音聲。二者恆相因。音聲有不隨故訓而變者。則一音或數義。音聲有隨故訓而變者。則一字或數音。其例或義由聲出。或聲同義別。或聲義各別。唯洞究其旨。凡異字異音絕不相通者。其誤自能別之。庶釋經論字。不至茫然失據也。自漢以來。轉注之說失傳。徐鉉徐鍇。鄭樵。戴仲達。周伯琦。皆穿鑿附會。不得其解。而蕭楚張有諸人以轉聲爲轉注之論爲尤謬。雖好古如顧炎武。亦不復深省。先生則謂指事象形諧聲會意四者爲書之體。假借轉注二者爲書之用。一字具數用者爲假借。依於義以引申。依於聲而旁寄。假此以施於彼也。數字共一用者爲轉注。如初哉首基之皆爲始。卬吾台予之皆爲我。其義轉相爲注也。轉注與假借正相反。說文於「考」字訓之曰「老也」。於「老」字訓之曰「考也」。卽轉相爲注也。以說文證說文。可不復致疑矣。(凌略)

自漢以來。古音寖微。學者於六書諧聲之故。靡所從入。廣韻東冬鍾江眞諄臻文欣元魂痕寒桓刪山先仙陽唐庚耕淸靑蒸登侵覃談鹽添咸銜嚴凡共三十五韻有入聲。外此如支脂等二十二韻無入聲。顧氏古音表反是。

先生則謂有入無入之韻當兩兩相配，以入聲爲之樞紐。眞以下十四韻與脂微齊皆灰五韻同入聲，東以下四韻及陽以下八韻與支之佳咍蕭宵肴豪尤侯幽十一韻同入聲，侵以下九韻之入聲則從廣韻無與之配，魚虞模歌戈麻六韻廣韻無入聲，今同以鐸爲入聲，不與唐相配，而古音遞轉及六書諧聲之故胥可由此得之，此古人所未發也。凌略

其測算之書有原象四篇，迎日推策記一篇，句股割圜記三篇，續天文略三卷，策算一卷。凌略先生以算在六藝古者以賓興賢能教習國子，周髀之書雖傳於今，曆家不能通其用，有「正北極」及「北極璇璣」之名，有「七衡」「六閒」「冬至日當外衡，夏至當內衡，春秋分當中衡」之規法，釋周髀者數家未解「北極璇璣」所指，先生以爲「正北極」者，今之赤道極也，所謂「北極璇璣」者，今之黃道極也。赤道極爲左旋之樞，黃道極爲右旋之樞，自中土言之，皆在北方，故通曰北極。赤道極不動，黃道極每晝夜左旋環繞之而過一度，每一歲而周四遊，故周髀謂赤道極曰正北極，而黃道極無其名，取諸測器之名命之，用是知唐虞時設璿璣環轉於中，擬夫黃道極者也。此論匪惟得周髀之解，並以見古璿璣玉衡之遺制。洪狀曾自指點巧匠製成其器，藏於孔繼涵家，繼涵又曾命工倣造云。段譜

自漢以來，九數佚於秦火，儒者測天多不能盡句股之蘊，明末西人傳弧三角之術，推步始爲精密，其「三邊求角」及「兩邊夾一角求對角之邊」加減捷法，梅氏用平儀之理爲圖闡之，可謂剖析淵微，然用餘弦折半爲中數，則「過象限」與「不過象限」有相加相減之殊，猶未爲甚捷也。先生則謂用餘弦者或加或減，易生歧惑，乃立新術，用總較兩弧之矢相較折半爲中數，則一例用減，更簡而捷矣。蓋餘弦者矢之餘也，八線法，弧小則

餘弦大。弧大則餘弦小。弧若大過象限九十度。則餘弦反由小而漸大。唯矢不然。弧小則矢小。弧大則矢大。弧若大過象限九十度。則矢更隨之而大。是矢與弧大小相應。不似餘弦之參差。故以易之。此二法之限。先生所常言者。亦皆古人所未發也。（凌略）先生在四庫館。校周髀經。悉心正其譌舛。補圖以進。又於永樂大典內得九章五曹算經凡七種。自通人王寅旭謝野臣梅定九諸子。皆以算名家。未之獲見。先生則正譌補脫。審知劉徽注內舊有圖而今闕。補之以進。而古書之晦者以顯。（洪狀）

啓超謹案先生於天文學所言。不能與今世科學家脗合。此自時代所限。不容苛求。先生之功。則在能考古術。知吾國二千年前（周髀時代）之天文學如是而已。其在數學上所創造。上不逮王（寅旭）梅。（定九）下不逮汪（孝嬰）李。（尚之）然搜校諸遺籍於闇曶既久之後。能理棼正舛而復其舊。使人知三國六朝間此學之若何發達。而因以引起研究興味以促斯學之獨立。則先生之功也。

清初治地理學者。有顧景范、顧亭林、閻百詩、胡朏明、黃子鴻、趙東潛、錢竹汀、諸家。然皆以郡國爲主而求山川。先生則以山川爲主而求郡縣。（李略）嘗謂因川原之派別。知山勢之逶迤。由山鎮之陰陽。水行所經過。知州郡之沿革遷徙。大凡水之上流。川出於兩山之間。歷千百年如其故道。至其委流。地平衍而土疏斥。不數歲輒遷徙不常。是以滹沱桑乾漳水之流。號最難考。先生屢應志局之聘。文書圖冊。雜錯糾紛於前。先生披圖覽冊。有謬誤卽圖上批示。令再圖以進。戶吏始不服。及親履其地。果如先生言。無不驚歎以爲神奇。後魏酈道元水經注一書。流傳至今。經注溷淆。前後錯簡。文章家以爲掇拾辭釆之書而已。先生究心於是者八九年。尋其義例。按以準望。整之俾還其舊。（洪狀）其所得經與注分別之例有三。（段譜）一曰獨舉複舉之不同。經文甚簡。首舉水名。下不再出。注文繁。一水內必詳其注入之小水。是以主水名屢舉而不厭。一曰「過」與「逕」之不同也。經必曰「過某」。注則必曰「逕某」。所以別於經。一曰某縣及某縣故城之不同也。注所謂某縣故城者。卽經之某縣也。經時之縣。注時多爲故城。經無言故城者也。執此三例。沛乎莫禦。釐之有如振槁。承學讀至白首不解者。豁然開朗。（經韻樓集卷七與梁燿北論戴趙二家水經注）時杭州趙東潛擘磨水經注數十年。鄞縣全謝山七校是書。深窺祕奧。而其說皆往往與先生同。（段譜）先生又嘗應直隸總督方觀承聘。修直隸河渠書百十一卷。未成而方卒。藁藏後任總督周元理家。嘉慶間爲王履泰所竊。删其半。益以乾隆己丑以後事實。易名畿輔安瀾志。後先生嗣子攜原稿入都。欲爲辨正。不果云。（李略）

啓超謹案。趙東潛與先生同時先後並校水經注。而所校什九相同。於是孰爲剽竊。成爲學界一場公案。以啓超觀之。蓋純屬閉門造車出門合轍。絕不成爲道德責任問題。其事實始末及兩造爭論之點。別於拙著東原著述考篇中詳敍之。

又案直隸河渠書稿晚出。故初堂、述庵、竹汀、次仲諸狀誌皆未言及。惟段譜記其大略。此書亦與東潛有關。段氏復有與方葆巖兩書及趙戴直隸河渠書辨。記始末頗詳。具見東原著述考中。

其典章制度之書未成。（凌略）有考工記圖二卷。蓋少作。（據段譜）又因西人龍尾車法作贏旋車記。因西人引重法作自轉車記。皆見文集。（凌略）

啓超謹案。此兩篇及原象卷四所記璇璣玉衡製法。皆足見先生之垂意工學。

先生發願成七經小記。七經者。詩書易禮春秋論語孟子也。謂治經必分數大端以從事。各究洞原委。始於六書九數。故有詁訓篇。有原象篇。繼以學禮篇。繼以水地篇。約之於原善篇。詁訓學禮兩篇未成。水地篇三十卷成者

僅一卷。原象原善則已成。（節段譜文）

啓超謹案七經小記之著述體例。略見段譜卷末。觀此可見先生治學方法及其精神。蓋先生雖以考證名家。然所考證並非枝枝節節疲精神於一字句一名物之間。彼每研究一對象。必貫通羣籍。而斷之以己之所自得。其言曰『最要體會條理二字。得其條理。由合而分。由分而合。』（段譜卷末引）所謂極分析綜合之能事也。先生之言曰『六書九數等事。如轎夫然。所以舁轎中人也。以六書九數等事盡我。是猶誤認轎夫為轎中人也。』又嘗與段玉裁書曰『僕生平著述之大。以孟子字義疏證為第一。所以正人心也。』噫。是可以知先生矣。（經韻樓本東原集段玉裁序）先生以為『宋以前。孔孟自孔孟。老釋自老釋。談老釋者高妙其言。不依附孔孟。宋已來。孔孟之書盡失其解。儒者雜襲老釋之言以解之。於是有讀儒書而流入老釋者。有好老釋溺於其中。既而觸於儒書。樂其道之得助。因憑藉儒書以讀老釋者。孔子曰「道不同不相為謀。」言徒紛然詞費也。』（文集卷八答彭允初書）於是為原善三篇。尋衍之為三卷。又著緒言三卷。晚更改名為孟子字義疏證。（約段譜語）蓋先生至道之書也。其大旨以為釋道自貴其神識。而儒者在善治事情。凡人之患。一曰私。曰蔽。私生於欲之失。蔽生於知之失。異氏尚無欲。君子尚無蔽。異氏之學。主靜以為治。君子強恕以去私。而學問以去蔽。主以忠信而止於明善。凡生於其心。必發於其事。私者逞己以縱欲。無良而憯不畏明。無私矣。尚不能無蔽。蔽者不求諸情事。以其意見信為義理。公而不能明。廉潔而流於刻。記曰『夫民有血氣心知之性。而無喜怒哀樂之常。應感起物而動。然後心術形焉。』凡有血氣心知。於是乎有欲。性之徵於欲。聲色臭味而愛畏分。既有欲矣。於是乎有情。性之徵於情。喜怒哀樂而慘舒分。既有欲有情矣。於是乎有巧與智。性之徵於巧與智。美惡是非而好惡分。生養之道。存乎欲者也。感通之道。存乎情者也二者自然之符天下之事舉矣盡美惡之極致存乎巧者也宰御之方由斯而出盡是非之極致存乎智者也聖賢之德由斯而備二者亦自然之符精之以底於必然天下之能舉矣君子之治天下也使人各得其情各遂其欲勿悖於道義君子之自治也情與欲使一於道義夫遏欲之害甚於防川絕情去智充塞仁義人之飲食也養其血氣而其問學也養其心知是以貴乎自得血氣得其養雖弱必強心知得其養雖愚必明是以貴乎擴充君子獨居思仁公言言義動止應禮竭所能謂之忠履所明謂之信平所施謂之恕馴而致之仁且智不私不蔽者也君子之未應事也敬而不肆以虞其疏事至而動正而無邪以虞其偽必敬必正而要於致中和以虞其偏與謬戒疏在乎戒懼去偽在乎慎獨致中和在乎達禮精義至仁盡倫天下之人同然而歸之善可謂至善矣夫以理為學以道為統以心為宗探之茫茫索之冥冥不若反求諸六經此原善之書所以作也洪狀

啟超謹案先生之學體大思精原善孟子字義疏證兩書語極簡而義極豐殆於一字一金洪氏此狀頗能擷其要點故全錄之其他精語別於拙著東原哲學篇中分別徵引

先生自述其著書之意曰『……當孟子時羣共稱其好辯而孟子曰「我知言」蓋言之謬非終於言也將轉移人心心受其蔽必害於事害於政……是又後乎孟子者之不可已也苟吾不能知之亦已矣吾知之而不言是不忠也是對古聖人賢人而自負其學對天下後世之仁人而自遠於仁也吾用是懼』……孟子字義疏證序然則所謂害政者如之何先生曰『理與事分為二而與意見合為一是以害事』疏證葉十又曰『惟以情絜情故其於事也非心出一意見以處之苟舍情求理其所謂理無非意見也未有任其意見而不禍斯民者』疏證葉五又曰『程朱以理為如有物焉得於天而具於心啟後世人人凭在己之意見而執之曰理以禍斯民更淆以無欲之說

於得理益遠，於執其意見益堅，而禍斯民益烈。豈理禍斯民哉？不自知其爲意見也。離人情而求諸心之所具，安得不以心之意見當之』文集卷八答彭允初書 又曰『聖人之道，使天下無不達之情，求遂其欲而天下治。後儒不知情之至於纖微無憾是謂理；而其所謂理者，同於酷吏之所謂法。酷吏以法殺人，後儒以理殺人……』文集卷九與某書

先生所不能已於言者以此。

先生終身在貧困中。年三十時，家中乏食，與麵鋪相約，日取麵屑爲饔飧，以其時閉戶著屈原賦注。三十三歲，避仇入都，行李衣服皆無有，寄旅於歙縣會館，饘粥或不繼，而歌聲出金石。是時紀昀、王鳴盛、錢大昕、王昶、朱筠，俱甲戌進士，以學問名一時，耳先生名，往訪之，莫不擊節歎賞。於是聲重京師，名公卿爭納交焉。秦蕙田方纂五禮通考，延主其邸，朝夕講論。王安國延之課子，子即念孫，最能傳先生學，復以傳其子引之，所謂高郵王氏父子也。既屢試不第，旅食諸方。嘗遊山西，修汾州府志、汾陽縣志；遊直隸，修直隸河渠書；嘗主講浙東金華書院。五十歲，當乾隆三十八年，四庫館開，以舉人充纂修官，蓋異數也。旋特賜進士出身，授庶吉士。在館五年，校水經注、算經等書，積勞卒於官。以上約舉洪狀段譜語 先生事親至孝，夫婦躬操井臼，酒漿飲食，親自進之。父性方嚴，先生怡怡孺慕，曲得其歡。治家和而有法，嘗言子弟有小過，當立加斥責；至有大過，當微示以意，苟顯揭之，令不可爲人，則自棄於惡矣。所謂「中也棄不中」也。行己嚴介，然不爲矯激之行。謀人之事，惟恐其不忠；揚人之善，如恐其不及。其教誨人，終日矻矻，不以爲倦也。先生之言，平正通達，近而易知；博極羣書，而不事馳騁。有所請，各如其量以答之，未嘗不有所得也。其學雖未設施於時，既沒，其言立，所謂不朽者歟。洪狀

先生終其身未嘗一日廢學。聲類表一書，爲臨終十數日前所作，五日而成。答彭允初書五千言——段茂堂所

謂『以六經孔孟之恉還諸六經孔孟，以程朱之恉還之程朱，以陸王佛氏之恉還諸陸王佛氏』者，亦臨終前一月作也。（約段譜語）易簀時語人曰『生平讀書，絕不復記，到此方知義理之學可以養心』。（王惕甫未定稿引戴衍善所述）世人或引為先生懺悔所學而復歸於宋儒。焦里堂（循）曰『不然，東原所著書，惟孟子字義疏證最為精善，蓋精魄所屬，故臨歿時往來於心。其所謂「義理之學可以養心」者，卽東原自得之義理，非講學家西銘太極之義理也。（雕菰樓集申戴篇）

梁啓超曰：同治間戴子高撰顏氏學記，謂東原之學，衍自顏李。信也。李恕谷嘗南遊，而程綿莊（廷祚）聞大弘其學於江介，東原合有聞焉。不然，何其揆之相合若此甚也。然習齋尊行絀知，東原則言『强恕以去私，而學問以去蔽』，知行並進，視習齋周矣。其踸踔蹈厲不如習齋，弟子中又無恕谷其人，故學中斬焉。當時學者雖萬口翕然誦東原，顧能知其學者實鮮。王述庵、錢竹汀所撰傳誌，美其能考證，而於其自得之學無所發明。洪蕊登之狀，善矣，原稿全載答彭進士書，而朱笥河怫然謂『何圖更於程朱之外復有論說，戴氏可傳者不在此』。蕊登雖上書力爭，（看初堂遺稿上朱笥河先生書）然無如何，其孤竟削狀中此文。云凌次仲極能知東原者，猶曰『義理固先生晚年之極詣，非造其境者亦無由知其是非』。是又以原善諸篇所謂為東原一家之『意見』，而儕諸其所謂「探之茫茫，索之冥冥」者，豈為知東原哉。乾嘉諸老揭櫫漢學以傲宋學，乃其神識所濡染所充塞，皆宋學之餘也。漢學則以譁世而自文已耳。其不能有契於東原也固宜。東原之學，其朋輩中能受之者莫如程易疇，次則金檠齋。其鄉後學能受之者莫如洪蕊登，次則凌次仲。蕊登壽僅三十五，倘假以年，亦東原之恕谷也。其弟子最著者段茂堂、孔巽軒、王懷祖及其子伯申，語其一曲，知或過師，雖然，未可云能傳東原學也。無已，則私淑艾之焦里堂乎。

本篇因拘於史稿體例。修纂陳言。不能盡發吾意。且屬稿倉猝。僅以一晝夜之力成之。益用不慊。姑存以俟更端。一月十五日啓超自記。

戴東原哲學

一　研究東原哲學之主要資料

東原學術。雖有多方面。然足以不朽的全在他的哲學。他雖屬著作等身。然關於哲學方面的書極簡要。若但求字字經目而已。那麽儘一天工夫任何人都可以讀完。今將其目列下。

第一　初稿和定稿的兩本原善。

原善是他二十一二歲時候著的。初時只有三篇。每篇不過千餘字。經韻樓本文集卷八所收者便是。後來又著讀繫辭論性。讀孟子論性兩篇附於末。累年有所增加。到四十歲內外。擴大成三卷。上卷十一章。中卷五章。下卷十六章。泐爲定本。戴氏遺書所收者便是。遺書本篇幅雖比文集本增加兩倍。但內容的實質依然如舊。每卷之第一章。即文集本之上中下三篇。不過字句稍有異同罷了。其每卷第二章以下。實則徵引例證替第一章作注釋而已。這書文字太簡。幾乎沒有一個閒字。稍粗心讀去。便不得其解。（指每卷之第一章言）學者先讀孟子字義疏證後。再讀他。似較省力。

第二　孟子字義疏證和緒言。

這部書是他四十二三歲時候動手做的。直到臨終那年（五十五歲）纔定稿。初稿名爲緒言。粵雅堂叢書有刻本。後改孟子字義疏證。遺書所收者便是。本書凡三卷。專就孟子書中關於哲學的名辭。逐一詮釋。卷上釋理字凡十五條。卷中釋天道字四條。釋性字九條。卷下釋才字三條。釋道字四條。釋仁義禮智四字合二條。釋誠字二條。釋權字二條。緒言和疏證內容的實質相同者什之六七。但排列組織不同。每段字句差異也很多。學者自然是讀疏證便彀了。但是若想知道東原學問與年俱進的狀況。拿緒言對照著讀。那更好了。

第三　經韻樓本東原集卷八卷九。

東原集有兩本。一是洪蕊登孔葓谷合編的微波榭十卷本。一是段茂堂編的經韻樓十二卷本。經韻樓本以各篇文的內容性質分類排纂。最便學者。卷八卷九。大半是關於哲學方面的文字。卷八除原善諸篇及疏證序外。還有一篇法象論。可以說是東原的宇宙觀。其最重要者則為答彭進士允初書。允初是當時佛學大師。這篇書也可以說是儒佛之爭。這篇書是東原臨終前一個月寫的。眞算得晚年定論了。所以極重要。卷九各篇說的多半是治學方法。內中與是仲明論學書。與姚孝廉姬傳書。答鄭丈用牧書。與某書。與方希原書五篇最要。

以上所舉。都是東原自身的著作。若要知道他的思想淵源和影響。那麼顏習齋的存學編。存性編。和顏習齋年譜。李恕谷年譜。要看。因為我們深信東原學風和顏李有關係。江愼修的近思錄集解要看。因為愼修是東原的先生。那部書卻引起他的反動。程易疇的通藝錄裏頭的論學小記要看。因為易疇是東原最得力的學友。那部書是他們倆同在一個方向上研究。各有各的自得的。焦里堂的論語通釋要看。因為里堂最能知東原之學。那部書是和孟子字義疏證同一主義。同一模型的。此外還有兩篇重要文章。一是洪蕊登初堂遺稿裏頭的上朱笥河先生書。一是焦里堂雕菰樓集裏頭的申戴篇。都是替「哲學家的戴東原」做辯護人的。

二　著手研究東原哲學以前應注意的幾個問題

第一。我們最詫異的是東原做那麼一部「自成一家言」的哲學書。爲什麼書名叫做孟子字義疏證。照名目看起來很像是一部注釋專經而且偏重逐字訓詁的內容。却全不是那回事。豈不可怪。我現在先解答這個問題。

東原說『經之至者道也。所以明道者詞也。所以成詞者字也。由字以通其詞。由詞以通其道。必有漸。』（與是仲明論學書）這幾句話。後來成了漢學家的口頭禪。人人都說『通經宜先識字』。却是做了識字工夫。便算完結。經通不通且不管。所以爾雅說文之學大興。却於思想上更沒有一毫關係。把人都弄呆了。這是把手段看成目的。所以有此弊。東原却眞是以識字爲手段。而別有「聞道」的目的在其後。這部書正是實現這種程序。

識字和聞道眞有那麼密切的關係嗎。眞是非由字不能通詞。非由詞不能通道麼。一點也不錯。一個字表示一個概念。字的解釋弄不清楚。概念自然是錯誤混雜或囫圇。概念錯誤混雜囫圇。所衍出來的思想當然也同一毛病。所以「辯名當物」是整理思想第一步工夫。有人說『古今哲學家都是打的名辭上筆墨官司』（不記得是歐洲那位哲學家的話）這句話從一方面看像含有嘲諷的意味。從他方面看却是絕對的實情。而且絕對的有用。中國思想界不能健實發展。正坐很少人做這步工夫。東原怕算是頭一個哩。

人類的概念是一天比一天複雜的。語言文字無論長得怎樣快。變得怎樣靈活。總不能以同速率的進步來應新增概念的要求。所以不能借舊字舊話來表新增的概念。字還是那個字。話還是那句話。裏頭所函的概念內容早已相去萬里了。名辭上筆墨官司。都是因爲這樣打起來的。在泰西那麼靈活的語系裏頭。這種毛病尙且不能免。何況我們的文字那麼呆的用幾千年前造下來有一定點畫的一個字。鑿四方眼似的硬要他盡那「表現幾千年後逐年新增加概念」的職務。那裏有不一塌糊塗的道理。我們天天讀孔孟的書。却是拿後來新增遞變的概念安在書中的字上頭。那裏還看得見眞的孔孟。不信。試拿譯外國語假做個比方。佛典裏頭譯過來的「空」字。我們一望便浮出「虛無」的概念。歐語譯過來的「自由」字。我們一望便浮出「放縱」的概念。你想和原來的意味差多麼遠。因此心經裏頭的『色卽是空』。許多人都解作『女色是個虛局』。羅素著的向自由之路。也可以解爲『向放縱之路』。你想這是多麼大的危險。我們拿已經變質的概念放在古字裏頭去讀古書。危險正復如此。東原說『言之謬非終於言也。將轉移人心。心受其蔽。必害於事害於政』(疏證序)概念錯誤。生思想錯誤。影響延及社會。這是當然的。東原這部書。把哲學上許多重要名辭。各各求出他本來的概念。確是思想上正本淸源的工作。

第二。東原是很有自由思想的人。爲什麼他的書中像擺出孟子距楊墨韓愈攘佛老的牌子。像是要『別黑白而定一尊』。怕有點不對罷。我請解答這個問題。

思想是要自由的。但却不能囫圇。却不能模稜。對於和自己不同的見解。必要辯駁。或者乃至排斥。辯駁排斥。不能說是侵人自由。因爲他也可以照樣的辯駁我排斥我。我們不贊成韓愈的態度。因爲他要『人其人火其書』。不贊成董仲舒的態度。因爲他要『絕其道勿使並進』。東原雖好辯。却沒有這種樣子。他對於敵派的攻擊。是很公正的很穩健的。洪蕊登說『戴氏之書。非故爲異同。非緣隙釁嘲。非欲奪彼與此』(上朱筍河書)這幾句話批評得對極了．試拿毛西河攻擊程朱的書．陸稼書攻擊陸王的書．和東原各書相對照．便可以見出東原的態度確是「學者的」了．所以這一點不成問題．

還有一點須知東原所最用力者．不在排斥敵派．乃在排斥那些「利用敵人資本假冒本號招牌」的人．宋儒偷佛老的話作為自己的家當．這種事實是不能不承認的．佛老見解對不對．另一問題．但斷不能說孔孟學術和佛老是一家．是不是呢．東原說．『譬猶子孫未覩其祖父之貌者．誤圖他人之貌為其貌而事之．所事固己之祖父也．貌則非矣．實得而貌不得．亦何傷．嗚呼．誤圖他人之貌者．未有不化為他人之實者也．』（答彭允初書）宋儒之說孔孟．正是如此．東原的工作．則段茂堂所謂『以六經孔孟之旨還之六經孔孟．以程朱之旨還諸程朱．以陸王佛氏之旨還諸陸王佛氏．』（年譜三十四頁）以嚴格言之．也可以說東原並沒有攻擊別派的行為．不過將這派那派研究出他們的真相．理清楚他們的系統．叫他們彼此不相蒙混．這種工作．無論對於某種學問．在批評家或歷史家是最必要的．我們認東原為最忠實於這種工作的人．

第三．東原這種哲學．總算他自己有獨到之處的．為什麼不老實說是姓戴的．這樣說．偏拉拉扯扯說是姓孔姓孟的．這樣說．他常說．『為學要空諸依傍』（與某書）又說．『以己說為聖人所言．是誣聖．借其說以飾吾之語以求取信．是欺學者．』（疏證卷中頁四）像他這樣．還不是依傍孔孟嗎．究竟他所說的孔孟．是否真孔孟．自己有無假冒孔孟招牌．若說並非假冒．那麼姓戴的原沒有什麼創造．不過將姓孔姓孟的所說背演一番．我們是否該叫他做『東原哲學』．況且孔孟去今二千多年了。如果東原的話．即是孔孟的話．在今日是否還有時代的價值．我現在請解答這個問題．

我信東原決非假冒孔孟招牌的．他做學問的方法．每立一義．『必徵之古而靡不條貫．合諸道而不留餘議．鉅細畢究．本末兼察．乃敢自認爲十分之見．』（與姚姬傳書）我們按着他的話去讀易經論語孟子．處處都「渙然冰釋．」按着和他反對方面宋儒們的話去讀．便有許多扞格矛盾．因此我們不能不承認他的話和孔孟同條共貫．若問他自己有創造沒有．我敢說他的學問並不是東塗西抹隨意拉孔孟幾句話敷衍出來．他是自己先立出一個「假定的」見解．這見解本是他從實際生活上體驗出來的．假定既立之後．還未自認爲「十分之見」再將這見解和從前各派各人所說的比較印證．覺得什麼陸王程朱荀楊乃至釋老都和自己不合．獨有孔孟和自己合．再將孔孟許多方面的話．逐件拿出來磨勘自己的見解．覺得處處都合．他於是確信自己所見到的果然是眞理．而這種眞理是孔孟「先得我心之所同然」的．於是乎他毅然決然說自己見解和孔孟見解一致．王陽明說『六經皆我注腳．』東原正是如此．不信試看原善這書的體例．自然可以明瞭．他是先作成每卷的第一章．標出自己見解．每卷第二章以下．卻是引六經孔孟的話來注釋第一章．到底還是「我注六經」呀．還是「六經注我」呢．我還有一句徹底的話．我確信絕對的創造是沒有的．任何新穎任何高奇的思想．總要受幾分歷史傳下來的影響．只要在全人類千萬年相續不斷的「創造線」上添上一分半寸．就算是創造．所以東原的誦法孔孟．不是因襲．乃是創造．

若問他所說既和二千年前的孔孟相同．是否在今日還有價值．這個問題很容易解答．凡學說有含時代性的．有不含時代性的．例如君主政治好麼．議會政治好麼．蘇維埃政治好麼．這是含時代性的．『民爲貴社稷次之』的原理．這是不含時代性的．井田好麼．共產好麼．幾爾特好麼．這是含時代性的．『不患寡而患不均』的原理這是不含時代性的含時代性的學說要估量他的時代價值不含時代性的學說的價值是不必且不該用時代去估量的東原所闡發的孔孟學說全部是不含時代性的所以不發生時代價值問題

有人說依進化法則二千年前人的學問應該不及二千年後人東原專從孔孟幾部古書上討生活引爲同調豈不是往退化那條路上走嗎我說此話不然我們雖不敢說今人必不及古人也不敢說古人必不及今人不含時代性的學說儘可以幾千年前的人發明了幾千年後的人無以易之況且一二千年的光陰在我們短命的個人看起來覺得很長放在那「有幾十萬年歷史的全人類進化線上」其實很短就令我們確信進化之說也不能把這瞥眼一過的二千年太過誇大說我們的智慧一定比二千年前人的智慧强所以像東原這樣將二千年有智慧的人——孔孟的話研究出他的眞相而加以引申發明我認爲是必要而且有益的事業

三　東原時代思想界的形勢及東原思想之淵源

自佛教入中國後和中國固有之儒教思想所發生的關係凡三變其始取各幹各不相聞問的態度三國六朝時便是其次取各樹一幟閉相攻擊的態度隋唐間便是其後取外貌分離骨子混合的態度宋至明便是宋儒如周邵張朱之流都是出入釋老多年不知不覺雜襲其說以傅會古經遂造成「理學」一派（看疏證卷上葉十一十四十六十九至二十二卷中葉四卷下葉二十六答彭進士書——經韻本文集卷八）陸王繼起愈趨極端到明的末年儒門的「心學」和佛門的禪宗完全打成一片了明淸之交反動四起黃晦木毛西河胡東樵諸人首先將宋儒幾件法寶——太極圖河圖洛書等等三拳兩腳打碎了同時顧亭林又大倡『無所謂理學經學即理學』之說把學者眼光引到古來的經典上

頭，於是清代特色的考證學漸漸起來，然而理學界中陸王學派的方面，還有孫夏峯李二曲黃梨洲李穆堂等輩，都是很有魄力的人，在那裏固守殘壘，同時有些不喜歡學陸王又不能做考證學的人，只好走程朱學派那條路上去，況且那時皇帝和滿朝闊官都極力替程朱捧場，所以康熙雍正之間，可以說是程朱學和經學中分天下。

當時有異軍突起的一個學派，倡之者爲顏習齋和他的門生李恕谷。他們的學派，是要將孔孟和程朱分家的。他們反對周濂溪所謂『主靜立人極』，反對程伊川所謂『有義理之性有氣質之性』，反對朱晦庵所謂『心具衆理』，所謂『人欲淨盡天理流行』。他們解「道」字說『道者人所由之路也，故曰道不遠人，宋儒則遠人以爲道也』，（習齋四書正誤卷四）解「理」字說『理者木中紋理也，指條理言』，（同卷六）『事有條理，理卽在事中，離事物何所爲理乎』，（恕谷論語傳注問）『凡事必求分析之精，是謂窮理』，（習齋存學編二）『聖經無在倫常之外而別有一物曰道曰理者』。（恕谷中庸傳注同）他們說，『性本無惡，凡惡皆由於引蔽』。（習齋存性篇）諸如此類，許多嶄新的哲理，都和宋儒主張根本不同。這個學派，李恕谷在世時候，曾很發展過一會子，後來也漸漸衰落下去了。

到東原少壯的時候，考證學——卽漢學在南方已大占優勢，稍爲前輩一點的人如惠定宇江愼修等，皆卓然自成壁壘。東原同輩的人，如錢竹汀王西莊紀曉嵐盧抱經王述庵等，各各以考證經史之學爲一時領袖，所謂「乾嘉學派」，在這時候確立了。但我們應該注意一件事，乾嘉學派，大致是由亭林『經學卽理學』那句話衍出來，但亭林的確是想在六經中求義理，乾嘉學派則將義理擱在一邊，專以研索六經裏頭的名物訓詁爲學問最終目的。他們對於什麼朱陸之爭，儒佛之爭，純采「不理」主義，換一句話說，就是跳出哲學的圈子外專做他們考證古典的零碎工作若勉強問他們的人生觀怎麼樣對於哲學上幾個重要問題作何見解我老實不客氣說他們依然是「程朱中毒」因爲個個都從八股出身從小讀熟的集註或問早已蟠踞住他們的下意識長大之後渾身撲在亂書堆中對於這些問題都不復理會自然是由著下意識支配了所以那時許多鼎鼎大名的學者——他們雖然口頭上鄙夷宋學——我敢說一句放肆的話『一個個都是稀稀薄薄朦朦朧朧的程朱游魂披上一件許鄭的外套』那時候思想界的形勢大略如此

還有一派是彭允初羅臺山汪大紳這班人對於佛教有很深的信仰專一要做會通儒佛的工作在當時學界也有點勢力應該附記

東原是安徽人生在那個時代他所受環境的影響怎麼樣呢

第一他的鄉先輩在明淸之交有兩位學者一是桐城的方密之一是歙縣的黃扶孟兩位都是講聲音訓詁學有嶄新見解的人密之是一位老名士他的書當然人人共讀扶孟的書是東原在四庫館時採進的可見他很推重他東原受了他們兩位的影響所以從小就注意聲音訓詁用力日深便生出『由字通詞由詞通道』的見解

第二江愼修是他及門問業的先生對於名物度數測算訓詁等等學問都極深造却又極服膺程朱之學東原在他門下考證工作既受過充分的訓練對於宋儒學說比當時的漢學家也研究得獨深看他著述中所徵引知道他對於周程張朱的書是全部細讀過的研究結果促成他對於宋學徹底的反動

第三我深信東原的思想有一部分是受顏李學派影響而成雖然在他的著作中一點實證也找不出來但我

覺得這件事有可能性試大略尋一尋他的線索一方望溪的兒子方用安爲李恕谷門生望溪和恕谷論學不合用安常私自左祖恕谷是桐城方家有能傳顏李學的人東原和方家人素有往來方希原卽其一（集中有與方希原書）所以他可以從方家子弟中間接聽見顏李的緒論二恕谷很出力在江南宣傳他的學派當時贊成反對兩派人當然都不少卽如是仲明這個人據恕谷年譜知道恕谷曾和他往復論學據東原集又知道他曾和東原往復論學仲明年譜中也有批評顏李學的話或者東原從他或他的門下可以有所聞三程綿莊是當時江南顏李學派的大師綿莊死的時候東原已三十歲了他們兩位曾否見面雖無可考但程綿莊和程魚門是摯友魚門東原交情也不淺東原最少可以從二程的關係上得聞顏李學說乃至得見顏李的書（我還打算做一篇顏習齋與戴東原子細討論這個問題）

東原既是密之慎修的鄉後學受他們影響成就他的考證學他却是『十七歲卽有志聞道』的人（與段茂堂書見年譜三葉）對於哲學上許多問題不甘以「不理」態度自滿足中年得顏李學派的幫助再應用向來的治學方法往前探討漸漸便鎔鑄出他的「東原哲學」來了

四　東原哲學內容一——客觀的理義與主觀的意見

以上說了一大堆話還沒有到題眞成了「博士買驢」了如今只好翦斷殘言敘述東原哲學的內容

宋儒自命其學曰「理學」他們所謂理『如有物焉得於天而具於心』（疏證卷上葉三）所以他們的「理」可以說是先天的超時間空間的他們以爲學問的最高目的全在體驗出這個「理」所以叫做「理學」東原以爲這樣講「理」只能謂之「意見」而不能謂之理他於是在疏證劈頭第一段先給「理」字下一個定義他

說。

『理者。察之而幾微必區以別之名也。是故謂之分理。在物之質。曰肌理。曰腠理。曰文理。得其分則有條不紊。謂之條理。』疏證卷上葉一

依這話「理」是要從客觀的事物看出來的。詩經說『天生烝民。有物有則。』「物」是事物。「則」便是理。以秉持爲經常曰則以各如其區分曰理「則」存於「物」中。舍事物而言理。便非聖賢所謂理了。卷上葉三大意所以宋儒說「理在人心」東原說「理在事情」葉五這話有什麼根據呢。他引孟子『理義之悅我心猶芻豢之悅我口』釋之曰『味也聲也色也在物。而接於我之血氣。理義在事。而接於我之心知。』葉六是「理」必爲客觀的存在甚明。理既憑藉客觀的事物而始存在。所以「事物之理必就事物剖析至微而後能得。」卷下葉二十東原所謂理大略如此。

物理之客觀的剖析。是容易知道的。事理要怎樣纔能剖析呢。東原以爲要從「情」和「欲」上頭求出來。他說『凡事爲皆有於欲。無欲則無爲矣。有欲而後有爲。有爲而歸於至當不可易之謂理。無欲無爲。又焉有理。』卷下葉十四理之來源在「爲」。「爲」之來源在「欲」。既已得一種假定了。怎樣纔能「爲而歸於至當不可易」呢。東原以爲關鍵在「情」。他說『理也者。情之不爽失者也。自然之分理。以我之情絜人之情而無不得其平是也。』卷上葉二這話怎麼解呢。東原之意以爲既同屬人類。則『一人之欲。天下人之同欲也。』葉二然則我欲這件事物。知道別人也欲。我不欲的。知道別人也不欲。所以論語說『己所不欲。勿施於人。』大學說『所惡於上。無以使下。所惡於下。無以事上……』『曰「所不欲」曰「所惡」不過人之常情。不言理而理盡於此。惟以情絜情故也。』葉五所以斷不能舍情求理。所以他又說『通天下之情。遂天下之欲。權之而分釐不爽。謂之理。』

（卷下葉十九）理既從同情同欲上看出來。所以可以得有客觀的萬人同認之標準。東原以爲必須適合此標準纔是理。而不然者則不謂之理而謂之「意見」。他說。

『孟子云「心之所同然者謂理也義也」。心之所同然者始謂之理謂之義。則未至於同然存乎其人之意見者非理也非義也凡一人以爲然天下萬世皆曰是不可易也此之謂同然。舉理以見心能區分舉義以見心能裁斷分之各有其不易之則名曰理。如斯而宜名曰義。是故明理者明其區分也。精義者精其裁斷也。不明往往界於疑似而生惑。不精往往雜於偏私而害道。求理義而智不足者也。故不可謂之理義。自非聖人。鮮能無蔽。有蔽之深有蔽之淺者。人莫患乎蔽而自智。任其意見執之爲理義。吾懼求理義者以意見當之。孰知民受其禍之所終極哉。』（卷上葉三）

「各有其不易之則名曰理」。是就客觀的事物本身言。「如斯而宜名曰義」。是就客觀的事物相互關係言。「心之所同然」。是客觀的標準。

「意見」從那裏來呢。東原以爲離卻客觀的事物條理與同情同欲的公認標準。而欲從主觀上別求一個先天的理。便是「意見」。他說。『宋儒言理無不在。視之如有物焉。將使學者皓首茫然。求其物不得。』（卷上頁十六）又說「既以爲理爲如有物焉。則不以爲一理而不可。而事必有理。隨事不同。故又言「心具衆理應萬事」。心具之而出之。非意見固無可以當此者。』（卷下頁二十）他的意思以爲他們既說有個理超出事情以外。這樣東西又沒有法拿出來給人看。只好是閉目冥想。況且依他們這種說法。那麼這個理自然該是一個渾一體。無如客觀的事物各自有各的理。渾一的話到底說不過去。於是又拿理和心結合起來。說心裏頭本來包藏着種種的理。你的心包藏你主觀的理。我的心包藏我主觀的理。這不是各人的意見是什麼呢『理與事分爲二而與意見合而爲一』卷上頁十你想這毛病多麼大呢。東原覺得這種學說害人太大。所以說道。

『程朱以理爲如有物焉得於天而具於心。啓後世人人凭在己之意見而執之曰理以禍斯民。更淆以無欲之說。於得理益遠。於執其意見益深。而禍斯民益烈。豈理禍斯民哉。不自知其爲意見也。離人情而求諸心之所具。安得不以心之意見當之。』答彭允初書

爲什麼這種講理法會禍民呢。他說。

『旣人人各自以心之意見當理。於是負其氣。挾其勢位。加以口給者理伸。力弱氣慴口不能道辭者理屈。嗚呼其孰謂以此制事以此治人之非理哉。即其人廉潔自持。心無私慝。而至於處斷一事。責詰一人。憑在己之意見。是其所是而非其所非。方自信嚴氣正性。嫉惡如讐。而不知事情之難得。是非之易失於偏。往往人受其禍。己且終身不寤。或事後乃明。而悔已無及。嗚呼其孰謂以此制事以此治人之非理哉。』疏證卷上葉四

又說。

『……及其責以理也。不難舉曠世之高節。著於義而罪之。尊者以理責卑。長者以理責幼。貴者以理責賤。雖失。謂之順。卑者幼者賤者以理爭之。雖得。謂之逆。於是下之人不能以天下之同情天下所同欲達之於上。上以理責其下。而在下之罪。人人不勝指數。人死於法。猶有憐之者。死於理。其誰憐之。』疏證卷上葉十二

又說。

『後儒不知情之至於纖微無憾謂之理，而其所謂理同於酷吏之所謂法。酷吏以法殺人，後儒以理殺人。浸浸乎舍法而論理，死矣，更無可救矣。……聖賢之理義，即事情之至是無憾。後儒乃別有一物焉，與生俱生而制夫事。……冥心求理。……天下自此多迂儒，及其責民也，民莫能辯，彼方自以爲理得，而天下受其害者衆也。』（文集卷九與某書）

哎，這幾段話讀起來多麼沈痛呵。天下幾多不平等不自由的事，受者不知感幾大的苦痛，而施者以爲當然。在家庭裏社會裏國家裏充滿了愁痛鬱抑憤恨乖離，不是釀起大亂，便是把全個社會憔悴銷沈下去完結。據東原看起來，一切罪惡根源都起於誤拿意見當做理，他所以不能不大聲疾呼以『正人心』者在此。

五　東原哲學內容二——情欲主義

依前段所說，可知義理和情欲不能分爲二事了。所以東原說『理者存乎欲者也』（疏證卷上頁十）然而宋儒不是這般說。他們以爲『不出於理則出於欲，不出於欲則出於理』，所以嚴辯理欲，說君子小人之分就在這一點。他們做學問的最終目的是要做到『人欲淨盡天理流行』。東原以爲這種話有極大的流弊，所以駁他。東原把「欲」和「私」分別講，依他的見解「欲」是中性的，說不上好壞。『欲之失爲私』（卷上頁十一）是因「欲」過了制限生出來的，纔可以說是壞。他從這裏指出儒教和佛老根本不同之處，說道：

『聖賢之道，無私而非無欲；老莊釋氏，無欲而非無私。彼以無欲成其自私者也。』（案謂自私其神識）此以無私通天下之欲者也。』（卷下頁十九）

爲什麼儒教不主張無欲呢.他說.

『孟子言「養心莫善於寡欲」明乎欲不可無也.寡之而已.人之生也.莫病於無以遂其生.欲遂其生.亦遂人之生.仁也.欲遂其生而於戕人之生而不顧者.不仁也.不仁實始於欲遂其生之心.使其無此欲.必無不仁矣.然使其無此欲.生道窮促.亦將漠然視之.己不必遂其生而遂人之生.無是情也.』卷上頁九

這段話含有很深刻的眞理.善惡本來不是絕對的.仁與不仁.像是兩極端.其實只是從一根線上發生出來.一個欲字.仁與不仁都要靠做根核.所以說是中性.然則我們到底要欲不要欲呢.便先要問你要生不要生.換句話說.問你要詛咒人生呀.抑或讚美人生.東原以爲老氏自外其形骸.貴其眞宰.所以要『使民無知無欲』.後之釋氏.其說似異而實同.卷上頁十八 吾儒不然.

『詩曰「民之質矣.日用飲食.」記曰「飲食男女.人之大欲存焉.」聖人治天下.體民之情.遂民之欲.而王道備.』頁十九

儒教以人生爲立腳點.所以一切理義都建設在體人情遂人欲上頭.佛老立腳點不同.他們主張無欲.可以自成片段.宋儒並不打算脫離人生.却雜取佛老的話.主張無欲.便鬧成四不像了.所以東原要駁他.

東原以爲『宋儒辯理欲之說.可以生出三種大毛病.頭一件令好人難做.有生命的人類.總是要生活的.生活自然離不了物質的條件.一切行爲.都起於欲望.有欲望纔有行爲.纔說得到行爲之合理不合理.無欲無爲.還有什麼理.聖人教人.只要人的欲望行爲皆在合理的範圍內活動.所以只講無私.不講無欲.至於「饑寒愁怨飲食男女常情隱曲之感」雖君子也如何免得掉.辨理欲的道學先生們專拿這些事來挑剔.這樣「責備賢

者」法．一定鬧到滿天下沒有一個穀人格的人了．第二件．養成苛刻殘忍的風俗．說無欲便是君子．那些君子自命的人．一點也不體貼人情．專憑自已的「意見」就說是「理」．種種橫謬舉動．自己覺得「不出於欲」便說是問心無愧．凡自己「意見」所認爲非的．便說這個人是「自絕於理」．這是多麼殘刻啊．第三件．迫着人作僞．古聖賢替社會國家做事．總是體貼人情．凡實生活上細微曲折的都打算周備．堯舜憂四海困窮．文王視民如傷．那一件不是替人民謀「人欲」．辯理欲的先生們．把理和欲認爲不相容的兩件事．自己修養．以「不出於欲」爲合理．治人當然也以「不出於欲」爲合理．舉凡人類物質生活極重要的事項．輕輕拿「人欲」兩字抹殺去．一切不在意．專講什麼「天理」「公義」．孟子說得好．「救死而恐不贍．奚暇治禮義．」除却以欺僞相應．更有何法．這不是率天下跑到作僞那條路嗎．』（譯疏證卷下頁二十四二十五大意）東原提倡情欲主義的理由．大略如此．簡單說一句．東原所以重視情欲．不過對於宋儒之「非生活主義」而建設「生活主義」罷了．

六　東原哲學內容二——性的一元與二元

宋儒所以把理欲看成兩橛．有他們哲學上的根據．他們以爲人類的「性」．由兩部分合成．一部分是義理之性．是善的．一部分是氣質之性．是惡的．他們做學問方法．是主張『變化氣質』『明善以復其初』．東原以爲他們的根本錯誤就在此點．所以很詳細的駁正他．

原來中國哲學的起原和歐洲有點不同．歐洲哲學．以求知爲出發點．中國哲學以利行爲出發點．歐人說『哲學起於驚異』．這話對於他們的老祖宗希臘人．怕是對的．希臘人生在風景極佳的海邊．養成愛美好奇的性質。一切學術思想都從「驚奇」之一念孕育出來。「宇宙萬有從那裏來呢。」「有他實在的本體沒有。」「若有是怎樣一件東西。」「主宰宇宙的神有沒有」……諸如此類是他們哲學上的問題。所以生出來的派別是「宇宙一元多元」「萬有唯物唯心」「有神無神一神多神」等等。這些事項。都是和現實的人生距離很遠。爲他們「驚奇的智識慾」所驅。一步一步向前追求。中國文化起自大平原。向極現實極平常的方面發展。一切思想都以現實的人生爲根核。所謂『本諸身徵諸庶民』者便是。所以他們那些問題。我們一概也沒有。我們哲學史上發生最早而爭辯最烈的就是「人性」問題。詳細點說。是「性善」「性惡」「性無善無惡」「性有善有惡」的問題。這個問題是一切教育一切政治之總出發點。因爲有性善性惡主張之歧異。教育方針當然各各不同。而一切社會組織政治設施之根本觀念。都隨而移動。這個問題和現實生活之直接關係如此其深切。所以無論何派哲學家都參加討論。東原便是最近一位有力的參加者。

性的問題。爲什麼會這樣的糾紛複雜呢。因爲人類生活包含精神物質兩方面。這兩方面常常發現出矛盾現象。在許多人類裏頭。好的人壞的人品類千差萬別。卽以一個人而論。好的事壞的事。或先後雜做。或同時並做。這種現象所以然之故。我們的哲學家都要在「性」上頭找一個交代。所以論性的話。在我們哲學書上占最主要的部分。孔子只是囫囫圇圇的說個「性相近」。後來儒家分出來兩大派。孟子斬釘截鐵的說「性善」。荀子斬釘截鐵的說「性惡」。他們都能舉出極强的理由。煞是好看。但和孟子同時的還有三說。第一說「性無善無不善」。這是主張性是「無記性」的。（用佛典術語）說不上善或惡。第二說「性可以爲善可以爲不善」。這是主張性有做善不善的可能性。既兩方都有可能性。那麼他本身當然是「無記」的了。所以這一說也可以說是由前一說引申出來。第三說「有性善有性不善。」這說便主張沒有萬人同一的性。換句話說。就是認性沒有普徧性。當時告子說的「性猶杞柳」便是采用第二說。又說「性猶湍水」便是采用第一說。（其實兩說本有連帶關係的剛纔已說過）到後來董仲舒「性禾善米」之喻是第二說的變相。揚雄的「性善惡混」是第一說的變相。韓愈的「性有三品」是第三說的變相。宋學未發生以前性論的形勢大略如此。

性是儒家哲學最重大的問題。因爲儒家講的是人生哲學。非解決這問題不可。別家却沒有看得那麼重了。所以如老子如墨子書中關於這問題的討論很少。自魏晉以至隋唐道家和佛教次第在思想界占勢力。他們的哲學。可以說是超人生的——非現實生活的。他們的主要問題。不在人性而在超人的「眞宰」「眞空。」（看疏證卷上頁十六十七）這個問題本來不應該和性的問題混在一塊講的。宋儒受佛老學說的影響很深。却又不肯把儒家面目抓破。勉强想要會通。所以越弄越糊塗。（看疏證卷上頁十九二十卷中頁四頁五頁十九）宋儒要把「眞宰」「眞空」放在人性裏頭。却是「食色性也」的性。事實上無論如何也不能否認他們。沒有法子。只好把性分爲兩橛。說是『有義理之性。有氣質之性。』這種主張我們給他起一個名字叫做「性的二元論」

性的二元論在哲學界當了專制帝王將近一千年。對於他舉叛旗的頭一位是顏習齋。第二位便是戴東原。東原說。

『宋儒以理爲如有物焉得於天而具於心。人之生也。由氣之凝結生聚。而理則湊泊附着之。（原注朱子云『人之所以生理與氣合而已天理固浩浩不窮然非是氣則有是理而無所湊泊故必二氣交感凝結生聚然後是理有所附着』）因以此爲完全自足。（原注程子云『聖賢論天德蓋自家元是天然完全自足之物』）……其所謂理別爲湊泊附着之一物。猶老莊釋氏所謂「眞宰」「眞空」之湊泊附着於形體也。理既完全自足。故不得不分理氣爲二本而咎形氣。蓋其說雜糅傅合而成，令學者眩惑……』（疏證卷上頁十七頁十九）『分理氣爲二本』，即我所謂性的二元論，便是這種二元論。據東原看來，是有歷史的。他說『老莊釋氏所謂性，所謂道，專主所謂神者爲言，目的要使神離形體而長存。（原注：老氏言長生久視，以死爲返其眞。所謂長生者，不形化而神長存也。釋氏言不生不滅，所謂不生者，不受形以生也；不滅者，即其神長存也。）所以歧而分之，內其神而外形體，以形體爲傳舍。他們的結論，歸到分血氣（物質的）心知（精神的）爲二本。荀子性惡之說，於一般人的心知外，別提出一個「禮義的聖心」，雖能合血氣心知爲一本，然而別有一個禮義之本，也是二本。到程朱，也是合血氣心知爲一本，却又別增一本。所別增的一本，荀子說是聖人特別給我們的，所以叫做「聖心」。程朱說是天特別給我們的，所以叫做「天理」。其實程朱之學，皆借階於老釋，僅僅以理字易其所謂「眞宰」「眞空」而餘無所易』（節譯疏證卷上頁二十及頁二十三二十四）。又說『老釋就一身分言之，有形體，有神識，而以神識爲本。推而上之，以神爲有天地之本，遂求諸無形無迹者以爲實有，而視有形有迹爲幻。故別形神爲二本。宋儒以形氣神識同爲己之私，而理得於天。推而上之，於理氣截之分明，以理當其無形無迹之實有，而視有形有跡爲粗，故別理氣爲二本』（卷中頁四）。東原大反對這種二元論，說道：

『天下惟一本，無所外。有血氣，則有心知；有心知，則學以進於神明，一本然也；有血氣心知，則發乎血氣心知之自然者，明之盡之，使無幾微之失，斯無往而非仁義，一本然也。苟歧而二之，未有不外其一者』（疏證卷上頁二十四）。

性善性惡，本來兩方面都持之有故，言之成理。贊成那方面，原可聽人自由。最不可解者，宋儒口口聲聲推尊孟子，但把他們的話綜合起來，倒反和荀子得同一的結論。東原是主張性善說的人，所以不得不和他們爭辯。禮記有『人生而靜，天之性也；感於物而動，性之欲也』幾句話，程子因說『人生而靜以上不容說，纔說性時便已不是性』朱子又引申之說道『人生而靜以上是人物未生時止可謂之理未可名爲性所謂在天曰命也纔說性時便是人生以後此理已墮在形氣中不全是性之本體矣所謂在人曰性也』(卷中頁十七引)這兩段話都是宋學先生們認爲最精深玄妙的我們讀起來當然會聯想到老子說的『有物混成先天地生』禪宗說的『看取父母未生前面目』那些話來你想這是離人生問題多麼遠啊和儒家哲學的根本精神豈有一毫相像東原駁他們道

『如其說是孟子乃是追遡人物未生未可名性之時而曰性善若就名性之時已是人生以後已墮在形氣中安得斷之曰善由是言之將天下古今惟上聖之性不失其性之本體自上聖而下語人之性皆失其性之本體是孟子言「人無有不善」者程子朱子乃言「人無有不惡」其視理儼如有物以善歸理雖顯遵孟子性善云云究之孟子就人言之者程朱乃離人而空論夫理……孟子不曰性無有不善而曰人無有不善性者飛潛動植之通名性善者論人之性也……舉凡品物之性皆就其氣類別之……舍氣類更無性之名醫家用藥在精辯其氣類之殊不別其性則能殺人使曰此氣類之殊者已不是性良醫信之乎試觀之桃與杏取其核而種之萌芽甲坼根幹枝葉爲華爲實形色臭味桃非杏也杏非桃也無一不可區別由性之不同是以然也其性存乎核中之白——卽俗呼桃仁杏仁者——形色臭味無一或闕也……何獨至於人而指夫分於陰陽五行以成性者曰「此已不是性也」豈然哉』(疏證卷中頁十七十八)

這段話的後半拿桃仁杏仁作比說明性是整個的單一的不是湊合的外加的最合眞理(杜里舒的生物哲學只是發明此理)宋儒乃於血氣心知以外別加上一件東西名之曰理而這個理又在『人生而靜以上』明明不是本來所有的

了。所以顏習齋說『徒令人歆其所本無而惛其所本有。』存性篇 東原說。『宋儒爲什麼另截出一理義之性而別歸之於天呢。他們的意思以爲若說理是由別處來。則理像是我所本無。說理是天給我的便可以算得是本有。但既是本有。何以又須加學問去窮他明他存他呢。豈不是矛盾嗎。所以又說是爲氣質所汚壞。以便言本有者轉而如本無。因此便把性的名移到理上頭。而氣化生人生物。適所以病性了。豈不可怪。』譯卷中葉十八十九大意 須知習齋東原這些話。不是和宋儒爭閒氣。因爲這是教育學上絕大問題。孔子說『人能弘道。非道弘人。』依宋儒的說法。便要靠外來的一個道來弘人。相去多麼遠呢。

七　東原哲學內容四——命定與自由意志

命定與自由意志是哲學上很重要的問題。這兩件事像是絕對不相容。東原是兩說都主張而令他不矛盾。他釋命字之定義道『如聽於所制者然之謂命。』原善上文集卷八葉四 又說『據其限於所分而言謂之命。』疏證卷下葉一 他還有較詳細的解釋道。

『凡「命」之爲言。如命之東則不得而西。皆有數以限之。非受命者所得踰。……譬於大樹。有華實葉之不同。而華實葉皆分於樹。形之鉅細。色臭之濃淡。味之厚薄。又華與華不同。實與實不同。葉與葉不同。一言乎分則各限於其所分。取水於川。盈罍盈缾盈缶。凝而成冰。其大如罍如缾如缶。或不盈而各如其淺深。水雖取諸一川。隨時與地。味殊而淸濁亦異。由分於川。則各限於所分。……』答彭允初書文集卷八葉四

他說命定的意義大略如此。東原的文章沒有一個字不經過斟酌。他說『如聽於所制者然。』顯得並不是有

什麼造化主在那裏宰制，却是像似有的樣子。他所講命定，全是「分限」的意思。分限從那裏來呢？一曰遺傳的分限，如樹的華實葉之喻便是。二曰環境的分限，如水隨時隨地而異味殊淸濁之喻便是。三曰受動的——卽別方面的動作加於我的——分限，如水被汲於罍缾缶之喻便是。這三種分限，我們都是不能不承認的。雖不是有什麼造化主在暗中扯線叫我們如此如此，但我們在這幾個分限的圈子內，沒有法子跳出。比方任憑你怎樣的講求養生，你斷不能活到一百五十歲。這種法則叫做命定。

既有這種命定，然則我們種種活動不是白饒嗎？又不然。孟子說『口之於味也，目之於色也，耳之於聲也，鼻之於臭也，四肢之於安佚也，性也，有命焉；君子不謂性也。仁之於父子也，義之於君臣也，禮之於賓主也，智之於賢者也，命也，有性焉，君子不謂命也。』這段話向來最稱難解。宋儒因說『氣質之性君子有弗性者焉』，借來替他們的性的二元論做武器。東原解得最好。他說

『……「謂」猶云藉口耳。君子不藉口於性以逞其欲，不藉口於命之限之而不盡其材。「不謂性」非不謂之為性，「不謂命」非不謂之為命。』（疏證卷中葉二十二）

他的意思以為耳目聲色之欲，越享用豐富越好，固然是人性所同然，但有環境地位種種限制，不能藉口於性，說是我該享用的，便求分限外的享用。仁義禮智種種美德，有人得天獨厚，做得很圓滿；別的人為才質所限，比不上他。例如顏淵聞一知十，子貢聞一知二，我們或者聞十不能知五，豈不是智的分限嗎？所以說是「命也」。但我們畢竟有能知之性，所以說「有性焉」。不能因為分限不如人，就不復求知，所以說「不謂命」——不藉口於分限。雖有性而不藉口於性以抹煞命，是承認命定說叫人安心在遺傳環境之下做分內事；雖有命而

不藉口於命以抹煞性是承認自由意志說叫人常常向上一步實踐道德責任這便是東原的意思。

八　東原哲學內容五——宇宙觀(暫闕)

這一節我是爲時候不彀趕不及做容將來再補成學者若想自己研究可看文集卷八頁一至三的法象論頁四至五的原善上疏證卷中頁一至四的天道條。

九　東原哲學內容六——修養實踐談

前文說過中國哲學以利行爲出發點東原當然也是如此他極力闡發孟子性善之旨積極的修養方法不外『擴而充之』那句話他著書中關於這一點也有許多精語但都是引申孟子的話今不多述了現在有一個緊要問題依他說人性皆善性善的人爲什麼會爲惡宋儒歸咎氣質他既不以爲然那麼其咎究竟在何處既已會爲惡怎樣的對治那惡宋儒講的主靜立極格物窮理種種方法他既不以爲然那麼該用什麼方法如今請看東原解答這個問題他說

『人之不盡其才患二曰私曰蔽。

私也者其生於心爲溺發於政爲黨成於行爲慝見於事爲悖爲欺其究爲私己。

蔽也者其生於心爲惑發於政爲偏成於行爲謬見於事爲鑿爲愚其究爲蔽己。

鑿者其失爲誣愚者其失爲固誣而罔省施之事亦爲固孛者在事爲寇虐在心爲不畏天明欺者在事爲詭

隨在心爲無良。

去私莫如强恕。解蔽莫如學。』文集卷八葉七原善下

這一段是東原全部著述中極緊要的話雖然文字太過簡絜古奧。讀下去還可以了解。我也不多加注釋了。現在要詳述他「去私」「解蔽」兩義。

「私」的來源在那裏呢。他說『私生於欲之失』疏證卷上葉十一 又說。『得乎生生者仁。及於是而害仁之謂私。』原善下 人類之有欲望。是東原所承認的而且尊重的因爲「仁」的動機全從這裏來。雖然用之不得其當。卻會生出不仁的結果因爲愛自己纔有欲。愛便是仁的根核。但愛自己很容易弄到損人利己。所以也會趨到不仁。看疏證卷上葉十 怎麼纔能除却那「欲之失」以去私呢。他說『人之知小之能盡美醜之極致。大之能盡是非之極致。然後遂己之欲者廣之能遂人之欲。達己之情者廣之能發人之情。』疏證卷下葉三 樂記說。『感於物而動。性之欲也。不能返躬。天理滅矣。』東原解釋道。『及其感而動則欲出於性。一人之欲。天下人之同欲也。故曰「性之欲」。遂己之好惡。忘人之好惡。往往賊人以逞欲。返躬者以人之逞其欲思身受之之情也。』同上葉二 如是則『以我之情絜人之情。而無不得其平。』同上 這就叫做「强恕」。能恕私自然會去。結果則『不私。卽其欲皆仁也。』卷下葉三

以上講去私的話比較上也不過平平。其實東原所最注重者還在去蔽。他說『求去私不求去蔽。重行不先重知。非聖學也。』卷下葉二十三 前文所引『人之知能極是非之致……』也可見連强恕都是由知而來。所以去蔽是東原的修養第一義。

「蔽」的來源在那裏呢。他說。『蔽生於知之失。』卷上葉十一 又說。『得乎條理者智。隔於是而病智之謂蔽。』原善

下又說『朱子屢言「人欲所蔽」以爲無欲則無蔽非中庸雖愚必明之道也有生而愚者雖無欲亦愚也欲之失爲私不爲蔽自以爲得理而所執之實謬乃蔽』卷上葉十一又說『宋儒曰「人欲所蔽」故不出於欲則自行無蔽古今不乏嚴氣正性疾惡如讐之人是其所是而非其所非執顯然共見之重輕實不知有時權之而重者於是乎輕輕者於是乎重其是非輕重一誤天下受其禍而不可救』卷上葉十九合這幾段話看來東原所謂蔽者莫過於不顧客觀的事情而專憑主觀的意見他常說『不以人蔽己不以己自蔽』文集卷九答鄭用牧書其實人苟眞能不以己自蔽那裏會被人所蔽呢所以蔽皆起於主觀

他說『解蔽莫如學』怎樣學法呢他說『最要體會孟子「條理」二字得其條理由合而分由分而合則無不可爲』年譜葉四十五拿現在話講卽專從客觀的虛心研究事物條理綜合一番又分析一番分析一番又綜合一番便是不獨如此他還說『明理者明其區分也精義者精其裁斷也』疏證卷上葉三綜合分析都是明其區分的工夫是偏重客觀方面還要精其裁斷便是看主觀的判斷力如何不過這種裁斷與區分工夫並行自然和純粹主觀的意見有別了

學爲什麼能去蔽呢東原以爲學的功用在訓練自己心知的官能他說『聞見不可不廣而務在能明於心一事豁然使無餘蘊更一事而亦如是久之心知之明進於聖智雖未學之事豈足以窮其智哉』疏證卷下葉二十一每研究一件事理務要正面反面平面側面都觀察到求其徹底了解這種工作並不專爲這一件事是要借來磨練我智慧磨練多次自然會成一個有智慧的人所以他又說『知得十件而都不到地不如知得一件却到地也』年譜葉四十五他於是極言學問功用之大說道

『人之血氣心知性也。血氣資飲食以養其化也。卽爲我之血氣。非復所飲食之物矣。心知之資於問學。其自得之也亦然。以血氣言。昔者弱而今者强。是血氣之得其養也。以心知言。昔者狹小而今也廣大。昔者闇昧而今也明察。是心知之得其養也。故曰「雖愚必明」。人之血氣心知。往往不齊。得養不得養。遂至於大異。苟知問學猶飲食。則貴其化。不貴其不化。記問之學。入而不化者也。自得之。則居之安。資之深。取之左右逢其源。我之心知極而至乎聖人之神明矣。』疏證卷上頁九

他所謂解蔽莫如學的大旨。大略如是。這些話驟看過去像是專從智識方面講。無與於德性。其實不然。東原意思以爲天下罪惡起於蔽者什而八九。不蔽則幾於至善了。原善下末段大意 從這一點說。也可以說東原哲學是「新知行合一主義」。東原說。

『儒者之學。將以解蔽而已矣。解蔽斯能盡我生。盡我生斯欲盡乎義命之不可以已。欲盡乎義命之不可以已而不吾慊志也。吾之行己。要爲引而極之當世。與千古而無所增。窮居一室而無所損。』文集十一沈處士戴笠圖序

讀這幾句話。不獨可以見出東原精粹的學術。並可以見出他偉大的人格了。

十　東原哲學的反響（暫闕）

我要向讀者告罪。因爲我這篇文章還沒有做成。我對於這回東原生日紀念。本打算做五篇論文。一是東原先生傳。二是東原著述考。三是東原哲學。四是東原治學方法。五是顏習齋與戴東原。因爲校課太忙。始終沒有空執筆。其初本是在舊曆十二月二十四日舉行的。後來議定換算陽曆。忽然提早十天。我越發趕不過來。

現在已成三篇．都是儘十天工夫趕的．這一篇東原哲學．我是接連三十四點鐘不睡覺趕成．下賸兩節．實在沒有法兒趕了．像這樣草草屬稿．如何能有稱心文字．我覺得對不起東原．又對不起讀者．容改日補過罷．我睡覺去了．　十三年．一月．十九日．午前三時．啓超

戴東原著述纂校書目考

焦里堂曰「東原生平所著書．惟孟子字義疏證三卷原善三卷最爲精善．其他說經之書．皆未卒業．蓋非精神所專注也」（雕菰樓集申戴篇）吾謂東原卽此二書．自足千古．餘皆筌蹄耳．不著不足爲輕重．百五十年來學者罕知東原．其誦美之者亦不過欲使之與當時所謂漢學家爭一日之短長．務侈陳其著述之富．而尸祝之．甚者爲之張目攘臂以與趙東潛爭水經注．夫東潛無水經注．則不復能爲東潛．東原則雖水經注無一字自己出．豈有損於東原毫末者哉．其他著述準此可知也．東原所矢宏願．在七經小記之六種．原善卽其一．餘五種未就．集中諸文多其長篇．夭於中壽．不竟所業．差可惜耳．其少作則考工記圖句股割圜記．皆稱絕業．詩補傳尙書義考等雖未成．然經始義例．後此作者津逮也．汾州府志直隸河渠書等．皆因前舊有所是正．固非專著．汾志凡例．則斯學楷式矣．五禮通考之觀象授時一編．殆經其發凡．鑑定四庫提要．閒出先生手者不少．但除手校各書外（目詳下）其他篇亦未由確指也．先生歿後．遺著多存曲阜孔繼涵家．繼涵先生摯友．其子廣根．先生女夫．從子廣森．先生高第弟子也．孔氏擬盡刻先生書而未能．已刻者名曰戴氏遺書．凡十五種．

毛鄭詩考正五卷
杲溪詩經補注二卷(未成)
考工記圖三卷
孟子字義疏證三卷
聲韻考四卷
聲類表十卷
原善三卷
原象一卷
續天文略二卷
水地記一卷
方言疏證十三卷
水經注三十五卷
策算一卷
句股割圜記三卷
文集十卷
原刻於毛鄭詩考正題爲遺書之一。詩經補注爲遺書之二。原善疏證同爲遺書之九。聲韻考聲類表同爲遺書之十四原象爲遺書之十五文集爲遺書之二十三段譜云『未識次第之意後人勿疑已刻有二十三種也』

此外則

屈原賦注七卷（廣州廣雅書局刻本）

緒言三卷（南海伍氏學雅堂刻本）

尙書義考二卷（貴池劉氏聚學軒刻本）

經考五卷（南陵徐氏許齋刻本）

重編文集十二卷（金壇段氏經韻樓刻本）

先生著述現存者盡此矣其所校算書收入孔氏微波榭算經十書中自餘所校經典有聚珍版汾州府志汾陽縣志當地皆有刻本

本篇依段著年譜以著作先後爲次無論已成未成已刻未刻或存或佚爲著爲校獨著共著皆列入仿朱氏經義考例全錄原序有應考證論列者則綴以案語

癸亥十二月十一日啓超記

策算一卷（乾隆九年先生二十二歲著孔氏微波榭算經十書本有自序）

書成於乾隆甲子長至日先生著述此爲最先初名籌算後增改更今名（據段譜）其書首策式次乘次除次命分次開方孔繼涵刻古算經以附九章算術之末段玉裁曰『凡學九章者必發軔於此』

自序云『漢書律曆志「算法用竹徑一分長六寸二百七十一枚而成六觚爲一握」古算之大略可考如

是其一枚謂之一算亦謂之籌梅福傳福上書曰「臣聞齊桓之時有以九九見者」所謂「九九」蓋始一至九因而九之終於八十一周髀算經商高曰「數之法出於圓圓出於方方出於矩矩出於九九八十一」是也以九九書於策則盡乘除之用是爲策算策取可書不曰籌而曰策以別於古籌算不使名稱相亂也策列九位位有上下凡策或木或竹皆兩面一與九二與八三與七四與六共策五之一面空之爲空策合五策而九九備如是者十各得十策別用策一列始一至九各自乘得方冪之數爲開平方策算法雖多乘除盡之矣開方亦除也平方用廣立方用罕故策算專爲乘除開平方舉其例略取經史中資於算者次成一卷俾治九章算術者首從事焉乾隆甲子長至日東原氏戴震敍』

六書論三卷（乾隆十年先生二十三歲著已佚有自序）

段譜云『今其稿未見故不著錄』然則此書自茂堂時已佚矣集中存一敍可見其崖略六書之最難解而滋聚訟者莫如轉注先生釋轉注爲互訓實千古創見大約本書所注重者專在此點其說詳答江愼修先生論小學書（見文集）

『自序云自昔儒者其結髮從事必先小學小學者六書之文是也周官保氏掌之以教國子司徒掌之以教萬民而大行人所稱諭書名聽聲音又屬瞽史分職專司故其時儒者治經有法不歧以異端後世道闕小學不修古文絕於嬴氏佐隸起於獄吏漢興蓋百年始徵小學之士令說文字未央廷中光武時馬援上疏論文字之譌謬及賈侍中修理舊文而許叔重從受古學撰說文解字則在安和已後今考經史所載漢時之言六書也說歧而三一見周禮注引鄭司農解一見班孟堅藝文志其一則叔重說文解字序頗能詳言之班鄭二

家。雖可以廣異聞而綱領之正。宜從許氏。厥後世遠學乖。罕覩古人制作本始。謂諧聲最爲淺末者。後唐徐鍇之疎也。以指事爲加物於象形之文者。宋張有之謬也。謂形不可象則指其事。事不可指則會其意。意不可會則諧其聲者。諸家之紛棼也。謂轉聲爲轉注者。起於最後。於古無稽。特蕭楚諸人之臆見也。蓋轉注之爲互訓。失其傳且二千年矣。六書也者。文字之綱領。而治經之津涉也。載籍極博。統之不外文字。文字雖廣。統之不越六書綱領既違。譌謬日滋。故考自漢以來迄於近代。各存其說。駁別得失。爲六書論三卷。凡所不載。智者依類推之。以拾遺補藝。將有取乎此也。時乾隆乙丑孟冬戴震撰。』

考工記圖二卷（乾隆十一年先生二十四歲著。乾隆二十年先生三十三歲爲補注。二十年河間紀氏刻本。遺書本有自作後序。有紀昀序。）

此書成於乾隆十一年丙寅。後序所謂柔兆攝提格也。越八年。紀文達昀謀刻之。先生乃傅以注。故段譜題曰考工記圖注。紀序云『戴君東原始爲考工記作圖也。圖後附以己說而無注。乾隆乙亥夏。余初識戴君。奇其書。欲付之梓。遲之半載。戴君乃爲余刪取先後鄭注。而自定其說以爲補注。又越半載書成。仍名曰考工記圖。從其始也。』然則此書初本有圖有說而無注。今本乃徇紀文達之請續增者也。

後序云『考工諸器高庳廣狹有度。今爲圖斂於數寸紙幅中。或舒或促。必如其高庳廣狹。然後古人制作昭然可見。不則如磬氏之磬。何以定其倨句。㮚氏之量。何以測其方圜徑冪。韗人之臯陶。何以辯其晉鼓鼖鼓。又如鳧氏之鐘。後鄭云「鼓六鉦六舞四其長十六」又云「今時鐘或無鉦閒」既爲圖觀之。直知其說誤也。句股法自銑至鉦。八而去二。則自鉦至舞亦八而去二。銑爲鐘口。舞爲鐘頂。記曰銑曰鉦者。徑也。曰銑閒曰鉦閒曰鼓閒者。崇也。曰修曰廣者羨也。羨之度舉舞。則鉦與銑可知。而鉦閒因銑鉦舞之徑以得其崇。然則記所不言者皆可互見。若據鄭說有難爲圖者矣。其他戈戟之制後人失其形似。式崇式深。後人疏於考論。鄭氏注固不爽也車輿宮室今古殊異鐘縣劍削之屬古器猶有存者執吾圖以考之羣經暨古人遺器其有合焉爾」

轉語二十章（乾隆十五年先生二十五歲著。已佚有自序）

自序云『人之語言萬變而聲氣之微。有自然之節限。是故六書依聲託事。假借相禪。其用至博。操之至約也。學士茫然。莫究所以。今別爲二十章。各從乎聲。以原其義。夫聲自微而之顯。言者未終。聞者已解。辯於口不繁。則耳始不惑。人口始喉。下底脣末。按位以譜之。其爲聲之大限五。小限各四。於是互相參伍。而聲之用蓋備矣。參伍之法。台余予陽。自稱之詞。在次三章。吾卬言我。亦自稱之詞。在次十有五章。截四章爲一類。類有四位。三與十有五。數其位皆至三而得之。位同也。凡同位爲正轉。位不同爲變轉。爾汝而戎若。謂人之詞。而如若然。義又交通。並在次十有一章。周語「若能有濟也」注云「若乃也檀弓「而曰然」「注云」「而乃也」魯論。「吾末如之何」卽奈之何。鄭康成讀如爲那「乃個切」曰乃曰奈曰那在次七章。七與十有一。數其位亦至三而得之。若此類遽數之不能終。其物是以爲書明之。凡同位則同聲。同聲則可以通乎其義。位同則聲變而同。聲變而同。則其義亦可以比之而通。更就方音言。吾郡歙邑讀若攝。（失葉切）唐張參五經文字。顏師古注漢書地理志已然。歙之正音讀如翕。翕與歙聲之位同者也。用是聽五方之音。及少兒學語未清者。其展轉譌溷。必各如其位。斯足證聲之節限。位次自然而成。不假人意厝設也。古今言音聲之書。紛然淆雜。大致去其穿鑿自然符合者近是。昔人既作爾雅、方言、釋名，余以謂猶闕一卷書，刱爲是篇，用補其闕，俾疑於義者以聲求之，疑於聲者以義正之，說經之士，搜小學之奇觚，訪六書之逸簡，遡厥本始，其亦有樂乎此也。時乾隆丁卯仲春戴震撰。』

啓超案：此書孔序云未見，段譜云未成，釋序文蓋已成而佚耳。清初學者頗注意從發音上是正文字，吳修齡、劉獻廷皆有所撰述，惜其書並佚。皖人方以智作通雅，黃生作字詁，皆注意及此。先生之轉語二十章，或頗受方、黃影響。其書若存，亦今日議造新字母者之資也。

爾雅文字考十卷（乾隆十四年先生二十七歲著，未刊，有自序。）

自序云：『古訓故之書，其傳者莫先於爾雅，六藝之賴是以明也。所以通古今之異言，然後能諷誦乎章句，以求適於至道。劉歆、班固論尚書古文經曰：「古文讀應爾雅，解古今語而可知。」蓋士生三古後，時之相去千百年之久，視夫地之相隔千百里之遠無以異。昔之婦孺聞而輒曉者，更經學大師轉相講授，而仍留疑義，則時爲之也。余竊謂儒者治經，宜自爾雅始。取而讀之，殫心於茲十年。是書舊注之散見者六家，犍爲文學、劉歆、樊光、李巡、鄭康成、孫炎，皆闕逸難以輯綴，而世所傳郭注，復刪節不全，邢氏疏尤多疎漏。夫援爾雅以釋詩書，據詩書以證爾雅，由是旁及先秦以上，凡古籍之存者，綜核條貫，而又本之六書、音聲，確然於故訓之原，庶幾可興於是學，余未之能也。偶有所記，懼過而旋忘，錄之成帙，爲題曰若干卷爾雅文字考，亦聊以自課而已。若考訂得失，折衷前古，於爾雅萬七百九十一言，合之羣經傳記，靡所扞格，姑俟諸異日。』

段譜云：是書未知何年所成，據於茲十年之語，則自十七歲有志聞道，潛心訓詁，始成書，蓋在戊辰、己巳、庚午

間也曰姑俟諸異日則意有未滿之辭然先生之於小學始基之矣書稿藏曲阜孔戶部家蘇州吳方伯鑫濤
傚者先生壬午同年也戶部既歿方伯之子慈鶴就其家取諸戶部長子博士廣根云將付梨棗今書稿尚在
吳處未刊』

屈原賦注七卷通釋二卷音義三卷（乾隆十七年先生三十歲著二十五年歙縣汪氏刻本廣州廣雅書局重
刻本有自序有盧文弨序有汪梧鳳跋）

屈原賦目錄序云『漢藝文志屈原賦二十五篇自離騷迄漁父屈原所著書是也漢初傳其書不名楚辭故
志列之賦首又稱其作賦以風有惻隱古詩之義至如宋玉以下則不免爲詞人之賦非詩人之賦矣今讀屈
子書久乃得其梗概私以謂其心至純其學至純其立言指要歸於至純二十五篇之書蓋經之亞說楚辭者
既碎義逃難未能考識精覈且彌失其所以著書之恉今取屈子書注之觸事廣類俾與遺經雅記合致同趣
然後瞻涉之士諷誦乎章句可明其學覩其心不受後人皮傅用相眩疑書既槀就名曰屈原賦從漢志也』
啓超案段譜引汪跋有「自乾隆壬申秋得戴氏注讀之」語知書成於壬申前壬申先生年三十耳又云『戴
氏遺書皆孔戶部刊板雖已刻者皆重刊獨此書但有歙汪氏刊板而已』汪刻今極難得光緒末複刻於吾
鄉廣雅書局可喜也盧抱經序云『戴君……以餘力爲屈原賦二十五篇作注微言奧旨具見疏抉其本顯
者不復贅焉恉博而辭約義叛而理確其釋三后純粹謂指楚之先君夏康娛以自縱謂康娛連文篇中凡三
見不應以爲夏太康……九歌東皇等篇皆就當時祀典賦之非祠神所歌九章無次第不盡作於頃襄王時
懷沙一篇則以史記之文相參定……』（抱經堂文集六）孔巽軒戴氏遺書總序云『……研音之下雅

愛三閭以爲娀臺訪女近窈窕之遺聲湘水搴芳續榛苓之逸響叔師注而未詳辯招附而不可核之漢志名從主人爲屈原賦注四卷』（巽軒所著書五十九）據此知先生此注創解甚多且於篇次亦重加釐定也

詩補傳無卷數（乾隆十八年先生三十二歲著未成有自序遺書中杲谿詩經補注似即此書）自序云『詩三百一言以蔽之曰思無邪夫子之言詩也而風有貞淫說者因以無邪爲讀詩之事謂詩不皆無邪也非夫子之詩言也先儒爲詩者莫明於漢之毛鄭宋之朱子然一詩而以爲君臣朋友之辭者又或以爲夫婦男女之辭以爲刺譏之辭者又或以爲稱美之辭以爲他人代爲辭者又或以爲己自爲辭其主漢者必攻宋主宋者必攻漢此說之難一也余私謂詩之辭不可知矣得其志則可以通乎其辭作詩者之志愈不可知矣斷之以思無邪之一言則可以通乎其志風雖有貞淫詩所以表貞止淫則上之教化時或寖微而作詩者猶覬挽救於萬一故詩足貴也三百之皆無邪至顯白也況夫有本非男女之詩而說者亦以淫泆之情概之於是目其詩則褻狎戲謔之蔵言而聖人顧錄之淫泆者甘作詩以自播聖人又播其蔵言於萬世謂是可以考見其國之無政可以俾後之人知所懲可以與南豳雅頌之章並列之爲經余疑其不然也宋後儒者求之不可通至指爲漢人竄入淫詩以足三百之數欲舉而去之其亦妄矣今就全詩考其字義名物於各章之下不以作詩之意衍其說蓋字義名物前人或失之者可以詳覈而知古籍具在有明證也作詩之意前人既失其傳者非論其世知其人固難以臆見定也姑以夫子之斷夫三百者各推而論之用附於篇題後司馬氏有曰「國風好色而不淫小雅怨誹而不亂」又曰「詩三百篇大抵賢聖發憤之所爲作也」漢初師傳未絕此必七十子所聞之大義也余亦曰三百篇皆忠臣孝子賢婦良友之言也其間有立言最難用心獨苦

者則大忠而託諸詭言遜辭，亦聖人之所取也。必無取乎小人而邪僻者之藏言以與賢聖相雜廁焉。時乾隆癸酉仲夏戴震撰。』

啓超案：孔序云：『別爲詩補傳未成，成周南召南二卷。』是以遺書中之杲谿詩經補注，卽詩補傳也。段譜亦云：『補傳改稱補注。』此書蓋先生累年草創而迄未成者也。其論無邪之旨，是否切當且勿論，至其專就全詩考其字義名物於各章之下，而不以作詩之意衍其說，則洵治詩良法也。

句股割圜記三卷（乾隆二十年先生三十三歲著。二十三年歙縣吳氏刻本。微波榭算經十書本有吳思孝序。卷末自識云「總三篇，爲圖五十有五，爲術四十有九，記二千四百一十七字，因周髀首章之言，衍而極之，以備步算之大全，補六藝之逸簡，治經之士於博見洽聞，或有涉乎此也。』

吳序云：『……戴君以所爲句股割圜記示余，讀其文殆非秦漢已後書，其於古今步算之大全，約以二千言而盡，可謂奇矣。……記中立法稱名，一用古義，蓋若劉原甫之禮補亡，欲踵古人傳記之後，不得不爾也。余獨慮習今者未能驟通古，乃附注今之平三角弧三角法於下……』

啓超案：書中有題『吳曰』，卽吳思孝（字行先）以今術附注也。惟據段譜云：『注亦先生所自爲，假名吳君，如左太冲三都賦注假名張載劉逵也。』張臬文謂『此書務爲簡奧，變易舊名，恆不易了。』似頗中其病。

金山志無卷數（乾隆二十二年先生三十五歲著。已佚。）

段譜謂先生客揚州盧轉運（見曾）所，曾作此書。繫諸本年。

原善三卷（乾隆十八九年至二十八九年先生三十一二歲至四十一二歲著。段輯文集本。遺書本。有自序。）

自序云。『余始爲原善之書三章。懼學者蔽以異趣也。復援據經言疏通證明之。而以三章者分爲建首。次成上中下三卷。比類合義。燦然端委畢著矣。天人之道。經之大訓萃焉。以今之去古聖哲既遠。治經之士莫能綜貫。習所見聞。積非成是。余言恐未足振茲墜緒也。藏之家塾。以待能者發之。』

啓超案。此書失著作年月。據段譜推定爲先生三十至四十約十年內所作也。文集（經韻樓本）與遺書兩收之。而其文不同。文集本卽序所謂始爲三章也。別有讀易繫辭論性讀孟子論性兩篇。不入正文。遺書本則修改之本。序所謂成上中下三卷者也。每卷各冠以文集本之三章。而雜引羣經之文爲左證。上卷十一章。中卷五章。下卷十六章。其每卷之首章雖卽文集本。而語加詳。其以下各章所引經證。亦不限於繫辭孟子。合兩本讀之。可以見先生著述之謹愼與進德之綿密也。

原象一卷迎日推策記一卷（先生四十歲以前著。遺書本）

段譜云。此二書遺書合爲一册。原象凡八篇。一篇二篇三篇四篇。卽先生之釋天也。初名釋天。以堯典璇璣玉衡中星周禮土圭洪範五紀四者命題。而天行之大致畢舉。璇璣玉衡。漢後失傳。先生乃詳其儀制於四篇之末。五篇六篇七篇卽句股割圜記之上中下三篇也。其八篇則爲矩以準望之詳也。迎日推策記亦舊時所爲。玉裁與釋天皆於癸未抄寫。則成書皆在壬午前可知（案壬午爲乾隆二十七年）。至晚年合九篇爲原象。以爲七經小記之一。天體算法全具於此。

聲韻考四卷（乾隆三十一年先生四十四歲著。段氏蜀中刻本。李氏廣州刻本。孔氏曲阜刻本。遺書本）。

卷一上半論反切之始。韻書之始。四聲之始。卷一下半及卷二論隋陸法言切韻宋祥符廣韻宋景德韻略宋

景祐禮部韻略宋寶元集韻卷三論古音卷四則附以雜論音韻之文六篇段譜云『李孔二刻與段刻詳略不同』今遺書本殆卽孔刻重印也

緒言三卷（乾隆三十一年先生四十四歲著南海伍氏學雅堂叢書本）

啓超案此書不見於遺書錢竹汀（大昕）王述菴（昶）洪蕊登（榜）孔巽軒（廣森）所述先生著書皆不著錄獨學雅堂採刊之伍崇曜跋云『曲阜孔氏所刊戴氏遺書及阮文達江鄭堂紀先生著撰均未及是書此册與原善單行不知何人所刻』今據段茂堂經韻樓集知此書卽孟子字義疏證之初稿也段集有答程易田丈書內述程書云『孟子字義疏證孔葓谷所刻者尚非定本其定本改名緒言抄本現在』又第二書云『緒言丙申影抄時戴本首頁有「壬辰菊月寫本」六字自壬辰至丙申未嘗改竄』段氏復書反覆證明疏證之爲定本文多不具引（看經韻樓集卷七五二至五五頁）今以兩書對勘相同者十而六七而疏證組織更爲精密則此書爲彼書稿本無疑然彼書所芟汰之部分其粹語仍不少學雅刻此以存其朔不可謂非戴學之功臣也（後有好事者重刻疏證而以所删之緒言附各條之末亦一佳事也）諸家著錄者皆以此書爲疏證前身故不復列但內容既有出入前功不容湮沒仍以兩存之爲是又案段譜以疏證爲先生四十四歲時所著因其年先生嘗語茂堂謂『近日做得講理學一書』也既疏證爲改定後命名則此年所著者正是緒言耳

直隸河渠書一百十一卷（乾隆三十三年先生四十八歲著無刻本）

段譜於乾隆三十三年條下云是年應直隸督方恪敏公（啓超案恪敏名觀承）之聘修直隸河渠書一百

十一卷。未成。會恪敏薨。接任者前大學士楊公（廷璋）不能禮敬先生。辭之入都。己丑春。謂玉裁曰。吾固樂此不疲。惜未能竟。聞後蒞事者請余君仲林（蕭客）爲之。恐其才不足予書經水支水先後延接。皆按地望地脈次第。不可稍移。恐仲林不能耳。先生歿後。此書淸稿一藏曲阜孔戶部府中。一在直隸總督吳江周公（元理）家。嘉慶己巳。有吳江王履泰者。捐納通判也。其父乃周公之甥壻。履泰因此得先生之書。掩爲己有。刪削幾半。益以乾隆己丑以後事實。易名畿輔安瀾志。繕寫進呈。上謂此有用之書也。命武英殿刊板。恩賞履泰同知。發永定河試用。先生嗣子中孚聞之。之曲阜。取原稿百十一卷入都。意欲辨正。而無肯言於上者。中孚抑鬱攜歸。以存玉裁所。屬玉裁校刊。玉裁謂我力能校而不能刊也。其書首衞河七卷。（今履泰改永定河第一。失先生自南而北次第之意。）次漳水十一卷。次滏水三卷。次大陸澤五卷。次寧晉泊一卷。次虖沱河八卷。次東西淀。合唐河沙河滋河府河易水淶水淸河共三十一卷。次白河。合潮河榆河大通河共十九卷。次薊運河合下淀河共九卷。次陡河一卷。次灤河合熱河一卷。惟灤河熱河僅有綱領。而條目未詳。其他皆考之古而無不貫。通核之近今而無不確實。尙書禹貢周禮職方春秋經傳之地名。班之地理志。酈之水經注。以及歷代史事。百家著述。國朝典故。辨別是非。元元本本。非恪敏不能聚儲其書籍。非先生不能綜貫其條理。惜恪敏云殂。一簣未竣。今上一見。卽謂有用之書。刊板頒行。聖明鑒賞。如日月之照臨。地下有知。定應涕泗感激。至於小夫攘竊。正天之欲顯此有用之書。爲國家水利農田利澤無疆之助。而假手斯人。在先生及恪敏。應不以爲憾也。特彼以不學妄爲刪改。深可張目。有力者應奏請重刊。

啓超案。此書爲先生一大著述。被駔儈冒竊塗改。深可痛惜。段茂堂有與方葆巖兩書。（啓超案。葆巖名維甸。

觀承子也）其一敍本書編纂及被竊始末請爲申理其二則商量付刻不知究竟刻否其原本初在曲阜孔氏次歸先生之子中立次歸方氏（方氏所得不知爲原本抑錄副）若未刻則恐已不復在人間矣

啓超又案方恪敏修此書先聘趙東潛（一淸）後聘先生故此書爲趙著爲戴著復滋疑議段茂堂有辯一篇考定爲趙氏原本戴爲删定持論最允今全錄之以備掌故

趙戴直隸河渠書辯（段玉裁經韻樓集上七）

戴東原師卒於乾隆丁酉遺書皆歸曲阜孔戶部潢谷（繼涵）直隸河渠書六十四册潢谷裝爲二十四册計百單二卷以卷帙重大故潢谷未能刻藏於家潢谷於吾師爲摯友其子廣根又吾師之壻故遺書收藏刊刻引爲己任也始桐城方恪敏公總督直隸聘吾師修此書未竣而恪敏薨嘉慶十四年有吳江捐職通判王履泰進畿輔安瀾志一書蒙恩賞錄命武英殿刊行實竊取戴書删改而成者履泰係直督周公元理姻戚周公係方公後任於時葆巖制府方十二齡故書稿入於周氏而王氏得之吾師之子中孚意欲赴闕伸辯而未能爰於孔府攜書稿二十四册至蘇州屬余校定此十五年一月也余披讀往復見其書繁重纖悉畢備因思吾師惟戊子年在恪敏處一年內何以能成書之多至此每與李松雲太守言此必有底稿斷非出戴師一人之手也是年冬松雲入都杭州何夢華（元錫）來言直隸河渠書乃趙東潛作於戴先生無涉往者孔潢谷丈收入戴氏遺書中誤也余以二十四册者示之彼云趙氏之書尚多一倍不止此也余曰吾故疑吾師一年內不能成書至百二卷之多今足下云趙書乃更倍此然則趙爲草創而戴爲删定乎屬其將趙書寄來一觀未至也十六年春正月松雲自都還以武英殿聚珍板畿輔安瀾志相示知其確

爲竊取戴書而删繁就簡不學無術所爲頓失廬山眞面蓋此書之美在繁而彼藹將夾行細注删去令考訂古今者俱悵悵焉在幽室之中是可惜也二月松雲復以葆巖制府札相示知夢華已將趙本鈔送葆巖而葆巖問趙氏作此書可有證據松雲屬余考之余謂趙氏爲此書惟汪韓門集保定旅懷詩道及之而董浦謝山皆其老友集內皆未道及之卽東潛文稿亦無道及之語然其書稿藏於家固然可信爲東潛之作也至於吾師之書則有孔葓谷之收藏有洪舍人榜之戴氏行狀有孔簡討撝約之戴氏遺書總序有程方正易田之答余書有余親聞吾師說撰此書之語有吾師親筆戊子余應方制府之請寓保定蓮花池園內適河間同知黃君尋灤河源至之語皆可據證夢華乃云此書無預戴氏乃非確語也松雲云東原先生非攘竊人書者若非東原大爲删潤斷不抄其副本自稱己書蓋趙草掚而戴删改必矣松雲所見正與余合古人改定他人之作有並存集中者如盧韓之月蝕詩是也今者二公之書固當並存趙雖精於地理而地理之學尚不及戴文章之學亦不及戴在今日而論自當以戴爲主以趙書校勘其譌字戴書唐河卷一中有云杭人趙一清補注水經於地理學甚核嘗遊定州爲定州牧姚立德作盧奴水考並附於右下附盧奴水考云云此篇見東潛文稿吾師方採擷趙文此豈得謂戴書卽趙書耶趙名直隸河渠今水利書吾師曰直隸河渠書則水利二字吾師所删以河渠足以包之也趙本一百三十二卷吾師一百單二卷則卷數較少者三十正吾師所删也趙本始衞河終唐河戴本始衞河終陡河灤河則其次第之大不同也戴於灤河一卷未成而趙有無灤河若干卷則余所未知也夢華口說趙灤河十一卷恐未可信必須葆巖以目錄相寄乃可果有灤河十一卷則可補戴書成完璧矣夢華謂東潛爲丙辰詞科據鮚埼亭集及詞科掌錄則丙

辰詞科者乃東潛之父谷林叔父意林，而非東潛父子同詞科也。輒書其梗概以復松雲。

汾洲府志三十四卷（乾隆三十四年先生四十七歲纂汾州刻本）

段譜乾隆三十四年條下云：是年夏……先生與朱文正公善。文正時爲山西布政司使，先生偕玉裁往。玉裁主講壽陽書院，先生客文正署中。已而汾州太守孫君和相聘修府志，是年成汾州府志三十四卷。其書之詳核，自古地志所未有。志莫難於辨沿革，先生辨元和志一條中紛然不治者有六，詳見與曹給事學閔書。先生考子夏設教西河，在龍門西河，不在汾州謁泉山，著作不可假借也。從晁以道之說，以汾州之呂梁狐岐釋禹貢治梁及岐，辯舊說及蘇子瞻、曾彥和、閻百詩、胡朏明之穿鑿，詳晁以道之所不能詳，斥蔡仲默引書耳食之病，使學者曉然知經文梁岐以下治冀州汾沁漳潞及其間諸山澗谿谷，不當牽合治河，惟壺口爲治河耳。修一志而大經以明，非細故也。玉裁曾節抄府志例言、圖表、沿革、星野、疆域、山川、古蹟，將付諸梓，以爲修志楷式。

啓超案：章實齋有與先生論修志書，而先生集中未有論此者。汾志例言，亟宜錄出單行也。

汾陽縣志□□卷（乾隆三十六年先生四十九歲纂汾州刻本）

段譜乾隆三十六年條下云：是年會試不第，修汾陽縣志。季冬有溫方如西河文彙序云：己丑秋，再至山西，余至汾陽，應太守孫公之召也，屬纂次府志，爲之考訂累日月。今李侯復以縣志書邀之，再至，又有代某作董愚亭詩序。壬辰，玉裁因公詿誤入都，見先生案上有新修汾陽縣志，舉一條相示云云。今已忘之。汾州志，玉裁於盧學士家得之，縣志今不可得也。

校水經注四十卷（乾隆三十八年先生五十一歲校成自刻本武英殿聚珍版本遺書本有提要有自序有孔繼涵後序）

自序云『後魏御史中尉范陽酈道元字善長撰水經注四十卷蕭寶夤之亂道元叱賊而死贈吏部尚書冀州刺史安定縣男善長雖依經附注不言水經撰自何人唐書藝文志始以爲桑欽撰欽在班固前固嘗引其說與水經違異晉以來注水經凡二家郭璞注三卷唐時猶存杜君卿言二家皆不詳所撰者名氏亦不知何代之書則景純已不能言其作者矣崇文總目水經注亡者五卷今所傳卽宋之殘本後人又加割裂以傅合四十卷之數如注文江水又東逕巫縣故城南注訛列爲經遂與前經文又東過巫縣南割分異卷唐六典注云水經所引天下之水百三十七今自河水至斤員水凡百二十三應脫逸十有四水蓋在五卷中者也王伯厚通鑑地理通釋引水經四事惟魏興安陽一事屬經文餘三事咸酈注之訛爲經者故其作書時世益莫能定水經立文首云某水所出以下無庸重舉水名而注內詳及所納羣川加以採摭故實彼此相雜則一水之名不得不更端重舉經文敍次所過郡縣如云又東過某縣之類一語實該一縣而注則沿溯縣西以終於東詳記所逕委曲經據當時縣治至善長作注時縣邑流移是以多稱故城經無言故城者也凡經例云過注例云逕以是推之雖經注相淆而尋求端緒可俾歸條貫善長於經文涪水至小廣魏解之曰小廣魏卽廣漢縣也於鐘水過魏寧縣解之曰魏寧故陽安也晉太康元年改曰晉寧然則水經上不逮漢下不及晉初實魏人纂敍無疑史言善長好學廣覽奇書故是注之傳或以其綜覈或尚其文詞至於觸類引伸因川源之派別知山勢之逶迤高高下下不失地防取資信非一端然訛舛既久雖善讀古書如閻百詩顧景范胡朏明諸子其

論述所涉。猶輒差違。斯訂正之不可以已也。審其義例。按之地望。兼以各本參差。是書所由致謬之故。昭然可舉而正之。至若四十卷之爲三十五。合其所分。無復據證。今以某水各自爲篇。北方之水莫大於河。而河以北河以南衆川因之得其敍矣。南方之水莫大於江。而江以北江以南衆川因之得其敍矣。惟以地相連比。篇次不必一還其舊。庶乎川渠纏絡。有條而不紊焉。休寧戴震』

孔繼涵序云『東原氏之治水經注也。始於乾隆乙酉夏。越八年壬辰。栞於浙東。未及四之一。而奉召入京師。與修四庫全書。又得永樂大典內之本。兼有酈道元自序。乃仍其四十卷。而以平日所得詳加訂正。進之於朝。令數百年經注溷淆前後錯簡者。釐之還其舊。而曩時東原氏所栞某水各自爲篇爲十有四冊。循其注之綱目。復逐條畫分。俾讀者易見端末。雖遵修舊文。不增一語。固曉然如視掌紋矣。……再數年東原爲予言曰「是書經注相淆。自宇文歐陽二子發之。而未之是正。至於字句訛舛。非檢閱之勤不易得也。子曷與我共治之。」予因旁搜羣籍。積至數十事。東原氏蓋有取焉。且屬予撰序。東原氏既書其詳於目錄。予謹舉其第次之意以告讀是書者。』

段譜乾隆三十九年條下云。是年十月。先生校水經注成。恭上。水經注自北宋以來。無善本。不可讀。先生讀書既久。得經注分別之例有三。一則水經立文。首云某水所出。以下無庸再舉水名。而注內詳及所納羣川。加以采摭故實。彼此相雜。則一水之名。不得不更端重舉。一則經文敍次所過州縣。如云「又東過某縣」之類。一語實賅一縣。而注則沿泝縣西以終於東。詳記所逕委曲。經據當時縣治。至善長作注時。縣邑流移。是以多稱故城。經無有言故城者也。一則經例云「過」。注例云「逕」。不得相淆。得此三例。迎刃分解。如庖丁之解牛。

故能正千年經注之互譌，俾言地理者有最適於用之書。大典本較勝於各本，又有道元自序，鈎稽校勘，凡補其缺漏者二千一百二十八字，删其妄增者一千四百四十八字，正其臆改者三千七百一十五字。顧此書自先生校定後，宋以來舊刻必盡廢，更數十百年後，且莫知先生發潛之功，故聚珍版足貴，好事者當廣其傳也。又乾隆三十七年條下云：是年主講浙東金華書院，刊自定水經注，至癸巳未及四分之一，而奉召入都矣，後在都踵成之。今不用校語之本是也。聚珍版本依舊時卷第，全載校語，而經注相淆者，悉更之，得之者可以知宋後本之無不舛誤。自刻本悉去校語，悉將正文改定於注文，循其段落，每節跳起，難讀處可一目了了，而不分卷數，爲十四册，以今所存水百二十三，每水爲一篇，以河江爲綱，按地望先後，分屬於江河左右爲次，得之者可以撤棄校訂，專一考古，善長之書，合二本無遺憾矣。自刻本有先生自序及曲阜孔戸部序，與聚珍版同時而出者也。

啓超謹案：校定水經注實先生畢生大業之一，經始於乾隆三十年乙酉，越九年至三十八年癸巳乃告成。乙酉八月初校定一卷，自記云：夏六月閱胡朏明禹貢錐指引水經注，疑之，展轉推求，始知朏明所由致謬之故，實由唐以來經注互譌……今得其立文定例，就酈氏所注，考定經文，别爲一卷，兼取注中前後倒紊不可讀者而爲之訂正，以附於後。是役也，爲治酈氏書者棼如亂絲而還其注之脈絡，俾得條貫，非治水經而爲之也。（文集六書水經注後）段茂堂云：按此水經一卷，今未著錄，然别注於經，令經注不相亂，此卷最爲明晳。後召入四庫館纂修此書，綱領不外乎是，特以討論字句加詳耳（年譜十五頁）。據此可見先生著此書之動機及其先後孳精進益之跡。此書大段成於壬辰以前，癸巳入四庫館，不過據永樂大典本稍補葺耳。聚珍本

全列校語最能表出先生擘索之勤遺書實宜刊此本聚珍版爲官書反可以用遺書寫定本也

啓超又案孔巽軒總序題此書爲四十卷即聚珍版卷數循宋以來之舊也遺書本以水爲篇不復釐分卷數其理由詳自序中

啓超又案與先生同時先後校水經注者有趙東潛（一清）及全謝山（祖望）趙戴所校大體相同趙年輩稍先於戴而其書由梁燿北（玉繩）處素（履繩）兄弟刊行傳布在聚珍版戴本後於是此事成爲疑案爲趙戴暗合耶爲趙勦戴耶爲戴勦趙耶聚訟至今不決段茂堂謂『趙書經梁處素校刊有不合者攟戴本以正之』（段譜頁二十六）段又有書與梁燿北詰問此事凡千餘言略云『……趙書成於乾隆甲戌戴書成於乙酉相距十二年趙先於戴戴書出於甲午趙書出於丙午相距十三年戴先於趙其果閉戶造車出門合轍耶何以東原氏條舉義例誠夫不著一字也兩先生之齒趙長於戴其將謂戴取諸趙歟則東原之德行非盜竊人物以欺天下者也……且兩先生者面未嘗相識也足未嘗相過也音問未嘗相通也誠夫之書祕藏高庋至其孫刊行未嘗稍傳於外也此兩家子弟共知不可誣者也將謂趙取諸戴歟則誠夫之學亦必非盜竊人物以欺天下者也未詳其卒年即乙酉以後獲聞東原氏之說補綴己書亦必明言所出斷不深沒其文默默而已也此僕所不能無疑也丙午丁未間盧召弓先生爲予言「梁氏燿北處素昆仲校刊趙氏水經注參取東原氏書爲之」僕今追憶此言意足下昆仲校刊時一切仍舊獨經注互譌之處不從戴則多不可通故勇於從戴以補正趙書以成酈書善本與戴並行所以護酈而非所以阿趙足下昆仲之意則善矣但亦不宜深沒其文默默而已也……』（經韻樓集卷七）據此似趙戴原無互勦之事所以生此疑案者

全由梁氏兄弟燿北淸白士集中亦未有復茂堂書辯此事（處素前卒）似是默認惟魏默深（源）則爲趙鳴不平其書趙校水經注後云『……考趙氏書未刊以前先收入四庫全書今四庫書分貯在揚州文匯閣金山文宗閣者與刊本無二是戴氏在四庫館先覩預竊之明證其後聚珍官版刻行又在其後若謂趙氏後人刊本採取於戴則當與四庫著錄之本判然不符而後可豈四庫書亦爲趙氏後人所追改乎……』（此文不見古微堂集據周壽昌思益堂日札卷四引）張石洲（穆）似亦有是說（據徐時棟煙嶼樓文集云然張氏㞐齋集中無此文）果爾則召弓茂堂之對於燿北兄弟所懷疑純屬錯誤而東原竟不免盜竊之罪矣然據孔漢谷爲戴書作序稱『東原治水經注始於乾隆乙酉夏越八年壬辰刊於浙東未及四之一奉召入都……』則先生未入四庫館以前之八年已經從事此書且有刊本茂堂亦言『先生更正經注定於乾隆乙酉入都即以示紀文達錢曉徵姚姬傳及玉裁不過四五人錢姚皆錄於讀本玉裁亦以明人黃省曾刊本依倣以硃分勸自此傳於四方』（段譜頁二十五）然則東原必非入四庫館後覩趙著而剽竊固無待言東原固必非穿窬漢谷茂堂又豈妄語者哉竊意趙戴之於此書皆用過十年苦功造詣各臻其極其治學方法又大略相同閉門造車出門合轍並非不可能之事茂堂尊師太過以爲似此絕詣非東原莫能及覩趙書愕眙之餘乃誤疑燿北又因茂堂揚戴抑趙引起反動終有石洲默深之反脣實則兩皆失之也茲案關係東原人格吾故不憚詞費臚舉兩造之說而平亭之如右

啓超又案魏默深又云『戴氏臆改經注字句輒稱永樂大典本而大典現貯翰林院源曾從友人親往翻較即係明朱謀瑋等所見之本不過多一酈序其餘刪改字句皆係戴之僞託）啓超未見大典不敢置一詞且

於水經注素未研究。更不敢斷言戴氏「臆改」者之是否悉當。但以爲如其當也。則雖不出大典。何害戴氏之學。本空諸依傍而以求是爲主也。

校周髀算經二卷（乾隆三十八年至四十二年。先生五十一歲至五十五歲。校成算經十書本。）

啓超案。先生在四庫館五年所纂輯校定之書口種。除九章算術。五經算術（俱三十九年）海島算經。儀禮識誤（俱四十年）四種聚珍版記有年月外。其餘則段氏據浙江文瀾閣四庫本不能得其校上年月。今類列於此。

段譜云。此經爲算經十書之首。而三千年來學者昧其旨趣。先生謂此古蓋天之法。自漢以迄元明。皆主渾天。明時歐羅巴人入中國。始稱別立新法。然其言地圜。卽所謂地法覆槃滂沱四隤而下也。其言南北里差。卽所謂北極左右夏有不釋之冰。中衡左右冬有不死之草。是爲寒暑推移隨南北不同之故也。其言東西里差。卽所謂東方日中西方夜半。西方日中東方夜半。晝夜易處。如四時相反。是爲節氣合朔加時早晚隨東西不同之故也。新法曆書述第谷以前西法三百六十五日四分日之一。每四歲之小餘成一日。卽所謂三百六十五日者三。三百六十六者一也。西法出於周髀所謂天子失官學在四夷者歟。而刻本脫誤多不可通。古本五圖而失傳者三。譌舛者一。凡皆正之補之。學者可以從事。如道河積石源流正矣。有提要一首。

纂校九章算術九卷（乾隆三十八年至四十二年。先生五十一歲至五十五歲。校成算經十書本）

段譜云。九章算術。晉劉徽撰。先生以世人罕有其書。近時以算名者。如王寅旭謝野臣梅定九諸子。咸未之見。丁亥歲因曹君竹虛入翰林院。觀永樂大典。知有是書。病其離散錯出。思綴集之而不能。癸巳奉召。乃盡心排纂成編，併考訂譌異，附案語。其注中所指朱實、青實、黃實之類，皆按圖而言。圖既不存，則注猝不易曉，因推尋注意，爲之補圖，以成完帙。純皇帝御製詩冠於端首，命聚珍版刊行，而古九數之學大顯矣。已而屈君魯傳刻於常孰，孔戶部復刻於曲阜云。

纂校五經算術二卷（乾隆三十八年至四十二年，先生五十一歲至五十五歲，校成算經十書本）

段譜云：五經算術二卷，舉尙書、孝經、詩、易、論語、三禮、春秋之待算乃明者列之，而推算之術，悉加甄鸞按三字於上，故知是書甄鸞所撰也。唐有李淳風注。唐明算科五經算卽是書。於永樂大典中得之，先生校成恭上，有提要一篇。

纂校海島算經一卷（乾隆三十八年至四十二年，先生五十一歲至五十五歲，校成算經十書本）

段譜云：海島算經亦晉劉徽撰，唐李淳風注。徽本以周禮九數中重差命名，不名海島，後人因卷首以海島立表設問，遂改名之。唐選舉志稱算學生九章、海島共限習三年，試九章三條、海島一條。其書惟散見永樂大典中，先生與九章同爲表章，有提要一首。

纂校孫子算經三卷（乾隆三十八年至四十二年，先生五十一歲至五十五歲，校成算經十書本）

段譜云：唐之選舉算學，孫子、五曹共限一歲習肄。舊本久佚，從永樂大典裒集編次爲二卷。朱錫鬯文集跋云：出於孫武。先生辯其非是，有提要一首。

纂校張丘建算經三卷（乾隆三十八年至四十二年，先生五十一歲至五十五歲，校成算經十書本）

段譜云：是書亦唐人明算科十經之一也，限一年業成。此書久佚，有毛晉汲古閣影鈔宋槧，猶北宋時本。先生

詳加校勘補舊有圖今缺者四補脫字若干有提要一首

纂校夏侯陽算經三卷（乾隆三十八年至四十二年先生五十一歲至五十五歲校成算經十書本）

段譜云唐選舉志所列算書十種此亦居其一傳本久佚永樂大典內有之逐條割裂分附九章算術各類之下幾不得其端緒幸有原序原目可考先生尋繹編次條貫其文今裒輯排比又得元豐京監本釐爲三卷有提要一首

纂校五曹算經五卷（乾隆三十八年至四十二年先生五十一歲至五十五歲校成算經十書本）

段譜云五曹算經作者不知爲誰唐時明算詳孫子五曹共限一歲業成元明以來無刻本散見永樂大典內經文尚逐條完善先生參伍考校俾還舊觀遂爲絕無僅有之善本

校大戴禮記□卷（乾隆三十八年至四十二年先生五十一歲至五十五歲校成刻本有無未詳）

段譜云是經經盧運司見曾刊於揚州學士盧文弨洎先生庚辰冬辛巳夏二次校定稱善本矣但辛巳所校未及剜改先生在四庫館永樂大典內散見者僅十篇以與各本及古籍中摭引大戴記之文參互考核附案語於下方是經乃可與三禮並讀有提要一首四十二年六月恭校上

校儀禮集釋□卷（乾隆三十八年至四十二年先生五十一歲至五十五歲校成武英殿聚珍本）

段譜云儀禮集釋宋李如圭撰全錄鄭康成注而旁徵博引以爲之釋先生據以補注疏本脫字二十四改譌字十四刪衍字百六其鄉射大射二篇已闕參取惠（棟）沈（大成）二家本所校宋本證以唐石經以成儀禮完帙可誦習有提要一首

纂校儀禮釋宮□卷（乾隆三十八年至四十二年先生五十一歲至五十五歲校成。武英殿聚珍本。）

段譜云儀禮釋宮宋李如圭撰。從永樂大典中錄。序有提要一首。

纂校儀禮識誤□卷（乾隆三十八年至四十二年先生五十一歲至五十五歲校成。武英殿聚珍本。）

段譜云『儀禮識誤宋張淳撰。朱子云「號爲精密。較他本最勝。」於永樂大典內綴錄成編。先生加案語正其得失。俾瑜瑕不相揜。有提要一首。』

方言疏證十三卷（乾隆三十八年至四十二年先生五十一歲至五十五歲校成。武英殿聚珍本。遺書本。）

自序云『案輶軒使者絕代語釋別國方言十三卷。漢揚雄撰。晉郭璞注。漢魏晉已來凡引是書但稱方言者。省文也。雄采集之意詳見於答劉歆書。考雄爲郎在成帝元延二年。時雄年四十三。漢書傳贊所謂初雄年四十餘自蜀來至游京師是也。劉歆遺雄書求方言。則當王莽天鳳三四年間。未幾而雄卒。答書內所謂二十七歲於今。傳贊所謂年七十一天鳳五年卒是也。答書有云。語言或交錯相反。方復論思詳悉集之。如可寬假延期。必不敢有愛。然則方言終屬雄未成之作。歆求之而不與。故不得入錄。班固次雄傳及藝文志不知其有此。至應劭集解漢書始見徵引。稱揚雄方言。其風俗通義序又取答書中語。具詳本末。而云方言凡九千字。今計正文實萬一千九百餘字。豈劭所見與郭璞所注傳本微有異同歟。歆遺雄書曰。屬聞子雲獨采集先代絕言異國殊語。以爲十五卷。雄答書稱殊言十五卷。郭璞序亦云三五之篇。而隋經籍志方言十三卷。舊唐書作別國方言十三卷。其併十五爲十三。在璞注後。隋已前矣。許慎說文解字。張揖廣雅。多本方言而自成著作。不加所引用書名。（四庫館校方言序有云魏孫炎注爾雅莫貈螳螂蛑字引方言案叔然於釋詁耇老壽也下引方言云。燕代北鄙。謂耈為梨。釋言覥媢也下。引方言云。楚鄭或謂狡猾為媢。釋器金鏃翦羽謂之鍭下。引方言云。關西曰箭。江淮謂之鍭。釋蟲蛪蜻蜻下。引方言云。有文者謂之螓。釋鳥鳲鳩鵲鶝下。引方言云。鳲鳩自關而東謂之戴勝。舒雁鵝下。引方言云。江東呼為駉鵝也。引書名可考者。於郭注前共得六事）魏書江式傳。式上表曰。臣六世祖瓊。往晉之初。與從父兄應元。俱受學於衞覬古篆之法。倉雅方言說文之誼。當時並收善譽。數世傳習斯業。所以不墜。杜預注左傳授師孑焉。曰揚雄方言。孑者戟也。孔穎達疏云。揚雄以爾雅釋古今之語。作書擬之。采異方之語。謂之方言。蓋是書漢末晉初乃盛行。故應劭舉以為言。而杜預以釋經。江瓊世傳其學。以至於式。他如吳薛綜述二京解。晉張載劉逵注三都賦。晉灼注漢書。張湛注列子。宋裴松之注三國志。其子駰注史記。及隋曹憲。唐陸德明。孔穎達。長孫訥言。李善。徐堅。楊倞之倫。方言及注。幾備見援摭。其後獨洪邁疑之。謂雄所為文。盡見於自序及漢志。初無所謂方言。則併傳贊內自序二字。結上所錄法言自序者未之審。又未考雄之文。如諫不受單于朝書。趙充國頌。元后誄等篇。溢於雄傳及藝文志外者甚多。而輕置訾議。豈應劭杜預晉灼及隋唐諸儒。咸莫之考實邪。常璩華陽國志。於林閭翁孺楊莊並云見揚子方言。李善注文選引張伯松曰。是懸諸日月不刊之書也。亦直稱揚雄方言曰。可證歆雄遺答書附入方言卷末已久。宋元以來六書故訓不講。故鮮能知其精覈。加以譌舛相承。幾不可通。今從永樂大典內得善本。因廣按羣籍之引用方言及注者。交互參訂。改正譌字二百八十一。補脫字二十七。刪衍字十七。逐條詳證之。庶幾漢人故訓之學猶存於是。俾治經讀史博涉古文詞者得以考焉。』

啓超謹案。四庫方言校本。題乾隆四十四年五月恭校上。時先生沒已兩年矣。然提要云。『逐條搜引諸書。一一疏通證明具列案語』蓋全部采用疏證其提要亦先生手撰也據段譜先生三十三歲時嘗將方言分寫於說文每字之上知先生治此書蓋二十餘年矣』

儀禮考正一卷（先生在四庫館時著未刻）

孔巽軒戴氏遺書總序云君入書局分淹禮乃取忠甫識誤德明譯文殫求亥豕之差期復鴻都之舊互相參檢頗有整齊削康成長衍之條退喪服廁經之傳爲儀禮正誤一卷

段譜云今其書藏曲阜孔氏玉裁未得見

孟子字義疏證三卷（乾隆四十二年先生五十五歲寫定遺書本有自序）

自序云『余少讀論語端木氏之言曰「夫子之文章可得而聞也夫子之言性與天道不可得而聞也」讀易乃知言性與天道在是周道衰堯舜禹湯文武周公致治之法煥乎有文章者棄爲陳迹孔子既不得位不能垂諸制度禮樂是以爲之正本溯源使人於千百世治亂之故制度禮樂因革之宜如持權衡以御輕重如規矩準繩之於方圜平直言似高遠而不得不言自孔子言之實言前聖所未言微孔子孰從而聞之故曰不可得而聞是後私智穿鑿者亦警於亂世或以其道全身而遠禍或以其道能誘人心有治無亂而謬在大本舉一廢百意非不善其言祇足以賊道孟子於是不能已於與辯當是時羣共稱孟子好辯矣孟子之書有曰「我知言」曰「遊於聖人之門者難爲言」蓋言之謬非終於言也將轉移人心心受其蔽必害於事害於政彼目之曰小人之害天下後世也顯而共見目之曰賢智君子之害天下後世也相率趨之以爲美言其入人心深禍斯民也大而終莫之或寤辯惡可已哉孟子辯楊墨後人習聞楊墨老莊佛之言且以其言汨亂孟

子之言是又後乎孟子者之不可已也苟吾不能知之亦已矣吾知之而不言是不忠也是對古聖人賢人而自負其學對天下後世之仁人而自遠於仁也吾用是懼述孟子字義疏證三卷韓退之氏曰「道於楊墨老莊佛之學而欲之聖人之道猶航斷港絕潢以望至於海也故求觀聖人之道必自孟子始」嗚呼不可易矣休寧戴震』

段茂堂云先生原善三篇論性二篇既成又以宋儒言性言理言道言才言誠言明言權言仁義禮智言智仁勇皆非六經孔孟之言而以異學之言糅之故就孟子字義開示使人知人欲淨盡天理流行之語病所謂理者必求諸人情之無憾而後即安不得謂性爲理（年譜）

又云先生是年（乾隆四十二年丁酉）與玉裁書云僕生平著述之大以孟子字義疏證爲第一此正人心之要今人無論正邪盡以意見名之曰理而禍斯民故疏證不得不作（經韻樓集七答程易田丈書）

啓超謹案是書目次理十五條（卷上）天道四條性九條（卷中）才三條道四條仁義禮智二條誠二條權五條（卷下）雖就孟子引其端實則貫通羣經自成一家言誠哉著述之大此爲第一也據段氏所考證其書蓋創始於乙酉丙戌成於乙丑名爲緒言改定於丙申冬後丁酉春前更名孟子字義疏證（答程易田書）蓋前後凡經十二三年至臨歿前數月始泐爲定本也

聲類表九卷（乾隆四十二年先生五十五歲著遺書本）

段譜云『丁酉五月上旬作聲類表凡九卷所云九卷者即與予書所謂九類每類爲一卷也先是癸巳春先生在浙東金華書院以古音分爲七類至丙申與予書則七類又改爲九類至臨終十數日之前因成此書孔

戸部刻諸徽波榭，而冠以與段若膺論韻六千字者是也。九卷每類於今音古音無不兼綜。戸部書云：「凡五日而成。」固由精熟詣極，然先生神思亦恐太瘁矣。形太用則極，神太勞則敝，烏呼，孰知此爲先生著書之絕筆也哉。戸部書至蜀，命予作序，彼時予恐淺陋不敢爲，今三十年後乃成之，併漢谷亦久下世矣。」（啓超案：段序見經韻樓集六）

（著述年月失考者）

毛鄭詩考正四卷（遺書本）

此書僅有周南召南，餘未成。

尙書義考二卷（貴池劉氏聚學軒叢書本）

啓超謹案：此書未入遺書，段譜亦未言及。惟孔巽軒總序及王述庵（昶）所作先生墓志銘有其目，而洪蘂登（榜）所作行狀別有今文尙書經二卷，殆卽此書異名也。卷首有義例十四條，三千餘言，先生所著書未見有申明義例鄭重如是者，殆其精心結構之作。惜僅得堯典一篇而止。使天假之年，此書獲成，必能掩江（聲）段（玉裁）王（鳴盛）三家之書而上之也。

春秋卽位改元考一卷（文集本）

段譜云：癸未以前，癸酉甲戌以後十年內作。先生自言倘能如此文字做得數十篇，春秋全經之大義舉矣。

學禮篇（未成文集本）

段譜云：學禮篇先生七經小記之一也。其書未成，蓋將取六經禮制糾紛不治，言人人殊者，每事爲一章發明之今文集中開卷記冕服記爵弁服記朝服記玄端記深衣記中衣裼衣襦褶之屬記冕弁冠記冠衰記括髪免髽記經帶記繅藉記捍決極凡十三篇是其體例也嘗言此等須注乃明。

大學補注一卷中庸補注一卷（未成未刻）

段譜云二書向未得見今乃得哲嗣中孚鄭寄讀之蓋亦癸未以前所爲未暇竟成之耳其言理皆與原善孟子字義疏證無纖微不合者皆存鄭注而補之大學之説親民説格物中庸之説致中和説上下察尤可補先儒所不到始戶部與玉裁書欲刊大學補注然未果而卒。

經考五卷（南陵徐氏許齋叢書本）

啓超謹案此書不見諸家著録惟洪狀有經論四卷似卽指此然書名及卷數均有異同徐氏所刻卷端題云『段福山王氏天壤閣傳鈔本』蓋王文敏（懿榮）所曾藏也卷末一短跋云『是書從河間紀先生所借録經餘姚邵二雲手校一過無甚譌錯矣乾隆己丑九月十八日益都李文藻記於京城虎坊橋柏永順胡同卷寓』李文藻嘗刻聲韻表見段譜蓋服膺戴學之一人己丑爲乾隆三十四年先生四十七歲耳此書所記諸經皆徧每條皆録前人之説未加按語亦有並無按語者蓋隨時箚記以作資料實長篇之體也其中有已采入集中者如卷二「堯典中星」「璇璣玉衡」兩條一部分已採入原象卷五「稱元」「周正朔」「書王」等條一部分已採入春秋卽位改元考卷五爾雅條一部分已採入答江愼修先生論小學書其餘尙多先生著作最矜愼凡自認爲「未至十分之見」者棄之不稍顧惜段孔諸賢不著録此書豈先生志歟然後學得此可以察先生用力之次第則徐氏傳刻之功蓋不在伍氏刻緒言下矣此書殆作於早年卷四「大

戴禮記八十五篇」條下有按語題『乾隆丁丑夏東原氏記』丁丑爲乾隆二十二年先生三十五歲大抵全書皆丁丑前後作也

歷問一卷古歷考二卷（歷問未刻古歷考遺書本名續天文略）

段譜云洪舍人榜撰先生行狀有此二書玉裁皆未之見而孔檢討作總序有之則其稿在孔戶部家可知矣戶部所刊乃有續天文略二卷而無歷問古歷考疑古歷考卽天文略也先是朝廷開館續鄭樵通志蓋當事者輓先生爲之旣而未用欲改名古歷考而舍人行狀內遂改其名耳此二種成書年月今皆不能考續天文略自序曰天文一事樵所不知而欲成全書固不可闕而不載是以徒襲舊史未能擇之精語之詳也今更爲目十曰星見伏昏旦中曰列宿十二次曰星象曰黃道宿度曰七衡六閒曰晷景短長曰北極高下曰日月五步曰儀象曰漏刻其書未成北極高下已上爲卷上卷中其日月五步已下爲卷下蓋闕如也然以此發明釋天已令學者暢然滿志矣

水地記三十卷（未成遺書本一卷）

段譜云『此書刻於孔戶部者祇一卷自崑崙之虛至太行山而止洪舍人行狀則曰「未成書水地記七册」蓋所屬草稿尙不止此漢谷取其可讀者爲一卷刻之其叢殘則姑置之國朝之言地理者於古爲盛有顧景范顧寧人胡胐明閻百詩黃子鴻趙東潛錢曉徵而先生乃皆出乎其上蓋從來以郡國爲主而求其山川先生則以山川爲主而求其郡縣其敍水經注曰「因川源之派別知山勢之逶迤高高下下不失地防」爲汾州府志發凡曰「以水辨山之脈絡而汾之東西山爲榦爲枝爲來爲去俾井然就序水則以經水統其法

入之枝水，因而編及澤泊堤堰井泉，合衆山如一山，羣川如一川，府境雖廣，山川雖繁，按文而稽，各歸條貫。」然則先生之水地記，固將合天下之山爲一山，合天下之川爲一川，而自尚書周官春秋之地名，以及戰國至今歷代史志建置沿革之紛錯，無不依山川之左右曲折安置妥帖，至賾而不亂。此書固非旦夕之所能成，先生志願之大，以爲必有能助之者，而不料其所成止此也。水地記亦七經小記之一，使經之言地理者於此稽焉。』

啓超案：先生書之未成者，最可惜莫如此書。段譜所記，極能說明其治地學之方法，後有好學者，可踵事而成也。

唐宋文知言集二卷（未刻）

段譜云：集上五十九篇，集下七十二篇，旋又有删去及上移下者，皆於宜興儲在陸唐宋十家文內摘取者也。玉裁請問分上下之詣，曰：集上理與辭俱無憾，集下則不惟其理，惟其辭也。昔抄目錄，今尚謹藏。觀其別裁，可以見先生古文之學之一斑矣。

氣穴記一卷

藏府象經論四卷

葬法贅言四卷

右三書皆見洪狀，想已佚。

文集十卷（遺書本），戴東原集十二卷（段氏經韻樓本）。

啓超謹案孔潠谷刻遺書以文集十卷列諸二十三凡文已附見諸專書者則不復錄蓋合諸書爲全集也段茂堂重纂戴東原集將論音韻論六書論轉注論義理之學諸大篇仍補入復有書札爲潠谷所未及見者泐爲十二卷其文略以類從卷一爲通釋羣經之文卷二爲考證三禮名物數度之文卷三爲論小學訓詁之文卷四爲論音韻之文卷五爲論天象之文卷六爲論水地之文卷七爲論算學之文卷八爲論義理之文卷九爲汎論學術書札卷十爲諸書序跋卷十一爲酬贈雜文卷十二爲傳狀碑誌等段氏自序云『略以意類分次其先後不分體如他文集者意欲求其學者之易爲力也

戴東原圖書館緣起

戴東原先生爲前清學者第一人其考證學集一代大成其哲學發二千年所未發雖僅享中壽未見其止抑所就者固已震鑠往禩開拓來許矣歲癸亥十有二月二十四日爲先生二百年生日邦人士正謀所以講明先生之學而衍其緒者而東原圖書館亦於是經始焉館在休寧之安灰屯溪隆阜故先生讀書處也今爲安徽第四女子師範學校校長程君仲沂及奉職斯校之諸君子低回遺躅觀感實深謂名賢歌哭釣游之所僅百餘年而零落寖儘至此鄉後學之恥也夫豈惟其鄉人舉國後學與有責焉已耳於是胥謀設此館先蒐集先生著述編訂之書已成未成者悉致之以次及先生所曾讀之書更進則凡先生願見而未得見之書皆將網羅焉夫一國中所貴有大師者非謂其能盡治天下之學而造其極也彼其人格足以爲後進模楷其於學能引端緒使人由其塗焉以隅反而孟晉則其所繩繼而濬發者無窮極已東原先生則正其人也史公適魯觀孔子衣冠琴車書

遲回留之不能去。後之履斯館者。其亦同茲嚮往也歟。

飲冰室文集之四十一

自鑑序

我初讀演存這部書，正值張丁科玄論戰，戰得最酣暢的時候。演存是一位造詣極深的自然科學家。我雖不懂自然科學，但向來也好用科學方法做學問，所以非科學的論調，我們當然不敢贊同。雖然，强把科玄分而爲二，認爲絕不相容，且要把玄學排斥到人類智識以外，那麼我們也不能不提出抗議了。人類的智識慾，曾無滿足之時，進一步又想進一步，進步的程序怎麼樣呢？我們的智識，其初不過斷片的東一鱗西一爪，我們不能滿足於這種狀態，於是把許多鱗爪分類綜合起來，從這件事物和那件事物相關係之間，求出共通的法則，是之謂科學。拿常識的眼光來看，科學許多地方才不是已經『玄之又玄嗎』？科學規定事物和事物間的關係，是先以一切事物已經存在爲前提，事物是否存在，怎樣的會存在，我們爲什麼能知道他存在……這些問題，科學家只能安放在常識的假定之上，還他箇『存而不論』。夫專門研究一科學，其態度只能如此，且應該如此。這是我們所絕對承認的，然而人類的智識慾，決不能以此自甘，而眞理最高的源泉，亦不能不更求諸向上一步。演存這部書所講『無的境界』和『變的境界』，正是要把狹義的科學家所存而不論者，『論』他一番。所論對不對，另一問題。演存自己已經明白說過『各人有各人的自由思想錄，誰也不能證明誰的對不對』了。但我以爲雖然誰也不敢說自己的話一定對，然而誰也應該從這向上一步去研究，以求其漸近於對。演存這部自鑑。最少也使人認識這種研究之必要。他自已研究所得的結果。最少也算在古今中外。這種研究裏頭。加上他的努力而添一種光彩。我以爲自鑑的價值就在這上頭了。

十二年。十二月十二日。梁啓超。

清代通史序

昔讀亭林集書潘吳二子事之篇。竊歎力田赤溟兩先生。弱齡樹志。抗跡遷固。奮然以私家之力負荷國史。雖橫攖文網。業弗克竟。然其所草創。能使一代大師如顧寧人者推挹詠歎。何其卓邈而閎遠也。清社之屋忽十二年。官修清史。汗青無日。卽成亦決不足以饜天下之望。吾儕生今日。公私紀錄。未盡散佚。十口相傳。可徵者滋復不少。不以此時網羅放失。整齊其世傳。日月逾邁。以守缺鉤沈盤錯之業。貽後人誰之咎也。亦既數數發憤思以自任。而學殖譾淺。又多所鶩。而志慮不媾壹。荏苒鮮就。彌用增怍。顧嘗端居私祝。謂後起俊彥中。如力田赤溟其人者。何遽絕於天壤。蓋有之也。我未見之耳。吾友蔣百里手一編見眎。則蕭子一山之清代通史。爲卷三。爲篇十六。已寫定者僅上卷三分之二。爲篇四。爲文三十餘萬言。余窮一日夜力讀卒業。作而歎曰。蕭子之於史。非直識力精越。乃其技術亦罕見也。近世史學日益光大。若何而始謂之史。若何致力而可以得良史。此不乏能言之者。雖其原史之言。各有流別。或且相非。其所欲操之術。亦不一致。其孰爲最饜心而切理者。且勿論。然而實行其所信以之泐定一史。使吾人之理想得有所麗。以商榷於世者。何其寥寥也。豈非闡理則易爲言。責事則難爲力。夫史之爲物。兼天下之至賾與天下之至動。所取材者既患其寡。復患其多。既不容騁絲豪理想於事實以外。又非可平臚事實於紙上。如鈔胥云耳。於其至賾者勤而搜之。勿使漏。精而覈之。勿使舛。無漏無舛矣。更求所以入吾範。勿使亂。於其至動者觀其相生。觀其相消。觀其相盪。臨其主。絜其從。擿其伏。究其極。凡此舉非冥索所能有功也。日日與此至賾至動之事實作緣。心力常注於其中。而眼光常超於其外。嘻。非志毅而力勤。心果而才敏者。其孰能與於斯。蕭子之學。未見其止。但以所覩本書四篇論。其所述者爲明清嬗代之樞機。爲歐亞接觸之端緒。爲賾至棼而不易理。爲幾至微而不易析。讀斯書何其乙乙而抽。淵淵而入。若視菴摩羅於掌上。而嚼諫果於回甘也。遵斯志也。豈惟清史。漁仲實齋所懷抱而未就之通史。吾將於蕭子焉有望矣。夫力田赤溟在今日。未知其視蕭子何如。世有亭林。其必能衡而鑒之。

民國十二年十二月一日梁啓超序於京師北海之松坡圖書館

顏李學派與現代教育思潮

一

自杜威到中國講演後。唯用主義或實驗主義(Practicalism)在我們教育界成爲一種時髦學說。不能不說是很好的現象。但我們國裏頭三百年前有位顏習齋先生和他的門生李恕谷先生曾創一箇學派——我們通稱爲『顏李學派』者。和杜威們所提倡的有許多相同之點。而且有些地方像是比杜威們更加徹底。所以我想把這派學說從新介紹一番。

介紹以前。有兩段話先要聲明。

其一、從前的學者最喜歡說外國什麼學問都是中國所有、這些話自然不對、不用我辯駁了。現代有些學者卻最不願意聽人說中國從前有什麼學問、看見有表章中國先輩的話、便說是『妖言惑衆』。這也矯枉過正了。中國人既不是野蠻民族、自然在全人類學術史有他相當的位置、我們雖然不可妄自尊大、又何必自己遭塌自己到一錢不值呢。卽如這篇文所講的顏李學、我並不是要借什麼詹姆士什麼杜威以爲重、說人家有這種學派我們也有兩位先生、本是獨往獨來空諸依傍的人、習齋說、『立言但論是非、不論異同、是則一二人之見不可易也、非、則雖千萬人所同、不隨聲也。』（習齋言行錄卷下）然則他們學派和所謂『現代思潮』同不同、何足爲他們輕重呢。不過事實上既有這箇學派、他們所說的話、我們讀去實覺得饜心切理、其中確有一部分說在三百年前而和現在最時髦的學說相暗合、我們安可以不知道。我盼望讀者平心靜氣比較觀察、勿誤認我爲專好搬演家裏的古董。

其二、近來教育界提倡顏李學的人也漸多了、似乎不必我特別介紹、但各人觀察點容有不同、我盼望我所引述的能格外引起教育家興味、而且盼望這派的教育理論和方法能彀因我這篇格外普及、而且多數人努力實行、便是我無上的榮幸。

二

引述學說之前、應先將兩先生行歷及其時學術界狀況簡單說明。

顏先生名元、字渾然、號習齋、直隸博野縣人、生明崇禎八年、卒清康熙四十三年。（一六三五——一七〇四）

年七十。他是窮鄉僻壤一個小戶人家出身。他的父親投靠一家姓朱的做養子。後來又被滿洲兵掠去爲奴。他的母親也改嫁去了。他沒有受過一天家庭教育。又因生在偏僻地方。不得良師益友。所以他的學問可以說是絕無所受。完全靠自己啓發出來。他早年曾習道家言。其後又學王陽明學。又學程朱學。每學一家。都費過一番刻苦工夫。到三十八歲時候。覺得從前所學都不對。漸漸的對於漢以後二千年所有學問都懷疑起來。結果遂用極猛烈的革命態度攻擊他們。而自建設一新學派。但他這新學派的根本精神是『不要說只要做』。所以他既不講學。又不著書。現在我們想從書本上研究他的學說。很感覺材料缺乏。他手著的書只有四存編——存學。存性。存治。存人四編。都是幾篇短文或筆記之類湊成。不能算做著述。還有他讀書時隨手亂批。後來由他的門生鈔錄下來的兩部書。一部是四書正誤。一部是朱子語類評。又他偶然作些雜文。後人鈔存三二十篇。名曰習齋紀餘。若勉强問他的著述。我只能舉這幾部奉答。我們要研究習齋。最主要的資料還是靠李恕谷編的習齋先生年譜和鍾金若編的習齋先生言行錄。

李先生名塨。字剛主。號恕谷。直隸蠡縣人。生順治十六年。卒雍正十一年。(一六五九——一七三三)年七十五。他的父親名明性。是一位有學問的篤行君子。他既承家學。到二十歲從游習齋。盡傳其學。且以昌明之爲己任。習齋足跡不出里門。他卻游徧天下。廣交一時知名之士。京師陝西浙江江南等處。他就閣最久。萬季野閻百詩胡東樵費此度方望溪都是他的好友。王崐繩惲皋聞程緜莊之服膺顏學。都由他引導而來。他的著作不少。有小學稽業五卷。大學辨業四卷。聖經學規纂二卷。論學二卷。周易、詩經、春秋、論語、大學、中庸傳注各若干卷。其他雜著論學論政治之書尚若干種若干卷。恕谷文集十三卷。而我們研究恕谷最主要之資料。尤在馮天樞劉用可合編之恕谷先生年譜四卷。

欲知顏李學派之地位及其價值先要知當時學術界大略形勢漢以後所謂學問者其主要潮流不外兩支其一記誦古典而加以注釋或考證謂之漢學其二從道家言及佛經一轉手高談心性等哲理謂之宋學宋學復分程朱與陸王兩派陸王派亦謂之『心學』主張體認得『良知本體』便可以做聖人程朱派則說要讀書以格物窮理而兩派共同之點則在以靜坐收心工夫爲入手明中葉以後陸王派極盛清康熙間卻漸衰了而程朱派與之代興從皇帝宰相以至全國八股先生們都宗尚他同時漢學家也漸漸擡起頭來打着博聞好古的旗號和宋學兩派對抗顏李時代學界的分野大略如此顏李對於這些學派不獨無所左右袒而且下極大膽的判語說他們都不是學問所以顏李不獨是清儒中很特別的人實在是二千年思想界之大革命者。

本文限於篇幅不能敍述他們學術全部僅將關於教育這部分說說罷了。

三

顏先生爲什麼號做習齋一個『習』字便是他的學術全部精神所在他說。

『自驗無事時種種雜念皆屬生平聞見言事境物可見有生後皆因習作主。』年譜卷上

又說。

『心上想過口上講過書上見過都不得力臨事依舊是所習者出來。』存學編卷一

又說，

『吾嘗談天道性命，若無甚扞格，一著手算九九數便差。（年譜卷下又云『書房習算入市便差』）以此知心中惺覺，口中講說，紙上敷衍，不由身習，皆無用也。』（存學編卷二）

他說的『習』字含有兩種意思：第一，他不認先天稟賦能支配人，以為一個人性格之好壞，都是由受生以後種種習慣所構成，所以專提倡論語裏『習相遠』，尚書裏『習與性成』這兩句話，令人知道習之可怕。第二，他不認實習之外能有別的方法得着學問，所以專提倡論語裏『學而時習之』一句話，令人知道習之可貴。我們把他的話勉強分析，可以說是有兩種『習』法：一，為修養品格起見，唯一的工夫是改良習慣；二，為增益才智起見，唯一的工夫是練習實務。（其實這種分析不對，不過為研究方便強分耳。他並不認修養品格和增益才智是兩件事，看下文所述自明）今先從增益才智這方面說起。

人的知識從那裏來呢？我們用什麼方法纔能得着知識呢？這是中外古今哲學家和教育家所最苦心研究，而且累經爭論，久懸未決的大問題。中國古書則大學裏頭有句很簡單的話說，『致知在格物，物格而后知至。』為這句話，一千年來儒者下各種各樣的解釋，搜集起來，恐不下幾百萬字，直到今日這場筆墨官司還沒有打完。顏習齋的解法則如下。

『李植秀問「格物致知。」予曰，知無體，以物為體，猶之目無體，以形色為體也。故人目雖明，非視黑視白，明無由用也。人心最靈，非玩東玩西，靈無由施也。今之言致知者，不過讀書講問思辨已耳，不知致吾知者皆不在此也。譬如欲知禮，任讀幾百遍禮書，講問幾十次，思辨幾十層，總不算知，直須跪拜周旋，親下手一番．方知禮是如此．譬如欲知樂．任讀樂譜幾百遍．講問思辨幾十層．總不能知．直須搏拊擊吹口歌身舞親下手一番．方知樂是如此．是謂「物格而后知至」……格即「手格猛獸」之格……且如這冠．雖三代聖人不知何朝之冠也．雖從聞見而知爲某種之冠．亦不知皮之如何煖也．必手取而加諸首．乃知如此取煖．如這菔蔬．雖上智老圃不知爲可食之物也．雖從形色料爲可食之物．亦不知味之如何辛也．必箸取而納之口．乃知如此味辛．故曰手格其物而后知至．」（四書正誤卷一）

我們試把這段話再引申幾句．依習齋的意思．『致』字當作左傳裏『致師』的『致』字解．當作孫子裏『致人而不致於人』的『致』字解．引致知識到我跟前叫做『致知』．知識來到了跟前叫做『知至』．習齋以爲書本上說這件事物如何如何．我把這段書徹頭徹尾看通了．這種智識靠得住嗎．靠不住．別人說這件事物如何如何．說得很明白．我也聽得很明白．這種智識靠得住嗎．靠不住．憑我自己的聰明把這件事物揣摩料量．這種智識靠得住嗎．靠不住．要想知識來到跟前．（知至）須經過一定程序．即『親下手一番』（手格其物）便是換而言之．無所謂先天的知識．凡知識皆得自經驗．所以他說

『今試予生知聖人以一管．斷不能吹．』（言行錄世情篇）

再拿很粗淺的例來打比．你想知道北京的路怎樣走法．任憑你是孔夫子．你總沒有法子生來就知道．你讀盡了什麼北京指南不中用．聽人講得爛熟也不中用．你要眞認得路．除非親自走過幾回．所以他說知識的來源．除了實習實行外．是再沒有的．

王陽明高唱『知行合一』．從顏李派看來．陽明還是偏於主知．或還是分知行爲二．陽明說『不行只是不知．

』習齋翻過來說不知只是不行因行得知纔算眞的知行合一。程朱講知識來源標出『窮理』兩字其方法是因其已知之理而益窮之以求至乎其極至於用力之久而一旦豁然貫通……』朱子補格致傳所以教人『隨處體認天理』要想得一種『人欲淨盡天理流行』的境界顏李大反對此說習齋說。

『理者木中紋理也指條理言。』四書正誤卷六『凡事必求分析之精是謂窮理。』存學編卷二

恕谷說。

『事有條理理卽在事中詩曰「有物有則」離事物何所謂理乎。』論語傳注問

程朱所謂『理』說得對不對另一問題但他們像是認理與事爲兩件事又像是認能窮理則學問之能事畢。這確不對朱子說『豈有見理已明而不能處事者。』習齋駁他道。

『見理已明而不能處事者多矣有宋諸先生便謂還是見理不明只教人再去窮理孔子則只教人習事。迨見理於事則已徹上徹下矣此孔子之學與程朱之學所由分也。』存學編卷三

程朱派之說謂『小學教灑埽應對及六藝——禮樂射御書數等但不能明其所以然故入大學又須窮理。』恕谷駁他道。

『請問窮理是閣置六藝專爲窮理之功乎抑功卽在於學習六藝年長則愈精愈熟而理自明也。譬如成衣匠學鍼黹由粗及精遂通曉成衣要訣未聞立一法曰學鍼黹之後又閣置鍼黹而專思其理若何也。』聖經學規纂

恕谷這段譬喻解釋習齋所謂『見理於事』最爲透徹見理於事卽是因行得知除卻手格其物躬習其事之外說有別的方法可以研究出某種原理顏李是絕對不承認的

朱子說的『卽物窮理』工夫還自己下有注解說道『上而無極太極下而至於一草一木一昆蟲之微亦各有理一書不讀則缺了一書道理一事不窮則缺了一事道理一物不格則闕了一物道理須着逐一件與他理會過』恕谷批評他道

『朱子一生功力志願皆在此數言自以爲表裏精粗無不到矣然聖賢初無如此敎學之法也論語曰「中人以下不可語上」「夫子之言性與天道不可得聞」中庸曰「聖人有所不知不能」孟子曰「堯舜之知而不徧物」可見初學不必講性天聖人不能徧知一草一木也朱子乃如此浩大爲願能乎』大學辨業

朱子這種敎人求知識法實在荒唐想要無所不知結果非鬧到一無所知不可何怪陸王派說他『支離』呢習齋嘗問一門人自度才智何取那人答道『欲無不知能』習齋說

『誤矣孔門諸賢禮樂兵農各精其一唐虞五臣水火農敎各司其一後世菲資乃思兼長如是必流於後儒思著之學矣蓋書本上見心頭上思可無所不及而最易自欺欺世究之莫道一無能其實一無知也』言行錄刁過之篇

總而論之顏李對於知識問題認爲應該以有限的自甘而且以有限的爲貴但是想確實得到這點有限的知識除了實習外更無別法這是他們知識論的概要

四

顏李以爲凡紙片上學問都算不得學問，所以反對讀書和著書。又以爲凡口頭上學問都算不得學問，所以反對講學。習齋反對讀書著書的理由如下：

『以讀經史訂羣書爲窮理處事以求道之功，則相隔千里。以讀經史訂羣書爲卽窮理處事而曰道在是焉，則相隔萬里矣。……譬之學琴然。書猶琴譜也。爛熟琴譜，講解分明，可謂學琴乎？故曰以講讀爲求道之功相隔千里也。更有一妄人指琴譜曰：是卽琴也。辨音律，協風韻，理性情，通神明，此物此事也。譜果琴乎？故曰以書爲道相隔萬里也。……歌得其調，撫嫻其指，弦求中音，徽求中節，是之謂學琴矣，未爲習琴也。手隨心，音隨手，淸濁疾徐有常功，鼓有常規，奏有常樂，是之謂習琴矣，未爲能琴也。弦器可手製也，音律可耳審也，詩歌惟其所欲也，心與手忘，手與弦忘，於是乎命之曰能琴。今手不彈，心不會，但以講讀琴譜爲學琴，是渡河而望江也。故曰千里也。今目不覩，耳不聞，但以譜爲琴，是指薊北而談滇南也。故曰萬里也。』存學編卷二性理書評

又說：

『譬之於醫，素問、金匱，所以明醫理也；而療疾救世，則必診脈、製藥、鍼灸、摩砭，爲之力也。今有妄人者，止務覽醫書千百卷，熟讀詳說，以爲予國手矣。視診脈、製藥、鍼灸、摩砭，以爲術家之粗，不足學也。一人倡之，舉世效之，岐黃盈天下，而天下之人，病相枕，死相藉也。可謂明醫乎？若讀盡醫書，而鄙視方脈藥餌鍼灸摩砭，不

惟非岐黃並非醫也尚不如習一科驗一方者之爲醫也……』存學編卷一學辯一

這種道理本來很明顯若說必讀書纔有學問那麼許多書沒有出現以前豈不是沒有一個有學問的人嗎然則後世『讀書卽學問』這個觀念從那裏來呢顏李以爲這是把論語『則以學文』『博學於文』等語誤解了習齋說

『儒道之亡亡在誤認一「文」字試觀帝堯「煥乎文章」固非大家帖括抑豈四書五經乎周公監二代所制之「郁郁」孔子所謂「在茲」顏子所謂「博我」者是何物事後世全然誤了』言行錄學須篇

又說

『漢宋儒滿眼只看得幾冊文字是「文」然則虞夏以前大聖賢皆鄙陋無學矣』四書正誤卷三

又說

『後儒以文墨爲「文」將「博學」改爲博讀博講博著可歎』年譜卷下

習齋解這文字謂指周官之六藝——禮樂射御書數尙書之六府——水火金木土穀等等凡人生日用所需荀子所謂「其迹粲然」者便是依我看這種解釋是對的『文』字造字原意本象木中紋理之形因此引申出來凡事物之粲然有條理者謂之『文』試拿這個訓詁去讀古書中『文』字無一不合若作『文墨』解便無一合了習齋這些話眞可以給後世『蠹魚式的學者』當頭一棒

讀書僅僅無益也還罷了據顏李的見解以爲非惟無益而且有害害在那裏呢他們以爲多讀書能使人愚能使人弱何以見得能使人愚呢習齋有一位門生把中庸『好學近乎知』這句話問他他反問那人道『你心

中必先有多讀書可以破愚之見。是不是呢。』那人答道。『是。』他說。

『不然。試觀今天下秀才曉事否。讀書人便愚。多讀更愚。但書生必自智其愚。卻益深。……』四書正誤卷二

又說。

『讀書愈多愈惑。審事機愈無識。辦經濟愈無力。』朱子語類評

何以見得讀書能使人弱呢。朱子曾批評文學家求文字之工。費許多精神。甚可惜。習齋進一步說道。

『文家把許多精神費在文墨上。誠可惜矣。先生輩舍生盡死在思讀講著四字上做工夫。全忘卻堯舜三事六府周孔六德六行六藝。不肯去學。不肯去習。又算什麼。千餘年來。率天下入故紙堆中。耗盡身心氣力。作弱人病人無用人者。皆晦庵為之也。』朱子語類評

恕谷也總論愚弱兩病道。

『讀閱久則喜靜惡煩。而心板滯迂腐矣。……故予人以口實曰「白面書生。」曰「書生無用。」曰「林間咳嗽病獼猴。」世人猶謂誦讀可以養身心。誤哉。……顏先生所謂讀書人率習如婦人女子。以識則戶隙窺人。以力則不能勝一匹雛也。』恕谷後集與馮樞天論讀書

這些話不能說他們太過火。因為千年來這些『讀書人』實在把全個社會弄得糟透了。恕谷說。

『後世行與學離。學與政離。宋後二氏學興。儒者浸淫其說。靜坐內視。論性談天。與孔子之言一一乖反。至於扶危定傾大經大法。則拱手張目。授其柄於武人俗士。當明季世。朝廟無一可倚之人。坐大司馬堂批點左傳。敵兵臨城。賦詩進講。覺建功立名。俱屬瑣屑。日夜喘息著書。曰此傳世業也。卒至天下魚爛河決。生民

塗炭。嗚呼，誰生厲階哉。』（恕谷文集與方靈皋書）

習齋恨極這種學風，所以咬牙切齒的說道，

『率古今之文字，食天下之神智。』（四書正誤卷四）

他拿讀書比服砒霜，說道，

『僕亦吞砒人也，耗竭心思氣力，深受其害，以致六十餘歲，終不能入堯舜周孔之道。但於途次聞鄉塾羣讀書聲，便歎曰，可惜許多氣力。但見人把筆作文字，便歎曰，可惜許多心思。但見場屋出入人羣，便歎曰，可惜許多人才。故二十年前，但見聰明有志人，便勸之多讀。近來但見才器，便戒勿多讀書。……噫，試觀千聖百王，是讀書人否。雖三代後整頓乾坤者，是讀書人否。吾人急醒。』（朱子語類評）

這些話可謂極端而又極端了。咳，我不曉得習齋看見現在學校裏成千成萬青年日日受這種『裝罐頭的讀書教育』又當作何歎息哩。但我們須要牢牢緊記，習齋反對讀書，並非反對學問。他認定讀書與學問截然兩事，而且認定讀書妨害學問，所以反對他。說，

『人之歲月精神有限，誦說中度一日，便習行上少一日，紙墨上多一分，便身世上少一分。』（存學編卷一）

恕谷亦說，

『紙上之閱歷多，則世事之閱歷少。筆墨之精神多，則經濟之精神少。宋明之亡以此。』（恕谷年譜）

觀此可知他們反對讀書，純為積極的而非消極的。他們只是叫人把讀書的歲月精神騰出來去做眞正學問罷了。

五

讀了前節的話可以看出顏李對於身體上磨練如何重視了我想中國二千年來提倡體育的教育家除顏習齋外只怕沒有第二個人他唯一的主張是

『習行於身者多勞枯於心者少』年譜卷上

他怎麼的講體育呢不外常常令身體勞動他說

『常動則筋骨竦氣脈舒故曰「立於禮」故曰「制舞而民不腫」宋元來儒者皆習靜今日正可言習動』言行錄卷下世性篇

又說

『養身莫善於習動夙興夜寐振起精神尋事去做行之有常並不困疲日益精壯但說靜息將養便日就惰弱了故曰君子莊敬日强安肆日偷』同上學人篇

他特標這『習動主義』和宋儒之主靜主義對抗尤奇特者昔人都以心不動爲貴習齋則連心也要他常動他說

『身無事幹尋事去幹心無理思尋理去思習此身使勤習此心使存』言行錄卷下鼓琴篇

他的意思凡動總是好的凡靜總是壞的於是發出極有力的結論如下

『五帝三王周孔皆敎天下以動之聖人也皆以動造成世道之聖人也漢唐襲其動之一二以造其世也

晉宋之苟安。佛之空。老之無。周程朱邵之靜坐。徒事口筆。總之皆不動也。而人才盡矣。世道淪矣。吾嘗言。一身動則一身强。一家動則一家强。一國動則一國强。天下動則天下強。自信其考前聖而不繆。俟後聖而不惑矣。（言行錄卷下學須篇）

他反對宋人所提倡之靜坐。和反對讀書同一理由。一曰靜坐使人愚。二曰靜坐使人弱。他說。

『爲愛靜空談之學久則必至厭事。遇事卽茫然。』（年譜卷下）

又說。

『終日兀坐。萎惰人精神。使筋骨皆疲軟。以至天下無不弱之書生。無不病之書生。生民之禍。未有甚於此者也。』（朱子語類評）

朱子最喜歡譏評漢儒。又喜歡闢佛。卻教人『半日靜坐半日讀書』。習齋反詰他道。

『半日讀書便半日是漢儒。半日靜坐便半日是和尚。請問一日十二時中那一分一秒是堯舜周孔。』（朱子語類評）

這話雖有點尖酸。卻眞把千年來學術界的病根鍼砭到徹底了。

主靜的修養法爲什麽向來在我們學術界很占勢力。而且直到今日還有許多人信從呢。這也難怪。因爲靜習的人用力既久。確會得着一種空靈玄妙的境界。所以許多聰明人都信仰他。習齋從心理學上提出極强的理由。證明這種境界之靠不住。他說。

『洞照萬象。昔人形容其妙曰鏡花水月。宋明儒者所謂悟道。亦大率類此。吾非謂佛學中無此境也。亦非謂學佛者不能致此也。正謂其洞照者無用之水鏡。其萬象皆無用之花月也。不至於此。徒苦半生爲腐朽之枯禪。不幸而至此。自欺更深。何也。人心如水。但一澄定。不濁以泥沙。不激以風石。不必名山巨海之水能照百態。雖溝渠盆盂之水皆能照也。今使竦起靜坐。不擾以事爲。不雜以旁念。敏者數十日。鈍者三五年。皆能洞照萬象。如鏡花水月。功至此。快然自喜。以爲得之矣。或邪妄相感。人物小有徵應。愈隱怪驚人。轉相推服。以爲有道矣。予戊申前亦嘗從宋儒用靜坐工夫。故身歷而知其爲妄。不足據也。（存學篇卷二有一段大意與此同而更舉實例爲證云『吾聞一管姓者與吾友汪魁楚之伯同學仙於泰山中止語三年汪之離家十七年其子往視之管能豫知以手畫字曰『汪師今日有子來』既而果然未幾其兒呼還則與鄉人同也吾遊燕京遇一僧敬軒不識字坐禪數月能作詩既而出關則仍一無知人也……』）天地間豈有不流動之水。不着地不見泥沙。不見風石之水。一動一着。仍是一物不照矣。今玩鏡裏花。水中月。信足以娛人心目。若去鏡水。則花月無有矣。即對鏡水一生。徒自欺一生而已矣。若指水月以照臨。取鏡花以折佩。此必不可得之數矣。故空靜之理。愈談愈惑。空靜之功。愈妙愈妄。……』（存人編）

這段話眞是饜心切理之談。天下往往有許多例外現象。一般人認爲神祕不可思議。其實不過一種變態的心理作用。因爲人類本有所謂潛意識者。當普通意識停止時。他會發動——做夢便是這個緣故。我們若用人爲的工夫將普通意識制止。令潛意識單獨出鋒頭。則『鏡花水月』的境界。當然會現前。認這種境界爲神祕而驚異他歆羨他。固屬可笑。若咬定說沒有這種境界。則亦不足以服迷信者之心。因爲他們可以舉出實例來反駁你。習齋雖沒有學過近世心理學。但這段話確有他的發明。他承認這種變態心理是有的。但說他是靠不住的無用的。從來儒家闢佛之說。沒有比習齋更透徹了。

六

顏李也可說是功利主義者。習齋說。

『以義爲利。聖賢平心道理也。尚書明以利用與正德厚生並爲三事。利貞利用安身利用刑人無不利。利者義之和。易之言利更多……後儒乃云「正其誼不謀其利」。過矣。宋人喜道之以文其空疏無用之學。予嘗矯其偏。改云正其誼以謀其利。明其道而計其功。』（四書正誤卷一）

恕谷說。

『董仲舒曰。「正其道不謀其利。修其理不急其功。」語具春秋繁露。本自可通。班史誤易「急」爲「計」。宋儒遂酷遵此一語爲學術。以爲「事求可功求成」則取必於智謀之末而非天理之正。後學迂弱無能。皆此語誤之也。請問行天理以孝親而不思得親之歡。事上而不欲求上之獲。有是理乎。事不求可。將任其不可乎。功不求成。將任其不成乎。……』（論語傳注問）

這兩段話所討論實學術上極重要之問題。老子說的『爲而不有』。我們也認爲是學者最高的品格。但是把效率的觀念完全打破。是否可能。況且凡學問總是要應用到社會的。學問本身可以不計效率。應用時候是否應不計效率。這問題越發複雜了。我國學界自宋儒高談性命鄙棄事功。他們是否有得於『爲而不有』的眞精神且不敢說。動輒唱高調把實際上應用學問抹殺。其實討厭。朱子語類有一段。『江西之學（陸象山）只是禪。浙學（陳龍川）卻專是功利。……功利學者習之便可見效。此意甚可憂。』你想這是什麼話。習齋批評他道。

『都門一南客曹蠻者與吾友王法乾談醫云「惟不效方是高手」殆朱子之徒乎朱子之道千年大行使天下無一儒無一才無一苟定時因不願見效故也宋家老頭巾羣天下人才於靜坐讀書中以爲千古獨得之祕指幹辦政事爲粗豪爲俗吏指經濟生民爲功利無雜霸究之使五百年中平常人皆讀講集注揣摩八股走富貴利達之場高曠人皆高談靜敬著書集文貪從祀廟庭之典莫論唐虞三代之英孔門賢豪之士世無一人並漢唐傑才亦不可得世間之德乃眞亂矣萬有乃眞空矣……』朱子語類評

宋儒自命直接孔孟何止漢唐政治家連孔門弟子都看不起習齋詰問他們說

『……何獨以偏缺微弱兄於契丹臣於金元之宋前之居汴也生三四堯孔六七禹顏後之南渡也又生三四堯孔六七禹顏而乃前有數聖賢上不見一扶危濟難之功下不見一可相可將之材拱手以二帝畀金以汴京與豫矣後有數十聖賢上不見一扶危濟難之功下不見一可相可將之才推手以少帝赴海以玉璽與元矣多聖多賢之世乃如此乎噫』存學篇卷二

這話並不是尖酸刻薄習齋蓋有感於學術之敝影響到社會痛憤而不能已於言他說『吾讀甲申殉難錄至「愧無半策匡時難惟餘一死報君恩」未嘗不泣下也至覽尹和靖祭程伊川文「不背其師有之有益於世則未」二語又不覺廢卷浩歎爲生民愴惶久之』存學編卷二 既屬一國中智識階級則對於國之安危盛衰自當負絕對責任說我自己做自己的學問不管那些閑事到事體敗壞之後只歎息幾句了事這種態度如何要得所以顏李一派常以天下爲己任而學問皆歸於致用專提倡書三事——正德利用厚生爲標幟習齋說『宋人但見料理邊疆便指爲多事見理財便指爲聚斂見心計材武便憎惡斥爲小人此風不變乾坤無寧日矣』

年譜卷下 又說.『兀坐書齋人無一不脆弱.爲武士農夫所笑.』存學編卷三性理評 又說.『宋元來儒者卻習成婦女態.甚可羞.「無事袖手談心性.臨危一死報君王.」卽爲上品矣.』同上卷一學辯 又說.『白面書生.微獨無經天緯地之略.兵農禮樂之才.率柔脆如婦人女子.求一腹豪爽倜儻之氣.亦無之.間有稱雄卓者.則又世間粗放子.……』習齋記餘卷一泣血集序 恕谷說『道學家不能辦事.且惡人辦事.』恕谷年譜卷上 又說『宋儒內外精粗.皆與聖道相反.養心必養爲無用之心.致虛守寂.修身必修爲無用之身.徐言緩步.爲學必爲無用之學.閉門誦讀.不盡去其病.世道不可問矣.』同上

宋儒亦何嘗不談經世.但顏李以爲.這不是一談便了的事.習齋說『陳同甫謂.「人才以用而見其能否.安坐而能者不足恃.兵食以用而見其盈虛.安坐而盈者不足恃.」吾謂德性以用而見其醇駁.口筆之醇者不足恃.學問以用而見其得失.口筆之得者不足恃.』年譜卷上 又說.『人不辦天下事.皆可爲無弊之論.』言行錄杜生篇 有人說.一統志廣輿記等書.皆書生文字.於建國規模山川險要.未詳.習齋說『豈惟是哉.自帖括文墨遺禍斯世.卽間有考纂經濟者.總不出紙墨見解.可歎.』年譜卷下 李二曲說『吾儒之學.以經世爲宗.自傳久而謬.一變訓詁.再變詞藝.而儒名存實亡矣.』習齋評他道『見確如此.膺當路尊禮.集多士景從.亦祇講書說話而已.何不舉古人三事三物之經世者.使人習行哉.後儒之口筆.見之非.固無用.見之是.亦無用.此益傷吾心也.』同上 嗚呼.倘使習齋看見現代青年日日在講堂上報紙上高談什麼主義什麼主義者.不知其傷心更何如哩.

想做有用之學.先要求爲可用之人.恕谷說『聖學踐形以盡性.今儒墮形以明性.耳目但用於聽讀.耳目之用去其六七.手但用於寫.手之用去其七八.足惡動作.足之用去其九.靜坐觀心.而身不喜事.身心之用亦去九.形既

不踐性何由全』（年譜卷上）這話雖然是針對爲當時宋學老爺們發的但現代在學堂裏所受的教育是否能盡免此弊恐怕還值得一猛醒罷。

七

習齋不喜歡談哲理但他對於『性』的問題有自己獨到的主張他所主張我認爲在哲學上很有價值不能不稍爲詳細敍述一下。

中國哲學上爭論最多的問題就是性善惡論因爲這問題和教育方針關係最密切所以向來學者極重視他。孟子告子荀子董仲舒揚雄各有各的見解到宋儒程朱則將性分而爲二一義理之性是善的二氣質之性是惡的其教育方針則以「變化氣質」爲歸宿習齋大反對此說著存性編駁他們首言性不能分爲理氣更不能謂氣質爲惡其略曰

「……若謂氣惡則理亦惡若謂理善則氣亦善蓋氣卽理之氣理卽氣之理烏得謂理純一善而氣偏有惡哉譬之目矣眶皰睛氣質也其中光明能見物者性也將謂光明之理專視正色眶皰睛乃視邪色乎余謂更不必分何者爲義理之性氣質之性……能視卽目之性善其視之也則情之善其視之詳略遠近則才之强弱（啓超案孟子論性善附帶着論『情』論『才』說『乃若其情則可爲善矣』又說『若夫爲不善非才之罪也』習齋釋這三個字道『心之理曰性性之動曰情情之力曰才』見年譜卷下存性編亦有專章釋此三字今不詳引）皆不可以惡言蓋詳且遠固善卽略且近亦第善不精耳惡於何加惟因有邪色引動障蔽其明然後有淫視而惡始名焉然其爲之引動者性之咎乎氣質之咎乎若歸咎於氣質是必無此目

然後可全目之性矣……」（存性編駁氣質性惡）

然則性善的人爲什麼又會爲惡呢。習齋以爲皆從「引蔽習染」而來。而引蔽習染皆從外入。絕非本性所固有。程子說『清濁雖不同然不可以濁者不爲水』朱子引申這句話因說『善固性也惡亦不可不謂之性』主張氣質性惡的論據如此。習齋駁他們道。

『請問濁是水之氣質否。吾恐澂澈淵湛者水之氣質其濁者乃雜入水性本無之土。正猶吾言性之有引蔽習染也。其濁之有遠近多少。正猶引蔽習染之有輕重深淺也。若謂濁是水之氣質。則濁水有氣質清水無氣質矣。如之何其可也。』（同上借水喩性）

程子又謂性『本善而流於惡』習齋以爲也不對。駁他道。

『原善者流亦善。上流無惡者下流亦無惡。……如水出泉。若皆行石路。雖自西海達東海。絕不加濁。其有濁者。乃虧土染之。不可謂水本清而流濁也。知濁者爲土所染。非水之氣質。則知惡者是外物染乎性。非人之氣質矣。』（同上性理書評）

習齋論引蔽習染之由來說得極詳盡。今爲篇幅所限。不具引了。（看存性編性說）習齋最要的論點。在極力替氣質辯護。爲什麼要辯護呢。因爲他認定氣質爲各個人做人的本錢。他說「盡吾氣質之能。則聖賢矣。」（言行錄卷下）又說。

「昔儒視氣質甚重。習禮習樂習射御書數非禮勿視聽言動皆以氣重用力。卽此爲存心。卽此爲養性。故曰「志至焉氣次焉。持其志無暴其氣。」故曰「養吾浩然之氣。」故曰「唯聖人然後可以踐形。」魏晉以來。佛老肆行。乃於形體之外別狀一空虛幻覺之性靈。禮樂之外別作一閉目靜坐之存養。佛者曰入定。

儒者曰吾道亦有入定也老者曰內丹儒者曰吾道亦有內丹也借五經語孟之文行楞嚴參同之事以躬習其事爲粗迹則自以氣骨血肉爲分外於是始以性命爲精形體爲累乃敢以有惡加之氣質矣』（存性編性理書評）

氣質各有所偏當然是不能免的但這點偏處正是各人個性的基礎習齋以爲教育家該利用他不該厭惡他他說『偏勝者可以爲偏至之聖賢……宋儒乃以偏爲惡不知偏不引蔽偏亦善也』（同上）又說『氣禀偏而即命之曰惡是指刀而坐以殺人也庸知刀之能利用殺賊乎』（同上）習齋主張發展個性的教育當然和宋儒『變化氣質』之說不能相容他說

『人之質性各異當就其質性之所近心志之所願才力之所能以爲學則無齟齬扞格終身不就之患故孟子於夷惠曰不同道惟願學孔子非止以孔子獨上也非謂夷惠不可學也人之質性近夷者自宜學夷近惠者自宜學惠今變化氣質之說是必平丘陵以爲川澤塡川澤以爲丘陵也不亦愚乎且使包孝肅必變化而爲龐德公龐德公必變化而爲包孝肅必不可得之數亦徒失其爲包爲龐而已矣』（四書正誤卷六）

有人問他你反對變化氣質那麽尙書所謂『沈潛剛克高明柔克』的話不對嗎他說『甚剛人亦必有柔處甚柔人亦必有剛處只是偏任慣了今加學問之功則吾本有之柔自會勝剛本有之剛自會勝柔正如技擊者好動脚教師教他動手以濟脚豈是變化其脚』（言行錄卷下王次亭篇）

質而言之程朱一派別氣質於義理明是襲荀子性惡之說而又必自附於孟子故其語益支離習齋直斥之曰『耳目口鼻手足五臟六腑筋骨血肉毛髮秀且備者人之質也雖蠢猶異於物也呼吸充周榮潤運用乎

五官百骸粹且靈者人之氣也。雖蠢猶異於物也。故曰「人爲萬物之靈」。故曰「人皆可以爲堯舜」。其靈而能爲堯舜者卽氣質也非氣質無以爲性非氣質無以見性也今乃以本來之氣質而惡之其勢不並本來之性而惡之不已也。以作聖之氣質。而視爲汙性壞性害性之物。明是禪家六賊之說。能不爲此懼乎。』（存性編性理評）

習齋之斷斷辨此。並非和程朱爭論哲理。他認爲這問題在教育上關係太大。故不能已於言。他說。

『大約孔孟以前責之習。使人去其所本無。程朱以後責之氣。使人憎其所本有。是以人多以氣質自諉。竟有「山河易改本性難移」之諺矣。其誤世豈淺哉。』（同上）

他於是斷定程朱之說。蒙晦先聖盡性之旨。而授世間無志人以口實。（存學編卷一上孫鍾元先生書）他又斷言。凡人『爲絲毫之惡。皆自玷其光瑩之體。極神靈之善。始自踐其固有之形。』（同上上陸桴亭先生書）習齋對於哲學上和教育上的見解這兩句包括盡了。

八

習齋把漢宋以來一切學問。都否認得乾乾淨淨。然則他所謂學問是什麼呢。是尙書裏頭的六府——水、火、金、木、土、穀、三事——正德、利用、厚生、周書裏頭的三物——六德——知、仁、聖、義、忠、和、六行——孝、友、睦、婣、任、卹、六藝——禮、樂、射、御、書、數、他說。

『必有事焉。學之要也。心有事則存。身有事則修。家之齊。國之治。皆有事也。無事則治與道俱廢。故「正德

利用厚生」曰「事」。不見諸事非德非用非生也「德行藝」曰「物」。不徵諸物非德非行非藝也。』年譜卷上

他所講這些學問。一部分是道德上的實踐。一部分是事業上的實用。都不是紙上看看口頭說說心裏想想所能交代過去。他說。

『須日夜講習之力。多年歷驗之功。非比理會文字之可坐而獲。』存學編卷二

所以他自修和教人。都抱定『親下手一番』的宗旨他的身心修養法是要『身無事尋事去做。心無事尋事去思。做到身心一齊竦起。』年譜卷上 處家庭處朋友乃至尋常應事接物都出以十二分誠懇恪恭的態度。一毫不肯鬆弛。立一部日譜記自己每日的行為和感想。嚴密自課務求『每日有善可遷有過可改。』言行錄王次亭篇 至於工虞水火禮樂射御這些藝能。則從自己性之所近。擇一兩件專精其業。做這一件。便日日不斷的實地練習。他自己精於彈琴。精於騎馬。精於技擊。精於醫。雖沒有機會帶兵。然而兵法研究得甚熟。雖沒有機會治水。然而水利講求得甚明。有人說這些都是粗跡。他答道『學問無所謂精粗。喜精惡粗。此後世所以誤蒼生也。』存學編卷一記王法乾問答語 假使他生當今日。我敢說他定是一位專門科學家哩。他主張非力不食。親自耕田到老不懈。曾親自趕車載糞。旁人見以為奇。他說做人總要耐艱苦習勞動。有什麼奇怪呢。俱見年譜 他身體極結實。每出必步行。五十一歲時出關尋父。步行幾徧東三省。

他主張『不要說只要做。』所以最反對講空話談原理的人。他說。

『宋儒如得一路程本。觀一處又觀一處。自喜為通天下路程。人人亦以曉路稱之。其實一步未行。一處未

到周行榛蕪矣。』（年譜卷下）

又說。

『有聖賢之言可以引路。今乃不走路。只效聖賢言以當走路。每代引路之言增而愈多。卒之蕩蕩周道上鮮見人也。』（存學編卷三）

他以爲聽見人告訴我一句好話。我便要依着他的話做去。纔是若照着他的話學舌一般再說一番。有何用處。譬如教體操先生說一聲開步走。你便要「踏開脚步」往前走。倘使你站着不動。卻照樣的學說一句『開步走』。這種學生還要得嗎。（言行錄中有一條所說大意如此今略易其文）他以爲二千年來學者大半犯這毛病。孟子說『行之而不著焉。習矣而不察焉。終身由之而不知其道者衆也。』習齋說後世講學家正做了這章書的反面『著之而不行焉。察矣而不習焉。終身知之而不由其道者衆也。』（這話是刁蒙吉說的習齋引用他見年譜卷下）可謂妙語解頤。我想這種毛病不獨漢宋學者爲然。現代的學校教育。怕什有九還是這樣罷。

九

習齋抱極偉大的志願。想要轉移學風。造出一個新社會。他說。『但抱書入學。便是作轉世人。不是作世轉人。』（存學編卷三）又說。『學者勿以轉移之權委諸氣數。一人行之爲學術。衆人從之爲風俗。民之瘼矣。忍度外置之乎。』（這是習齋臨終那一年告恕谷的話見恕谷年譜）唉。習齋恕谷賫志以沒於地下。到今又二百多年了。到底學風轉移了沒有。何止沒有轉移。只怕病根還深幾層哩。若長此下去嗎。那麽習齋有一番不祥的預言。待我寫來。他說。

『文盛之極則必衰。文衰之返則有二。一是文衰而返於實。則天下厭文之心。必轉而爲喜實之心。乾坤蒙其福矣。……一是文衰而返於野。則天下厭文之心必激而爲滅文之念。吾儒與斯民淪胥以亡矣。如有宋程朱黨僞之禁。天啓時東林之逮獄。崇禎末張獻忠之焚殺。恐猶未已其禍也。而今不知此幾之何向也。易曰「知幾其神乎。」余曰知幾其懼乎。』存學編卷四

嗚呼今日的讀書人聽啊。自命智識階級的人們聽啊。滿天下小百姓厭惡我們的心理一日比一日厲害。我們還在那裏做夢。習齋說『未知幾之何向。』依我看『滅文』之幾早已動了。我們不『知懼。』徒使習齋恕谷長號地下耳。

明清之交中國思想界及其代表人物

一

本講所敍述。是以一六四四年清朝興起的時候爲中心。上溯二十年。下衍八十年。約自一六二四至一七二四凡百年間中國思想界大概形勢及其重要人物。

爲欲令諸君明瞭思想來源起見。先將二千餘年來思想界歷史分六期簡單說說。

第一期——紀前五五一至二二一。自孔子生年起至秦始皇統一天下止。這箇期內中國內部民族統一完成。各地方文化發展。而以黃河流域爲中心。其時思想極自由活潑。孔子老子墨子莊子孟子荀子韓非

子等大思想家相繼出生．實爲古代思想界最有光輝的時代．

第二期——紀前二二一至紀後二一九．這箇期包含秦漢兩朝．那時政治的統一完全告成．中央政府的勢力東至高麗．南至安南．西至新疆．政治上有許多新建設．思想界則經過怒湍壯瀾之後．回復到平流的樣子．專對於從前學者的發明．做整理工夫．又因政治的統一．延到思想的統一．全學界殆爲儒家思想所獨占．

第三期——二二〇至五八九．這箇期內．名爲三國南北朝期．政治勢力分裂．民族移轉大混亂．西北方蠻族入到中原文化最高的地方．漸漸同化．中原文化最高的人遷到南方去．把大江以南文化較低的地方加工開發．那時的思想界．因爲政治擾攘的影響．全部帶厭世色彩．初期道家言盛行．佛教則前期之末已經輸入．到本期發展極猛速．而極溥徧．故思想界亦呈分裂混雜的狀態．

第四期——五九〇至九五九．這箇期包含隋唐及五代．而以唐爲中心．那時第二次民族統一告成．政府勢力偉大．北至內外蒙古及西伯利亞之一部．西至西土耳其斯坦．南至北中印度．都以「半藩屬」的狀態．受長安政府之支配或監督．思想界則一方面因南北統一．政象安寧．得迅速的進步．一方面因和西方交通頻繁．中亞細亞及印度之精神物質的文化．次第輸入．所以文學美術音樂工藝．都發達得極其燦爛．哲學界則佛學各宗派都在這時候完成．儒學亦繼續漢代的整理事業．到期末的百餘年間．因文化爛熟的結果．發生毛病．延及社會之腐濁．政治之混亂．至五代時．這一期的文明．遂陷於破產狀態．

第五期——九六一至一六四三．這箇期包含宋元明三朝．那時東北方新興的野蠻民族——契丹女眞蒙古滿洲接二連三侵入，給我們的文化以很多的脅迫和蹂躪。內中蒙古人尤與別的蠻族不同，「拒同化」的力量頗不小。他們統治中國九十多年，我們的文化受不少的損失。那時候的思想界全部分精力耗費在新哲學之建設上頭。這一派的新哲學，是努力將印度思想和中國固有思想相調和。他們自己標一箇名叫做「理學」。「——專從「形而上」方面探求宇宙和人生的原理，所以叫做理學。理學發生的動機，一方面因為前期物質文明末流發生了毛病，惹起反動，所以走到收斂內觀那條路去。一方面因為佛教的潛勢力很大，儒者都受他影響，不知不覺便鎔化成一箇新派。理學界重要人物，前有程顥朱熹陸九淵，後有王守仁。因此又分程朱和陸王兩支派。程朱派帶中國固有思想的成分還較多，陸王派便更和印度思想接近了。自理學興，後唐以前許多文化事業都很受打擊，再加以那種八股考試制度，把學界的活氣越發腐蝕了。

第六期——一六四四至今日。　自清朝建號那年起，這箇期內滿洲人僅治中國二百七十多年。但滿洲人不久便完全同化了，所以和蒙古時代有點不同。文化不惟沒有受蹂躪，而且因政治統一，社會比較安寧的緣故，各種事業都很有進步。思想界方面，因前期理學末流發生毛病，惹起反動，於是一反前期向內的學風，專從事於客觀的研究考察，把第一期到第四期許多學問都復活轉來。又因為和歐洲交通大開的緣故，陸續受外來思想影響，造成一種新學風。和歐洲「文藝復興」時代有許多地方相像。

二

本講所要講的是最後那一期——第六期.

這一期的思想界情形很複雜——方面很多.不能全講.專講他「黎明時代」的運動.

這一期若依政治的區劃.是應該從一六四四年起的.但文化史的年代照例要比政治史先走一步.所以本講所講的黎明時代.提前二三十年.大約和歐洲的十七世紀相當.

想知道這箇黎明時代思想界變遷之動機.要注意那時候「時代背景」如下四點.

第一點.就是前段所講的「理學反動」因爲在前期末年.理學中之陸王學派.幾乎獨占了全學界.依我看.這一派的好處本來很多.但是到了末流.講得太玄妙了.隨聲附和的人也太放縱了.當然要引起一般人的厭倦和攻擊.所以反動的結果.學風全趨向客觀的或實踐的.

第二點.那時候有外界的一樁重大事件.是耶蘇會敎士之東來.利瑪竇艾儒略湯若望南懷仁等輩先後入中國.他們除傳敎之外.翻譯了許多數學.幾何、天文、地理、心理、論理各科書籍.所以那時候思想界很受刺激和佛學初進來時有點相像.

第三點.中國的學者.向來什有九都和政治有關係.這種關係.每每妨礙思想之獨立.最少也分減了研究的歲月和精神.清初因爲滿洲人初進來.統治者非我族類.第一流學者對於他們.或採積極的反抗態度.或採消極的「不合作」態度.這些學者.都對於當時的政治.不肯插手.全部精力都注在改良學風.作將來預備.所以有許多新穎思想自由發揮.而且因積久研究的結果.有許多新發明.

第四點.那時候的康熙帝.眞算得不世出之英主.他在位六十一年——一六六二至一七二二——和法國的路易十四俄國

的大彼得同時．性質和他們大略相類．所成就的事業還在他們之上．他卽位初年．雖國內有點兵亂．後頭四十多年．卻是歷史上少見的太平時代．因爲社會安謐學者得有從容爲學之餘裕康熙帝雖是滿洲人．但他同化於中國最早．人又極聰明．對於中國固有的文化和歐洲新輸入的文化都有相當的了解．而且極力提倡．有這樣一箇人做一國的主權者．自然能令思想界發生好影響．

三

在這種時代背景之下．自然會產生出有特色有價值的學問．今將這期內各派學術的代表人物列舉如下．

(一)黃道周和劉宗周．　道周福建人．宗周浙江人．兩位都是理學大師．都是一六四五年在南方舉兵反抗滿洲死的．他們雖然尊崇理學．卻都帶點修正色彩．道周提倡象數之學．用他自己的特別論理學推論事物．宗周對於實踐道德學最爲切實謹嚴．這兩位都是在前期的理學家中有他的新立場．人格的壯烈．尤令人敬仰．宗周門人最多．江浙閒學者大半出其門．影響到後來尤大．

(二)孫奇逢和李顒　奇逢直隸人．(一五八四—一六七五卒)顒陝西人．(一六二七生—一七〇五卒)兩位都是陸王派的理學家．但他們都注重實踐．少談玄理．可以說是儒家的「清教徒」奇逢是一位有俠氣能任事的人．明末滿洲兵進關．殘破了許多州縣．他以一書生糾合人守城．竟把滿洲兵打退．後來他避亂跑到山裏頭．許多人跟著他去．他便給這些人立了許多組織．成一箇小政府樣子．又用學問來教訓他們．成就許多人才．李顒的學風．最爲「平民的」他常說不識字也可以做聖賢．兩位都是北方講學大師．孫奇逢年壽最高．(九十二歲)影響尤大．

以上四箇人都是前期學派的結束。

(三)顧炎武和王夫之。　炎武，江蘇人，一六一三生一六八二卒，夫之，湖南人，一六一九生一六九二卒，兩位當少年時候，都做過反抗滿洲的政治運動，到事無可爲，纔做一箇純粹的學者。炎武公認爲清學開山第一大師，各門學問都由他提倡出來，他說除卻經學沒有理學，他說做學問的目的全在經世致用，他對於經學、史學、地理學、音韻學、金石學都有極精審的著作，他的著作都用客觀的歸納研究，給後人留下許多方法。夫之學問之博，和炎武不相上下，但他對於哲學有獨創的見解。向來哲學家大抵都是專憑冥想高談宇宙原理，夫之所注重的問題是「我們爲什麼能知有宇宙」「知識的來源在那裏」「知識怎麼樣纔算正確」，他以爲這些問題不解決，別的話都是空的，這種講哲學法，歐洲是康德以後纔有的，夫之生在康德前一百年，卻在東方已倡此論了。

(四)黃宗羲和朱之瑜。　兩位都是浙江人，和明朝大儒王守仁同縣，宗羲一六一〇生一六九五卒，之瑜一六〇〇生一六八二卒，兩位早年都是反抗滿洲最激烈的人，宗羲被政府畫起相片指名捕拿，前後十一次，之瑜亡命到日本、安南、暹羅等處，仍常常祕密入內地到處運動，前後經過十七八年，他們的政治活動纔停止。宗羲是劉宗周第一位門生，講陸王派理學，但他最長於歷史，著了一部宋元學案，一部明儒學案，把七百年理學家的人物和學說很詳慎的來敍述，很公正的來批評，兩書合共一百六十二卷，宋元學案有一部分是後人續的，在全世界著作界中，關於哲學史的著述，恐怕沒有比他更早比他更詳贍的了。他還有一部怪書叫做明夷待訪錄，這部書是說他的政治理想，極力排斥君主專制政體，提倡民權，這部書一六六二年出版。比法國盧騷的民約論早一百年。這種眼光在十七世紀時候眞是不容易得了。

朱之瑜學風和黃宗羲不同。他是排斥陸王派理學的。他不喜談玄專求實踐。他政治運動失敗之後亡命日本。發誓非到滿洲推翻之後斷不回國。他的偉大人格。漸漸爲日本人所認識。那時候日本宰相——事實上全國主權者德川光國十分敬禮他。尊他爲國師。他很熱心敎導日本人。日本近二百年的文化最少有一半由他造成。這是日本史家人人公認的事實。

（五）顏元和李塨。　他們兩位是師弟。都是直隸人。顏元一六三五生。一七〇四卒。李塨一六五九生。一七三三卒。他們是思想界的大炸彈。對於漢以後二千年所有學問一切否認。他們排斥注釋古書。排斥讀書。排斥靜坐冥想。排斥開堂講說。他們以爲學問不是從書本能得的。不是空想能得的。不是聽人講演能得的。比方你想認得北京的路。憑你把北京指南念得爛熟也不中用。日日聽人說路程方向也不中用。除非你親自跑一躺街而且天天跑。總而言之。他們以爲凡有智識都從經驗得來。所以除卻實地練習外。沒有法兒得着學問。他們對於學問的評價。專以有無效率爲標準。凡無益於國家社會或箇人身心修養的一概不認爲學問。他們的敎育專主張發展箇性說『斷沒有一箇藥方能醫好各種病。斷沒有一箇敎法能敎好各種人』。說『一箇人想兼備衆長。是絕對不可能的。要想把全社會的人在同一箇模型鑄出來。這種敎育政策是很有害的』。總括起來。他們的學說和現代詹姆士杜威等所倡之「唯用主義」十二分相像。不過他們所說早二百多年罷了。

（六）徐光啓和宋長庚。　兩位都是三百年前科學大家。光啓。江蘇人。一六三三年卒。他是頭一位翻譯歐文書籍的人。他譯的幾何原本，在古今翻譯界中，總算第一流作品。他對於數學、天文學、論理學，都有很深的修養。自己著書不少。上海徐家滙的天主堂和圖書館，是他把自己住宅及藏書捐出來創辦的，到今日還是繼續他的事業，越發鞏固光大。

長庚，江西人，生卒年無考，大概一六五〇年還生存。他是一位工業科學家，著有天工開物一書，用科學方法研究食物、衣服、器用以及冶金、制械、丹青、珠玉之原料工作，繪圖貼說，詳確明備。三百年前講工業天產的著作，如此詳明者，全世界中怕沒有第二部。

（七）王錫闡和梅文鼎　兩位都是初期數學家。錫闡，江蘇人，一六八二年卒。文鼎，江西人，一七二一年卒。他們都是把那時歐洲新輸入的天文學數學，研究得十分透徹，自己更發明許多新法，補西法所不及或訂正他的錯誤。錫闡年壽短，著述較少，但他的曉庵新法，在天文學上實有千古不磨的價值。文鼎壽八十九，著書八十餘種，中外著作家如此精勤博大者，實在少見。

（八）徐宏祖和顧祖禹　兩位是大地理家，都是江蘇人。宏祖，一五八五年生，一六四〇年卒。祖禹，一六八〇年卒。宏祖是一位探險大家，單身步行，把全箇中國都走徧了。雲南、四川的邊界，向來是一箇「祕密窟」，沒有人走過。舊地理書所講，純是捕風捉影。宏祖每遊一地，先審視山脈如何去來，水道如何分合，既得大勢，然後支節搜討。瀾滄江、金沙江、南北盤江的發源，向來沒有人到過，經宏祖實地踏勘，然後南部各水的源流始行清晰。他所著徐霞客遊記，實一部破天荒的地理書。祖禹的地理學，是把地理和歷史合攏起來研究的。他一生也只著有一部書，曰讀史方輿紀要。這部書卻是從二十九歲起到五十歲沒有一天停工纔始做成這部書把全國山川形勢說得瞭如指掌對於軍事地理方面尤爲詳盡。

(九)萬斯同和戴名世。兩位都是大史學家。斯同，浙江人，一七〇二年卒。名世，安徽人，一七一三年卒。斯同是黃宗羲的門生，著有明史稿五百卷，現在二十四史裏頭的明史，就是用他的底稿。其他關於史學的著作還很多。名世也是要獨力私著一部明史，因爲著作裏頭犯了滿洲朝廷忌諱，政府把他殺死，連許多史稿也燒了。但他所論作史方法的文章還流傳下來，是永遠有價值的。

(十)方以智和劉獻廷。兩位都是創造新字母的人。以智，安徽人，大概一六七〇年還生存。他反抗滿洲，跟着明朝最末的一位皇帝在雲南地方十幾年。他是近代研究中國文字學的頭一箇人，專從發音上研究，把歷代話語的變遷和各地方方音之變遷，都研究出許多原則來。他主張仿歐洲的拼音文字造出一種新字母來替代漢字。獻廷，北京人，一六四八年生，一六九五年卒。他沒有看見以智的書，卻是和他一樣見解，也造有一副新字母。他的學問方面很多，歷史地理尤其專長。

(十一)德清和智旭。兩位都是浙江的和尚。德清一六二三年卒，智旭一六五五年卒。前一期的佛教徒純屬「禪宗」一派，什麼經典都不研究，專講頓悟。有些假託的人，連一切戒律都破掉了，弄得佛教很腐敗。他兩位提倡「淨土宗」，算是佛門下的「清教徒」。又注重研究經典，把許多部重要佛書都注釋一番，替本期佛教開一新局面。

(十二)孔尚任和曹雪芹。兩位都是大文學家。尚任，山東人，孔子後裔。他著有一部歷史劇，名曰桃花扇，通共四十幕專敍明末南京情事極悲壯極哀豔雪芹北京人著有一部空前絕後的好小說名曰紅樓夢通共一百二十回寫一對青年男女因爲婚姻不自由而犧牲性命的帶着描寫滿洲闊人社會生活狀況曲折盡致因爲他文章太好了二百餘年成了人人共讀的作品。

以上所講十二類二十四箇人大概可以代表那時候思想界的全部了其餘各方面人物尚多不能全述依我看這一百年是我們學術史最有價值時代除卻第一期——孔孟生時像是沒有別箇時代比得上他

四

以上所講是第六期三百年間第一箇一百年的思想界狀況後二百年都是從此演生出來。第二箇一百年因爲滿洲政府壓制思想自由把許多學派都壓住了學者專向考證古典方面做工作但都是應用先輩的研究方法把中國舊文獻整理出來的不少這種工作的價值是永遠存在的第三箇一百年的末期——卽最近三十年間把第一箇一百年的思想全部復活頭一件他們消極的和滿洲人不合作的態度到這時候變爲積極的卒至推翻淸朝建設民國第二件他們的學問種類和做學問方法因爲歐洲文化輸入重新發生光彩越發向上進。現在又是第七期的黎明時代了我希望我們黎明運動的成績比先輩更勝一籌。

印度與中國文化之親屬的關係

諸君。印度詩哲泰谷爾先生來了。不久便要和我們學界幾萬青年相見。我今天和明天兩次公開講演。要把我們歡迎他的意思先說說。

講演之前要先聲明幾句話。凡偉大人物方面總是很多的。所謂「七色摩尼各人有各人看法。」諸君總知道我是好歷史的人。我是對於佛教有信仰的人。俗語說的好。『三句離不了本行。』我今天所說只是歷史家或佛學家的個人感想。原不能算是忠實介紹泰谷爾。尤不能代表全國各部分人的歡迎心理。但我想一定有很多人和我同感的。

泰谷爾也曾幾次到過歐洲。美國。日本。到處受很盛大的歡迎。這回到中國。恐怕是他全生涯中遊歷外國的最末一次了。看前天在前門車站下車時景況。我敢說我們歡迎外賓從來沒有過這樣子熱烈而誠懇的。我要問問我們是把他當一位偶像來崇拜他不是。不。不。無意識的崇拜偶像。是歐美社會最普通現象。我們卻還沒有這種時髦的習慣。我想歡迎他的人一定各有各的意義。各種意義中也許有一部分和歐美人相同。內中卻有一個特殊的意義是因爲他從我們最親愛的兄弟之邦——印度來。

「兄弟之邦」這句話。並不是我對於來賓敷衍門面。這是歷史告訴我們的。我們中國在幾千年前。不能彀像地中海周圍各民族享有交通的天惠。我們躲在東亞一隅。和世界各文化民族不相聞問。東南大海海島上都是狉狉獉獉的人。——對岸的美洲。五百年前也是如此。西北是一幫一幫的獷悍蠻族。只會威嚇我們蹂躪我們。卻不能幫助一點。可憐我們這點小小文化。都是我祖宗在重門深閉中鉄積寸累的創造出來。所以我們文化的本質非常之單調的非常之保守的也是吃了這種環境的大虧。

我們西南方却有一個極偉大的文化民族是印度他和我從地位上看從性格上看正是孿生的弟兄兩個。偺們哥兒倆在現在許多文化民族沒有開始活動以前已經對於全人類應解決的問題著實研究已經替全人類做了許多應做的事業。印度尤其走在我們前頭他的確是我們的老哥哥我們是他的小弟弟最可恨上帝不做美。把一片無情的大沙漠和兩重冷酷的雪山隔斷我們往來令我們幾千年不得見面。一直到距今二千年前光景我們纔漸漸的知道有恁麼一位好哥哥在世界上頭。

印度和中國什麼時候開始交通呢據他們的歷史阿育王曾派許多人到東方傳佛教也許其中有一隊曾到過中國我們的傳說秦始皇時已經有十幾位印度人到過長安被始皇下獄處死了（王子年拾遺記說的）始皇和阿育同時這事也許是眞。但這種半神話的故事我們且擱在一邊。我們歷史家敢保證的是基督教紀元第一個世紀偺們哥兒倆確已開始往來。自從漢永平十年至唐貞元五年。——西紀六七至七八九。——約七百年間印度大學者到中國的共二十四人加上罽賓（卽北印度之 Kashmir 今譯克什米爾唐譯迦濕彌羅從前不認爲印度之一部分）來的十三人合共三十七人此外從葱嶺東西的西域各國來者還不計我們的先輩到印度留學者。從西晉到唐——二六五至七九〇——共一百八十七人有姓名可考的一百〇五人。雙方往來人物中最著名者他們來的有鳩摩羅什有佛陀跋陀羅卽覺賢有拘那陀羅卽眞諦我們去的有法顯有玄奘有義淨在那七八百年中間偺們哥兒倆事實上眞成一家人保持我們極甜蜜的愛情。諸君呵。我們近年來不是又和許多「所謂文化民族」往來嗎他們爲什麼來他們爲看上了我們的土地來。

他們爲看上了我們的錢來他們拿染著鮮血的礮彈來做見面禮他們拿機器——奪了他們良民職業的機器——工廠所出的貨物來吸我們膏血我們哥兒倆從前的往來却不是如此我們爲的是宇宙眞理我們爲的是人類應做的事業我們感覺着有合作的必要我們中國人尤其感覺有受老哥哥印度人指導的必要我們彼此都沒有一毫自私自利的動機。

當我們往來最親密的時候可惜小兄弟年紀幼稚不曾有多少禮物孝敬哥哥却是老哥哥給我們那份貴重禮物眞叫我們永世不能忘記他給我們什麽呢。

一教給我們知道有絕對的自由——脫離一切遺傳習慣及時代思潮所束縛的根本心靈自由不爲物質生活奴隸的精神自由總括一句不是對他人的壓制束縛而得解放的自由乃是自己解放自己「得大解脫」「得大自在」「得大無畏」的絕對自由。

二敎給我們知道有絕對的愛——對於一切衆生不妒不恚不厭不憎不諍的純愛對於愚人或惡人悲憫同情的摯愛體認出衆生和我不可分離「寃親平等」「物我一如」的絕對愛。

這份大禮的結晶體就是一部大藏經大藏經七千卷一言以蔽之曰『悲智雙修』敎我們從智慧上求得絕對的自由敎我們從悲憫上求得絕對的愛。

這份大禮物已經够我們享用了我們慈愛的老哥哥猶以爲未足還把許多副禮物文學美術……等等送給我們。

我們得着這些副禮物的方法約有以下幾個來源。

一、從西域——即蔥嶺內外各國間接傳來。

二、印度人來中國的隨帶着來。如各梵僧大率都帶有雕刻繪畫等物作爲貢品。

三、中國人遊歷印度的歸賸。例如玄奘傳詳記他帶回來的東西除梵夾經卷外各種美術品都有。

四、從翻譯經典上附帶得來的智識和技術。

這些副禮物屈指數來最重要者有十二件。

一、音樂　音樂大抵從西域間接傳來的居多。中國古樂。我們想來是很好的。但南北朝以後。逐漸散失。在江南或者還存一部分。中原地方。卻全受西方傳來的新音樂影響。隋唐承北朝之統。混一區宇。故此後音樂全衍北方系統。最盛行的音樂是「甘州」「伊州」「涼州」「梁州」諸調。這些調都是從現在甘肅新疆等地方輸進來。而那時候這些地方的文化。全屬印度系。後來又有所謂龜茲部樂天竺部樂等。都是一條線上衍出來。這些音樂現在除了日本皇室或者留得一部分外。可惜都聲沉響絕了。但我們據唐書樂志及唐人詩文集筆記裏頭所描寫記載。知道那時的音樂確是美妙無倫。所以美妙之故。大約由中國系音樂和印度系音樂結婚產出來。

二、建築　中國建築受印度影響是顯而易見的事。洛陽伽藍記裏頭的遺蹟我們雖不得見。永平寺同泰寺慈恩寺……諸名區的莊嚴美麗我們雖僅能在前人詩歌上或記錄上欷歔憑弔。但其他勝蹟留傳至今的還不少。就中窣堵坡(塔)一項。尤爲我們從前所無。自從這項建築輸入之後。增飾我們風景的美觀眞不少。你看。西湖上得「雷峯」「寶俶」兩塔。增他多少嫵媚。汴梁城上若沒有「鐵塔」和「繁臺」。還有什麼意趣。北京城最古的建築物。不是彰儀門外隋開皇間——六世紀末的「天寧寺塔」嗎。北海的瓊華島島上「白塔」和島下長廊相映正表示中印兩系建築調和之美。我想這些地方隨處可以窺見中印文化聯鎖的祕密來。

三繪畫。中國最古的畫我們看不見了。從石刻上——嘉祥縣之武梁祠堂等留下幾十張漢畫。大概可想見那時素朴的畫風。歷史上最有名的畫家。首推陸探微顧虎頭。他們却都以畫佛像得名。又如慧遠在廬山的佛影畫壁。我猜是中國最初的油畫。但這些名蹟都已失傳。且不論他。至如唐代的王維吳道子所畫佛像。人間許尚有存留。依我看來。從東晉至唐中印人士往來不絕。印度繪畫流入中國很多。我們畫風實生莫大影響。或者可以說我們畫的藝術在那個時代才確立基礎。這種畫風。一直到北宋的「畫苑」依然存在。成爲我國畫史上的正統派。啊啊。眞是中印結婚產生的「寧馨兒」

四彫刻。中國從前彫刻品像只有平面的。立體彫刻。我猜度是隨着佛教輸入。晉朝有位名士戴安道。（王羲之的兒子王子猷剡溪雪夜訪戴的故事。訪的便是他）後人都知道他會做詩畫畫。我們從高僧傳上才知道他和他的兄弟都是大彫刻家。他們哥兒倆曾合彫一佛像。彫時還留下許多美談。此後六朝隋唐間所刻有名工妙的佛像見於歷史者不計其數。可惜中間經過「三武毀法」（北魏孝武北周武帝唐武宗）的厄運和歷代的兵燹。百不存一。但毀不掉的尚有洛陽龍門山壁上三四千尊的魏齊造像。我們現在除親往游覽外。還可以隨處看見拓片。其尤爲世界環寶的。莫如大同府雲岡石窟中大大小小幾百尊石像。據說是「犍陀羅美術」（犍陀羅爲今阿富汗地。他的美術是印度和希臘所產）的結晶作品。全世界找不出第二處。就只這票寶貝也足令我們中華民族在人類文化史上留下歷劫不磨的榮譽。但倘非多謝老哥哥提拔。何能得此還有一種藝術要附帶說說，我們的刻絲畫，全世界都公認他的價值，但我敢說也是從印度學來的。玄奘歸贐的清單，便列有這種珍貴作品。

五、戲曲　中國最古的戲曲，所謂「魚龍曼衍之戲」，大概是變戲法的玩意兒，歌和舞自然是各有很古的歷史，但歌舞並行的戲劇，魏晉以前卻無可考見。最初的歌舞劇當推「撥頭」一曲，亦名「鉢頭」。據近人考證，像是從那離代京（大同）三萬一千里南天竺附近的拔豆國傳來。那戲是演一個人，他的老子被虎吃掉，他入山殺虎報仇，演時且舞且歌，聲情激越。後來著名的「蘭陵王」「踏搖娘」等等戲本都是從「撥頭」變化出來。這種考證若不錯，那麼印度又是我們戲劇界恩人了。

六、詩歌和小說　說中國詩歌和印度有關係，這句話很駭人聽聞——連我也未敢自信為定論。但我總感覺，東晉時候所譯出印度大詩人馬鳴菩薩的佛本行讚和大乘莊嚴經這兩部名著，在我文學界像有相當的影響。我們古詩，從三百篇到漢魏的五言，大率情感主於溫柔敦厚，而資料都是現實的。像「孔雀東南飛」和「木蘭詩」一類的作品，都起自六朝，前此卻無有。（孔雀東南飛向來都認為漢詩，但我疑心是六朝的，我別有考證。）佛本行讚現在譯成四本，原來只是一首詩，把佛一生事蹟添上許多詩的趣味，譜為長歌。在印度佛教史上力量之偉大，固不待言，譯成華文以後，也是風靡一時，六朝名士，幾於人人共讀。那種熱烈的情感和豐富的想像力，輸入我們詩人的心靈中，當不少。只怕「孔雀東南飛」一路的長篇敘事抒情詩，也間接受著影響罷。（但此說別無其他證據，我未敢自信，我要再三聲明。）

小說受大乘莊嚴經影響，我什有九相信。莊嚴經是把「四阿含」裏頭所記佛弟子的故事，加上文學的風趣敷演出來。全書用幾十段故事組成。體裁絶類我們的「今古奇觀」我國小說。從晉人搜神記……等類作品。漸漸發展到唐代叢書所收之唐人小說。依我看大半從莊嚴經的模子裏鎔鑄出來這還是就初期的小說而言若宋元以後章回體的長篇小說依我看受華嚴經寶積經……等影響一定不少這些經典都是佛滅後六七百年間由印度文學家的想像力搆造這是治佛學史的人公認的然而這些經典中國文學家大半愛讀他。又是事實。

中國文學本來因時代變遷自由發展所受外來影響或比較的僅少但既有這類新文學優美作品輸入。不管當時詩家或小說家曾否有意摹倣他然而間接受他熏染。我想總不能免的。

七。天文曆法。這門學問中國原來發達很早但既和印度交通後當然得他補助。唐朝的「九執術」便純從印度傳來僧一行的曆學。在我們曆學史上是有位置的。

八。醫學。這亦是我們固有的。和印度交通後。亦有補助增益。觀隋書經籍志唐書藝文志所載婆羅門醫藥書之多可知。

九。字母。中國文字是衍形的。不能有跟着言語變化的彈力性。這是我們最感不便的一件大事。自從佛教輸入。梵文也跟着來於是許多高僧想仿造字母來救濟這個問題。神珙守溫等輩先後嘗試。現存「見溪羣疑」等三十六字母。雖然形式拙劣。發音漏略。不能產出什麼良果。但總算把這問題提出給我們以極有益的動機和資料。

十。著述體裁。中國從前書籍。除文學作品及注釋古典的訓詁書不計外。雖然稱「體大思精」的經書子書。

大都是囫圇統括的體裁。沒有什麼組織。不容易理清眉目看出他的條理。自從佛典輸入之後。每一部經論都有他首尾一貫盛水不漏的主義。裏頭卻條分縷析秩序謹嚴。這種體裁求諸中國漢魏以前是沒有的。（荀子和論衡算是最謹嚴的。但還比不上）這種譯書既盛行。於是發生「科判」的專門學——把全部書脈絡理清。令人從極複雜的學說中看出他要點所在。乃至如天台賢首諸師將幾千卷藏經判爲「三時五教」之類。是都用分析綜合的觀察。開一研究新途徑。不但此也。當六七世紀時印度的新因明學正從佛教徒手裏發揮光大起來。研究佛學的人都要靠他做主要工具。我們的玄奘大師。正是最深造此學之人。他自己和他們下的人的著述。一立一破。（立是自己提出主張。破是反駁別人）都嚴守因明軌範。應用得極圓滑而緻密。這種學風。雖後來因禪宗盛行。一時消歇。然而已經在學界上播下良種。歷久終會發新芽的。

十一。教育方法。　中國教育不能不說發達的很早。但教育方法怎麼樣。共有若干種。我們不容易調查淸楚。卽如聚許多人在一堂講演。孔子孟子書中像沒有看見這種痕跡。漢朝伏生申公諸大師也不見得是如此。我很疑心這種講演式的教育。是佛教輸入後從印度人學來。不惟如此。卽在一個固定的校舍中。聚起許多人專研究一門學術。立一定課程。中國前此雖或有之。但像是從佛教團成立以後。這種制度越發完密而鞏固。老實說。唐以後的書院。實從佛教團的教育機關脫胎而來。這種機關和方法善良與否另一問題。但在中國教育史上不能不特筆重記。

十二。團體組織。　中國團體組織。純以家族爲單位。別的團體。都是由家族擴大或加減而成。佛教輸入。纔於家族以外別有宗教或學術的團體發生。當其盛時。勢力很大。政治上權威一點也不能干涉到他。卽以今日論試到普陀山一游。便可見我們國裏頭有許多享有「治外法權」的地方。不必租界。他們裏頭。有點像共產的組織。又有點像「生產事業國有」的組織。這種組織對不對。另一問題。但不能不說是在中國全社會單調組織中添些新穎的色彩。

以上十二項。都是佛教傳來的副產物。也是老哥哥——印度人贈給我們的隨帖隆儀。好在我們當小弟弟的也很爭氣。受了哥哥提攜。便力求長進。我們從印度得來的學問。完全消化了來榮衞自己。把自己特性充分發展出來。文學美術……等等方面自己建設的成績。固不用說。卽專就「純印度系的哲學」——卽佛教論。天台宗。賢首宗。禪宗。淨土宗。這幾個大宗派。都是我們自創。乃至法相宗。雖全出印度。然而成唯識論乃由玄奘集合十大論師學說抉擇而成。實是玄奘一家之學。其門下窺基圓測兩大派。各各發揮盡致。剖析入微。恐怕無著世親一派學問。到中國纔算眞成熟哩。所以我們對着老哥哥。自問尚可以無慙色。

哎。自唐末到今日。偺們哥兒倆又一別千年了。這一千多年裏頭。偺們兩家裏都碰着千災百難。山上的豺狼虎豹。水裏的龍蛇蚌鼈。人間的魑魅罔兩。不斷的恐嚇偺們。揶揄偺們。踐踏偺們。偺們也像有點老態龍鍾。英氣消滅。不獨別人瞧不起偺們。連偺們自己也有點瞧不起自己了。雖然。我深信「業力不滅」的眞理——凡已經種在人心上的靈苗。雖一期間偶爾衰萎。終久要發新芽。別開一番更美麗的境界。不信。你看曲阜孔林裏的漢楷。唐柏。皺瘦到像一根積銹的鐵柱。却是陽春三月。從他那禿頂上發出幾節「孫枝」。比「鵝黃柳條」的生機還充盛。偺們哥兒倆年紀雖老。「猶有童心」。不信。你看哥哥家裏頭現成的兩位現代人物——泰谷爾和甘地。

哈哈。一千多年「愛而不見」的老哥哥又來訪問小弟弟來了。偺們哥兒倆都是飽經憂患。鬢髮蒼然。揩眼相看。如夢如寐。我們看見老哥哥。驀地把多少年前聯床夜雨的苦辛兜上心來。啊啊。我們要緊緊握着他的手不肯放。我們要摟着他親了又親。親了又親。………我們要把從娘胎裏帶來的一副熱淚浸透了他托腮上那可愛的大白鬍子。

我們用一千多年前洛陽人士歡迎攝摩騰的情緒來歡迎泰谷爾哥哥。用長安人士歡迎鳩摩羅什的情緒來歡迎泰谷爾哥哥。用廬山人士歡迎眞諦的情緒來歡迎泰谷爾哥哥。

泰谷爾對我們說。『他並不是什麼宗教家。教育家。哲學家。……他只是一個詩人。』這話是我們絕對承認的。他又說。『他萬不敢比千年前來過的印度人。因爲那時是印度全盛時代。能產出許多偉大人物。現在是過渡時代。不會產出很偉大人物。』這話我們也相對的承認。但我們以爲凡成就一位大詩人。不但在乎有優美的技術。而尤在乎有崇高的理想。泰谷爾這個人和泰谷爾的詩。都是「絕對自由。」與「絕對愛」的權化。我們不能知道印度從前的詩人如何。不敢妄下比較。但我想泰谷爾最少也可比二千年前做佛本行讚的馬鳴菩薩。我盼望他這回訪問中國所發生的好影響。不在鳩摩羅什和眞諦之下。

泰谷爾又說。『他這回不能有什麼禮物送給我們。只是代表印度人向我們中國致十二分的親愛。』我說。就只這一點。已經比什麼禮物都隆重了。我們打開胸臆歡喜承受老哥哥的親愛。我們還有加倍的親愛奉獻老哥哥。請他帶回家去。

我最後還有幾句話很鄭重的告訴青年諸君們。老哥哥這回是先施的訪問我們了。記得從前哥哥家裏來過三十七個人我們却也有一百八十七個人往哥哥家裏去我盼望偺們兩家久斷復續的愛情並不是泰谷爾一兩個月游歷曇花一現便了偺們老弟兄對於全人類的責任大着哩偺們應該合作互助的日子長着呢泰谷爾這次來游不過替我們起一個頭倘若因此能認眞恢復中印從前的甜蜜交誼和有價值的共同工作那麼泰谷爾此遊纔眞有意義啊那麼我們歡迎泰谷爾纔眞有意義啊

泰谷爾的中國名——竺震旦

泰谷爾很愛徐志摩給他起一個印度名叫做 Soo sim 泰氏有一天見我說道『我不曉得什麼緣故到中國便像回故鄉一樣莫非他是從前印度到過中國的高僧在某山某洞中曾經過他的自由生活』他要求我送給他一個中國名字還說他原名上一個字 Rab 是太陽的意思下一個字 Indra 是雷雨的意思要我替他想『名字相覆』的兩個字我當時不過信口答應罷了過兩天他又催我還說希望在他生日那天得着這可愛的新名我想印度人從前呼中國爲「震旦」原不過是「支那」的譯音但選用這兩個字卻含有很深的象徵意味從陰曀雰霿的狀態中砉然一震萬象昭蘇剛在扶桑浴過的麗日從地平線上湧現出來（旦字末筆表地平）這是何等境界泰谷爾原名正含這兩種意義把他意譯成「震旦」兩字再好沒有了又從前自漢至晉的西來古德都有中國名大率以所來之國爲姓如安世高從安息來便姓安支婁迦讖從月支來便姓支其間從天竺——即印度來的便姓竺如竺法蘭竺佛念竺法護都是歷史上有功於文化的人今日我們所敬愛的天竺詩聖在他所愛的震旦地方過他六十四歲的生日我用極誠摯極喜悅的情緒將兩個國名聯起

來贈給他一個新名曰竺震旦。我希望我們對於他的熱愛跟着這名兒永遠嵌在他心靈上。我希望印度人和中國的舊愛借竺震旦這個人復活轉來。

近代學風之地理的分布

序

吾於三年前作淸代學術概論篇末述對於將來學界之希望。有『分地發展』一語。朋輩多疑其所謂。彼書旣極簡陋。未能發吾旨趣。久思爲一文以暢之。顧卒卒未有暇。癸甲冬春之交夜課休沐。偶與兒曹談皖南北浙東西學風之異同。乘興蒐資料作斯篇。閱十日而成。亦屠蘇酒中一絕好點綴也。

本篇專以研究學者產地爲主。於各家學術內容不能多論列。文體宜爾也。欲知其概。則有拙著近三百年學術史在。

本篇以行政區域分節。理論上本極不適當。貪便而已。抑舍此而別求一科學的區分法亦非易易也。今以十八行省附以奉天及在京之滿洲蒙古人爲二十節。吉林黑龍江新疆無可紀者。只得闕焉。就中江蘇安徽浙江三省情形太複雜。更分區論次。

本篇純采「案而不斷」的態度。臚列事實。略爲比次而已。其所以產生此事實之原因。蓋未遑及。今略摘應注意研究之各問題如下。

一．何故一代學術幾爲江浙皖三省所獨占．
二．何故考證學盛於江南理學盛於河北．
三．何故直隸河南陝西清初學者極多中葉以後則闃如．
四．何故湖南廣東清初學者極少中葉以後乃大盛．
五．何故山西介在直隸陝西之間當彼兩省學風極盛時此乃無可紀述．
六．何故湖北爲交通最便之區而學者無聞．
七．何故江西與皖浙比鄰而學風乃絕異．
八．何故文化愈盛之省分其分化愈複雜——如江南之與江北皖南之與皖北浙東之與浙西學風劃然不同．
九．何故同一省中文樸截然殊致——如江蘇之徐海一帶安徽之淮泗一帶可述者遠遜他郡．
十．何故同一郡縣而文化或數百年賡續不替如皖之桐歙蘇之常揚……等或極盛而驟衰如直之博蠡浙之姚鄞……等．
十一．何故……．
十二．何故……．
精讀吾文者憑藉所臚列事實可以發生大大小小問題如此類者蓋不下數十能一一求其故而解答之則我國近代文化一部分之性質及其來歷可以明瞭此史家之責也吾於全部精細的解答病未能焉

雖然請以感想偶觸所及陳其一二

昔人恆言『山西出將山東出相』晉王武子與孫子荊各言其土地人物之美王云『其地坦而平其水淡而淸其人廉且貞』孫云『其山嶵巍以嵯峨其水泙渫而揚波其人磊落而英多』斯言雖小可以喻大也以我國幅員之廣漠民族之複雜氣候兼寒溫熱三帶地形兼山谷平原海濱三界任舉一省皆足當歐洲一國或二三國一省之中而自然界之形與氣之區以別者且無量也氣候山川之特徵影響於住民之性質性質累代之蓄積發揮衍爲遺傳此特徵又影響於對外交通及其他一切物質上生活物質上生活還直接間接影響於習慣及思想故同在一國同在一時而文化之度相去懸絕或其度不甚相遠其質及其類不相蒙則環境之分限使然也環境對於『當時此地』之支配力其偉大乃不可思議且如惟江右爲能產陸子靜李穆堂惟皖南爲能產朱晦翁戴東原惟冀北爲能產孫夏峯顏習齋惟浙東爲能產王陽明黃梨洲乃至阮文達之在粵與在滇其努力傳播文化工作相等而粵之收穫至豐滇之收穫至嗇也類此之例悉數之累百十而不能盡吾因是則信唯物史觀派所主張謂物質的環境具萬能力吾儕一切活動隨其所引以爲進展聽其所制以爲適應其含有一部分眞理無少疑也

雖然專從此方面觀察遂可以解答一切問題耶又大不然使物質上環境果爲文化唯一之原動力則吾儕良可以委心任運聽其自然變化而在環境狀態無大變異之際其所產穫者亦宜一成而不變然而事實上決不爾爾有一陸子而江右承其風者數百年有一朱子而皖南承其風者數百年雖在風流歇絕之後而其精爽之薰鑄於社會意識中不可磨滅遇機緣而輒復活倘其時不有朱陸其人或有之而其所努力者或稍

意。則全部學術史。恐非復如今所云云也。乃至同是一冀北。而顏習齋李恕谷之當時與其前後何以大異同。是一甬上。而黃梨洲萬季野全謝山之當時與其後何以大異同。是一嶺南。假使無阮文達爲之師。則道咸之後與其前或不相遠未可知也。類此之例悉數之亦累百十而不能盡。夫環境之遷嬗豈其於數年十數年間而劇變遽爾。所以然者則范蔚宗所謂『仁人君子心力之爲』。人類之所以秀於萬物。能以心力改造環境而非僴然悉聽環境所宰制。『一夫善射百夫決拾』。心力偉大者一二人先登焉而其洊興遂不可禦也。吾爲此文欲舉國青年讀之而知所興焉。各自按其籍貫以尋其鄉先輩之遺風。其在文物郁郁之鄉。則思如何而後可以無慚於先達。續其緒勿使墜也。又深察乎一時之盛不可以恃。各鄉邦固有昔盛而今衰者矣。引以爲鑑而日兢兢也。其在昔盛今衰之鄉。則夙夜圖所以振之。使先輩心力薰鑄於吾之潛意識者迅奮復活也。其在夙未展拓之鄉。則知恥知懼。愈加努力。毋使長爲國中文化落伍之區域。而又思夫他鄉之所以先進。亦不過一二仁人君子心力之爲。誦『彼丈夫我亦丈夫』之言而自壯自力也。夫自然界之力所能限制吾人者蓋可睹耳。今者全世界學風且刹那刹那交相簸盪。而更何一省一郡一邑之所能私。卽以近三百年間所演觀之。其末流固已交光互影而地域的色彩日益淡矣。其普及之均度亦月異而歲不同。吾祝十年後有賡續吾文者。其所述學術之種類及內容有以異於今所云。而平均發展之度亦日益進。不復如今之偏枯而可憎也。

吾爲此文。雖費十日之力搜集資料。然終憑記憶所及爲多。遺漏自當不少。蓋嘗有極著名之數人一時失憶而嗣乃補入者矣。籍貫誤記當更不免。海內君子摭其所遺以相匡示。俾稍完備。感且不朽。

此種研究方法吾以爲今之治史者所宜有事踵而擴之追溯宋明以前各時代學風之地理的分布乃至徧及文學家政治家……等等之地理的分布則皆治人文科學極有趣味極有功用之業也國之俊髦其有樂於是耶吾願褰裳從之

十三年二月十一日即甲子人日啓超記

一　直隸及京兆

直隸京兆今之畿輔而古燕趙也自昔稱多慷慨悲歌之士其賢者任俠、尚氣節、抗高志、刻苦、重實行不好理論不尚考證明清之交多奇士乾嘉以降漸陵夷衰微矣

近代初期直隸最著名之大師二曰孫曰刁

明季定興鹿伯順善繼與容城孫夏峯奇逢同講學於江村兩家子弟交相師郡中好學之士多就請業是爲近代北學之祖崇禎末滿洲兵入關掠畿輔伯順以紳士守城殉焉其弟子最著者曰定興杜紫峯越夏峯則力保危城纔乃率其族黨門生入山保聚部勒而敎化之如三國時田子春之所爲敎澤日以弘遠夏峯最老壽入清已六十三卒年蓋九十二矣明清兩朝凡十一徵皆不起晚因家鄉田里被政府圈占乃遷寓河南順康之交海內稱三大師西有李二曲南有黃梨洲北有夏峯夏峯少時以任俠志節聞於鄉邦爲范陽三義士之一其學術得力在陽明然不好玄談晚年務調和朱陸蓋以實行家眼光看之本不見兩派有大異同也清初北方學者殆無一不被夏峯之澤著籍弟子千數直隸河南尤衆其在直隸最著者則新城張于度果中新安魏蓮陸一鼇新城王介祺餘佑定興耿保汝極清苑高薦馨鑴灤洲趙寬夫御衆永平申鳧盟涵光皆抗志節篤踐履而介祺又

自一家言。鼂盟則兼以文學顯。柏鄉魏石生裔介蔚州魏環極象樞皆立朝有風骨稱名臣。而夏峯子君建立雅君僑博雅孫擔峯淦皆能世其學。

祁州刁蒙吉包年輩稍亞夏峯。而最服膺東林開派之高忠憲攀龍北方言程朱學者自蒙吉與夏峯之陸王學隱若對峙焉。然蒙吉與夏峯交相敬。夏峯之南遷也。過祁。蒙吉留主其家講學二年。蒙吉卒。夏峯銘其墓曰『先生孤標猛力。大河南北一人而已。』兩君器識於斯可見。其後大興張武承烈著王學質疑痛詆陽明。則學蒙吉而過焉者也。

同時復有清苑張石卿羅喆其學與孫包皆小異。其撰持論頗矯宋儒。吾名之為北學第三派。蓋後此顏李學之先導云。

新城王介祺。即所謂五公山人也。嘗受業夏峯。而學風稍區以別。五公俠士之有道者也。其父以起義抗清遇害。其長兄自投獄以與父同殉。其次兄手刃告密之仇家三十餘口。亡命隱淇縣以終。五公日講經世之略。精技擊。善談兵。著書十卷。名曰此書。吾謂此『革命軍教科書』也。五公不講學。而好宏獎後進。顏習齋李恕谷皆禮事之。其最契之友曰蠡縣彭九如通往往被酒游孫刁兩先生之門。議論蠭起。兩先生輒為印可。其後輩中氣象逼肖五公者。則大興劉繼莊獻廷大興王崑繩源。繼莊蓋古之振奇人。生當康熙之盛。負時譽而抑塞磊落。終身躑躅風塵中。乃類避人亡命者之所為。其於史學地理學皆有特識。有創造。崑繩善兵法。能文章。氣概不可一世。晚乃折節學於習齋。劉王性行志事學術。一一相同。交相愛若膠漆。要其得力處皆私淑五公。故吾欲名五公之學為北學第四派。治此派者。其為人皆倜儻嶔異。不拘拘繩墨。慷慨多感。常自任以天下之重。此其大較也。

初期北學之一大結束。爲博野顏習齋元及其弟子蠡縣李恕谷塨。習齋不及見夏峯。惟嘗上書質以所學。其於蒙吉石卿五公則以後進之禮見。而得力於五公者較多。其共學友最著者則蠡縣王法乾養粹及恕谷之父李晦夫明性。習齋生平學凡四變。少年嘗治道家言。稍進學陸王。再進學程朱。皆用淬厲刻苦工夫。有所得。中年以後。乃自創一派。專標唯用主義。排斥冥想講誦箋釋之學。實爲二千年學術界一大革命。其短處則在太蔑視智識也。恕谷受家學而歸宿於習齋。對於習齋主義爲宗教式之猛烈宣傳。習齋蹤跡不出里閈。而恕谷周歷南北。屢適京師。廣交天下士。其學亦自受多方面之影響。故能以淹博之識綜析之辯爲習齋益張其軍。王崑繩以老名士。晚交恕谷而俯首受學習齋。蓋在習齋卒之前一年。崑繩年既五十六矣。故數北方顏門魁桀。恕谷之外首推崑繩。次則博野鍾金若錂。恕谷弟子最著者。有清苑馮樞天辰威縣劉用可調贊其餘兩家共學之友及著籍弟子有言行可徵者尙百數。蓋康熙末葉。顏李學爲北學唯一重鎭矣。

考證學非北人所長。抑非其所嗜。故乾嘉以降。茲學盛行。而北學聲光銳減。其間負時名者多屬大興人。大興京師所在。各省寄籍甚多。其人固非必北產也。當乾隆中葉漢學最盛時。則有大興朱石君珪竹君筠兄弟。有大興翁覃溪方綱。有獻縣紀曉嵐昀。並以達官屢掌文衡。名下士多出其門者。故譽望特盛。竹君首建議設四庫館。而曉嵐始終董其事。然其於學。無專門。無獨到。擬諸東漢汝南黨論。則「廚及」之論耳。覃溪爲藝術的賞鑑家。亦頗好爲金石考證。然其在金石學界中。僅爲別子而已。

乾隆末葉。直隸有一闇然自修之學者。曰大名崔東壁述。其學專治古史。而善懷疑。善裁斷。翦落枝葉。與東南考證學家大異。其撰著書甚多。其最著者曰考信錄。

其後學者．則嘉慶間有大興章逢之宗源著隋書經籍志考證．論者謂其價值在王深寧漢志考證上．有通州雷瞻叔學淇治經史有心得．其最有功學界者．尤在考訂竹書紀年及輯世本．道光間．有大興徐星伯松熟於掌故．尤精擘西北地理．其著述最有價值者曰西域水道記．曰新斠注地理志集釋有肅寧苗先簏夔治訓詁音韻之學．為大儒王懷祖所推服．

同治光緒間．則豐潤張幼樵佩綸南皮張孝達之洞皆善談經濟．負時名．孝達尤通顯．老壽．在晚清以主持學風自命．然文士達官耳．不足語於學者之林．

見存者有新城王晉卿樹枏熟於鄉邦文獻．徐菊人世昌所著書多出其手．

二　陝西

秦中自古帝都．唐末之亂．文物蕩焉．昔人所謂『地絕其脈水化其味』者也．然張橫渠崛起北宋．究極天人．遂建立關中學派．世共傳之曰『關學』．明清之交．大師顧亭林習游其地．終乃僑寓以老．其言曰．『秦人慕經學重處士持清議實他邦所少』．其重之若此．烏睹所謂絕脈而化味者耶．

清初有『關中三李』之稱．謂二曲子德雪木也．而二曲尤為關學復興之重鎮．

盩厔李中孚顒學者稱二曲先生．崛起孤微．無師友．卓然成就．與孫夏峯黃梨洲齊名．其學大段宗陽明．規模稍隘．不如東南王學家之蹶踔．而謹敕堅苦過之．中年以還．講學富平．秦士從之如歸市．弟子最著者．鄠縣王豐川心敬同州李文伯士瓊淳化黎長舉宗淳富平李子德因篤郿縣李雪木柏與二曲並名。子德最服膺亭林之學。治經史有根柢。雪木之學。未知其所至。志稱其『貫穿百家。勃窣理窟』云。三李學風。互有出入。二曲狷介刻苦。其學問蓋從齩牙嚼舌鍾鍊出來。而自得處頗逼肖禪宗。雪木殆以禮自律。於程朱爲近。（據顏習齋與李復元處士書。推度其學風如此。復元即雪木也。）子德則嶔崎磊落人。亦以文辭顯。蓋王崑繩一流人物。然三李相互間交誼蓋甚肫篤云。

同時有華陰王山史宏撰治經學。熟於掌故。有三原孫豹人枝蔚亦博學能文。而豹人流寓淮揚以終。於關學關係較少。

其時關中學者。雖克自樹立。然受賜於外來學者之獎勸實多。其最重要者。前有顧亭林。後有李恕谷。亭林三十五歲以後。即屢游秦。晚歲家華陰以終。秦人士咸樂從之遊。李子德敬事之。誼兼師友。王山史則其東道主也。李二曲以死拒徵。後反扃土室。妻子門人皆莫得見。惟亭林至則啓關晤對。秦士之敬禮亭林如此。亭林亦愛重秦士。其集中論學書。作於秦中者蓋半云。

恕谷門人楊愼修勤爲富平宰。聘恕谷於幕。政無大小皆待決焉。於是恕谷居陝將兩歲。其志固欲小試經濟。抑亦將以傳習齋學於關中也。初王崑繩與二曲雪木皆舊交。常有書札論學。恕谷入關。三李皆前卒。而秦士皆樂從恕谷遊。鄠縣魯聖居登闕西安張潛士中。富平張少文景蔚西安蔡瑞生麟盩厔陳尙孚光陛及黎長舉皆以後學禮見。心折所學。除張少文外皆二曲門下也。二曲首座弟子王豐川亦有論學書與恕谷往復。習齋昔嘗上書二曲。以所學請益。至是則兩家門下不惟「晉楚之從交相見」。二曲之徒。殆皆北面習齋矣。

順康雍之際。三李主之於內。亭林恕谷輔之於外。關學之光大。幾埒江南河朔。乾嘉以後。戛然不復有聞焉。淸季乃有咸陽劉古愚光蕡以宋明理學自律治經通大義明天算以當時所謂新學者倡於其鄉其門人同縣李孟符岳瑞以之比習齋關學稍稍復蘇矣。

三 山西

山西介直隸陝西之間而學風寥闃特甚清初可述者僅一陽曲傅青主山以氣節文章名於時蓋古之振奇人也不得目以學者太原閻百詩若璩在清代經師中首屈一二指然生長山陽畢生僅一度回原籍應試而已其於晉學直可謂無關係康熙末葉有絳州辛復元全洪洞范彪西鄗鼎俱以陸王學教於鄉里然所就似尙淺狹至嘉慶間乃有壽陽祁鶴皋韻士初在史館研究蒙古諸部之離合封襲中間又以事譴戍伊犂遂益究心邊事著藩部要略西域釋地等書爲西北地理專門學之創始者道光間則平定張石洲穆繼之所著蒙古游牧記北魏地形志等益精核又撰顧閻年譜有理法晉士始爲天下重清季有聞喜楊漪村深秀爲戊戌殉難六君子之一行誼學問皆具有本末中遇摧折其學遂無傳者。

四 甘肅

甘肅與中原窵隔文化自昔樸僿然乾嘉間亦有一第二流之學者曰武威張介侯澍善考證勤輯佚尤嫻熟河西掌故與段茂堂王伯申錢衎石諸人皆友契。

五 河南

河南。中州也實全國文化最初發源地。至宋康節二程生焉。於是有「洛學」之目元則許魯齋。明初則薛敬軒。咸以鄉人衍其緒故中州稱理學之府焉姚江白沙學興學界重心移於東南矣及晚明則有寧陵呂新吾坤復興洛學寧陵古沙隨。邱二程故里故明道伊川與新吾亦稱「先後沙隨先生」云新吾之學持養緜密而專向平實處致力善察物情而勇於任事妙於因應與當時王學末流之好爲高談大言者異撰。然亦受世代影響。持論不如二程之迂新吾之洛學。蓋新洛學也。

孫夏峯避地南遷老於輝縣之蘇門其晚歲大弟子多中州籍。清初洛學之昌實自夏峯也。睢州湯潛庵斌清代以名臣兼名儒者共推以爲巨擘潛庵宦達後假歸乃折節學於蘇門。而夏峯弟子中最能傳其學者在燕則魏蓮陸在豫則潛庵時盈廷以程朱學相夸附詆陸王爲詖邪潛庵嶽然守其師調和朱陸之旨而宗陸王爲多居官以忤權相明珠去位幾陷於戮是眞能不以所學媚世者登封耿逸庵介事夏峯最久。篤志傳其學與潛庵同謫官主嵩陽書院數十年。學者多出其門柘城竇靜庵克勤中牟冉永光覲祖皆不逮事夏峯。而私淑於潛庵與逸庵。稍染程朱派習氣矣。

初期中州學者無一不淵源於夏峯。其崛起與之抗顏行者。則上蔡張仲誠沐也仲誠似與夏峯未相見。潛庵見之歸而述其學於夏峯夏峯印可焉其學宗陸王。著有道一錄帶和會朱陸色彩蓋與夏峯酷相類也。夏峯旣前卒。而仲誠以老宿講學於上蔡。故康熙之末仲誠稱洛學中心

夏峯仲誠。雖各自設教而學脈則一其與仲誠同時而爲洛學開一新趨向者。曰安陽許酉山三禮酉山著聖學直指謂講靜坐觀空之學者爲「戴儒巾之禪和子」謂注經諸賢不離曲學局面其學雖植本於存養而必徵

效於事功。蓋與顏李一派頗相近。酉山立朝爲顯官。（官至副都御史。以劾徐乾學元文兄弟及高士奇去職。）講學之日淺。故弟子無聞焉。顏習齋嘗一游中州。訪張仲誠。與其師弟往復論學者兩月。李恕谷亦嘗佐幕郾城。多接中州人士。自是梁豫之間有顏李學。其顯者曰安陽徐仲容適原武張天章燦然鄢陵王次亭篤周湯陰朱主一敬天章夏峯弟子。次亭仲誠弟子也。竇靜庵在京師晚交恕谷。論學亦甚契云。

洛中稍後起之學者。曰儀封張孝先伯行承李厚庵之風。專標程朱爲學鵠。孝先宦達。雍乾官至巡撫。與厚庵齊名。稱理學名臣。品格雖高於厚庵。然亦巽懦少風骨。洛之有程朱學派由孝先。而洛學亦自此衰矣。

乾嘉以降。考證學掩襲一世。而中州闃無人焉。其稍著者惟偃師武虛谷億操行峻整。有强項縣令之目。其學頗博涉。而於金石最深。

六　山東

山東鄒魯。孔孟實生。齊稷下方術之士聚焉。自昔爲文明淵叢。兩漢經師。什九爲齊魯産。盛矣。魏晉以降。漸以式微。宋南渡後。陵替遂極。及清稍振。然以校他省。尚瞠乎其後也。

清初濟陽張稷若爾岐首倡儀禮之學。顧亭林謂其『獨精三禮。卓然經師。』論近世經學創始之功。稷若實足與顧閻胡比武。其於理學亦有心得。嘗有與亭林往復論學書在兩家集中。皆爲有價值之文。鄒平馬宛斯驌爲清代最初研究古史者。所著繹史。搜羅極富。雖別擇未能精審。要不失爲一大著作。而同時曲阜顏修來光敏亦頗治經史。明算術樂律。有著書。三人皆與顧亭林交厚。亭林屢游山左。此邦人士挹其風。慕學者漸衆。康熙末有安丘劉崑石源淥治程朱學敎授於鄉。

同時有淄川薛儀甫鳳祚學於孫夏峯而精治曆算。與王寅旭齊名。時稱「南王北薛」

乾隆中則曲阜孔葓谷繼涵與戴東原爲至交。頗熏染於其學。先是衍聖公毓圻傳鐸兩世皆篤行嗜學。有著作。葓谷則毓圻孫也。究心天算地志訓詁典章之學。學風大類東原。東原著述稿悉藏其家。以次校刻焉。其從子顨軒廣森受學東原。首治春秋公羊學。又著少廣正負術。於數學有新發明。惜蚤卒。未能竟所學。歷城周書昌永年學極博。與東原同被特徵入四庫館。蓋異數也。嘉道間則歷城馬竹吾國翰輯佚書頗勤。

山左學者於小學多所貢獻。曲阜桂未谷馥著說文義證。在斯學中稱最博。安丘王菉友筠著說文釋例說文句讀。在斯學中稱最通。而日照許印林瀚與菉友共學。於其著作多所參與。又頗治佛學云。棲霞郝蘭皋懿行著爾雅義疏。與浙中邵二雲齊名。

山左金石最富。自顧亭林來游。力爲提倡。厥後黃小松易宦斯土。搜剔日廣。斯土學者亦篤嗜之。有以名其家者。海豐吳子苾式芬諸城劉燕庭喜海濰縣陳簠齋介祺黃縣丁彥臣彥臣福山王蓮生懿榮皆收藏甚富。而考證亦日益精審。故咸同光間金石學度越前古。而山東學者爲之魁。

最晚出者膠州柯鳳孫劭忞著新元史。或曰遠過昔之作者。或曰非也。吾不治此學。無以判其然否。

七　江蘇

大江下游南北岸及夾浙水之東西。實近代人文淵藪。無論何派之學術藝術。殆皆以茲域爲光燄發射之中樞焉。然其學風所衍，又自有分野。大抵自江以南之蘇常松太，自浙以西之杭嘉湖，合爲一區域。江寧淮揚爲一區域。皖南徽寧廣池爲一區域。皖北安廬爲一區域。浙東寧紹溫台爲一區域。此數域者，東南精華所攸聚也。語其大較，則合諸域成一風氣，與大河南北及關西截然殊撰。細爲剖判，則此諸域者，各因其山川之所孕毓，與夫一時大師之偶然的倡導，又各自發揮其特色，而分別有所貢獻。今茲所述，不能具析，讀者宜按圖稽索，心知其意也。

江蘇近代學風，發軔於東南瀕海之蘇常松太一帶，以次漸擴而北。其初期學界形勢，大略如下。

當晚明心學末流猖披之時，而東林學派興於其間。創之者爲無錫高景逸攀龍、顧涇陽憲成，以省身克己砥厲名節爲教，而最留意於當世之務。學派之得名，則以無錫東林書院爲二公講學地也。其後閹孽以此名陷正人，「東林黨」遂徧天下。其後繼者曰復社，主之者則太倉張天如溥，雖流品漸雜，要不失爲歷史上有價值之講學團體。江左學術之光芒，濫觴此時矣。

崑山顧亭林炎武嶽然三百年來第一大師。其制行剛介拔俗，其才氣橫溢而斂之於範，其學博極羣書而馭之在我。標「經學卽理學」與「經世致用」之兩大徽幟，號召學者以從事於新學派之建設。清代諸科之學，殆無一不宗禰亭林者。亭林中年以後，北游不歸，故當時吳士奉手受教者少。然厥後學者什九皆聞其風而興也。故亭林應認爲吳學之總發起人。

清師渡江，江浙間仗節死義者踵相接，而吳下逸民則多以程朱學自檢束。長洲徐俟齋枋、崑山朱柏廬致一、崑山歸玄恭莊，其尤矯矯者也。蓋以耿介絕俗之姿，茹荼嚙雪，不求聞達，而士自潛受其化。其以程朱學爲教，聲光爛然者。亭林之外。莫如太倉陸桴亭（世儀）、太倉陳確庵。（瑚）桴亭切實博大。不持門戶。其思辯錄包羅萬象。顏習齋論清初學者推爲第一。謂在夏峯二曲上也。確庵教人分政、事、人、文、四類。讀史。常注意社會利病實際問題。亦一反明季理學家清談之習。蓋吳下程朱派大師。多注重研究事物條理。與北學關學洛學稍異。吾假名之曰吳學第一派。

吳中治陸王者頗少。惟長洲彭南畇（定求）嗜焉。著陽明釋毀錄。傳至其曾孫尺木。（紹升）遂爲佛學宗師。武進惲遜庵（日初）即大美術家南田（壽平）之父。學風亦近陸王。其族孫臯聞（鶴生）親炙恕谷。私淑習齋。傳顏李學於江南。後此常州學派亦間接受其影響。吾假名之曰吳學第二派。

亭林所倡經世致用之學。其基礎當求諸歷史。而尤重者則現代掌故也。故其學友中多治史。且專嗜明史。吳江吳赤溟（炎）吳江潘力田（檉章）吳江戴耘野（笠）其最著者也。赤溟力田皆死於「湖州史獄」著作燼焉。耘野書亦爲禁品。自茲以往。史學家始偏重考古矣。吾假名之曰吳學第三派。

亭林倡經學卽理學之論。其治經則祧宋儒傳注而求諸漢唐注疏。元和惠元龍（周惕）受經於徐俟齋。究治古義。其子半農（士奇）半農子定宇（棟）累世傳之。惟古是信。惟漢是崇。自是「漢學」之目。掩襲天下。而共宗惠氏。吾假名之曰吳學第四派。

明季利瑪竇輩挾其曆算學東來。而上海徐玄扈（光啓）最能傳受而光大之。與其徒先後譯書垂百種。「西學」之名肇焉。思想界爲之一變。吳江王寅旭（錫闡）以理學家而好爲深沈之思。與亭林力田交契。共致力斯學。江都孫滋九（蘭）學於湯若望。尤能見其大。著理氣象數辯疑糾繆及格理推事外方考證四論。雖大遭俗目之所咤斥。

而學者視線亦漸集注焉，實爲科學之由栫。吾假名之曰吳學第五派。

明清之交。江浙學者以藏書相夸尚。其在江南則常熟毛氏之汲古閣爲稱首。且精擇校刻以公於世。繼之者常熟錢氏之絳雲樓述古堂崑山徐氏之傳是樓昭文瞿氏之鐵琴銅劍樓以至太倉顧氏泰興季氏等咸蓄善本事讐校。自此校書刻書之風盛於江左。吾假名之曰吳學第六派。

以上六派。雖非皆吳人所專有。亦未必足以盡吳學。然大較蓋可睹矣。斯邦人物蔚起。更當分區論之。

舊蘇州府學風大略從同。然亦可細析爲二。其一。府治附郭之長、元、吳。其二。則崑山常熟附以吳江也。長元吳人之特長在淹博。其短處在裁斷力稍薄。順康間最初以箋釋校勘之學名於時者曰長洲何義門焯其學頗雜博而破碎。次則惠氏祖孫父子。而定宇最有名於乾隆間。以記誦浩博爲學。其易漢學九經古義後漢書補注等最有名於時。『漢學』之名蓋於是創始焉。而定宇亦頗事雜述。如注漁洋詩之類。學風蓋甚近義門。定宇弟子最著者。長洲余仲林蕭客吳縣江艮庭聲仲林著古經解鉤沈。艮庭著尚書集注音疏。皆徵引甚博。而乾隆末葉。則有元和李尚之銳精擘數理。能引申古義。元和顧千里廣圻實艮庭弟子。好校書。然頗破碎。長洲黃蕘圃丕烈治目錄學極精審。嘉道間則有長洲宋于庭翔鳳治今文學。有長洲陳碩甫奐著詩毛氏傳疏。極謹嚴。學風稍異於其先輩。有元和朱允倩駿聲著說文通訓定聲。純以音釋訓。吳縣沈文起欽韓爲諸史補注。且疏水經。咸同間則吳縣馮林一桂芬喜談經世之務。著校邠廬抗議。同光間則吳縣吳清卿大澂以金石學聞。元和洪文卿鈞覃精蒙古史。著元史譯文證補。稱絕學。吳縣潘伯寅祖蔭以達官宏獎風流。能刻書。元和江建霞標善爲目錄之學。別有長洲彭尺木紹升吳縣汪大紳縉專治佛學。倡淨土宗。在乾嘉間爲學界之別動隊云。

崑山常熟吳江。吳下才士所聚也。其氣象視閶門爲博大。常熟錢牧齋謙益以前明老名士爲江南祭酒。雖晚節猖披已甚。其掌故學有不能抹殺者。大儒顧亭林實崑山產。無勞更誦述。其兩甥崑山徐健庵乾學徐立齋元文雖頗以巧宦叢譏議。然宏獎之功至偉。康熙初葉舉國以學相淬厲。二徐與有力焉。健庵治禮亦頗勤。其讀禮通考雖出萬季野。然主倡之功不可誣也。通志堂九經解嫁名成容若德實出健庵。治唐宋經說者有考焉。常熟陳亮工芳績常熟黃子鴻儀崑山顧景范祖禹皆以地理學名。亮工爲亭林友人子。著歷代地理沿革表。子鴻景范俱參徐健庵之大清一統志。而景范之讀史方輿紀要實稱絕學。常熟陳亦韓景范之經學。則汲惠氏之流者也。吳江產史家。前所述吳赤溟潘力田之外。尚有張文通雋亦死湖州史獄。而力田之弟次耕耒兼受亭林俟齋寅旭三大師之學。卓然能不愧其傳。吳江之治經學者。有陳長發啓源朱長孺鶴齡頗爲後此何義門學風所自出。而沈果堂彤以三禮學名於乾隆間。蓋此方學者。順康間極盛。乾嘉以後驟衰。於道光末乃有常熟龐子方大堃治音韻學。所剖析視江戴段王尤密。晚有常熟翁松禪同龢善宏獎。而已於學無所名。

松太之間。學風大類蘇州。太倉有陸桴亭陳確庵兩大理學家。而其學皆至博。既如前述。尚有著名文學家太倉吳梅村偉業其史學的著作。亦有相當價值。乾嘉盛時。則有嘉定錢竹汀大昕及其弟晦之大昭其從子溉亭塘獻之坫有嘉定王西莊鳴盛有青浦王述庵昶有鎮洋畢秋帆沅而竹汀最博大精核。同時學者。戴東原外未或能過之。西莊述庵以贍博見長。其拙於裁斷。頗類閶門諸儒也。秋帆官達爲疆吏。所學不至。其續資治通鑑稱良著。大率出幕府手。上海爲商賈之地。自徐玄扈後蓋鮮聞人。惟陸耳山錫熊總纂四庫全書提要。多出其手。與紀曉嵐齊名。

舊常州府與蘇接境。而學風又分二支。迤東無錫江陰一帶。其學大類崑熟。迤西陽湖武進。自爲風氣。卒乃別產所謂「常州學派」者。無錫爲吳學發源地。東林高顧二公後。代有傳人。顧庸庵樞實涇陽孫。高彙旃世泰則景逸猶子。狎主東林講席。學者宗焉。荆溪湯世調之錡亦以陽明學教授。而江陰徐霞客宏祖在晚明爲近代唯一之探險的地理學家。雍乾間則顧震滄棟高治經與時流稍殊其塗。而自有理法。荆溪任翼聖啟運則以禮學聞。乾隆中葉以降。寖式微矣。江陰是仲明鏡治程朱學。然不能光大。金匱秦味經蕙田以著五禮通考得名。然書非己出。晚光緒間。乃有金匱華若汀蘅芳數學獨出冠時。有無錫薛叔耘福成學問雖無專門。但有世界眼光。頗類郭筠仙。而江陰繆藝風荃蓀則以板本之學聞。最近則無錫吳稚暉敬恆提倡極端的歐化。

常州東部。清初百年間無大學者。惟武進惲遜庵稱第二流之理學家。康熙末則其族人惲皋聞傳顏李學。卓然人師。惜著述無可稽。武進臧玉林琳與閻百詩同時。善考證。著經義雜記。惟在當時無聞者。其玄孫鏞堂於嘉慶間始述之。逮乾隆中葉以後。常之學乃驟盛。陽湖孫淵如星衍善治經。其尙書今古文注疏稱絕善。又校注周秦古子。陽湖洪稚存亮吉善治史。爲諸史補表及疆域志。陽湖趙甌北翼亦善治史。所著二十二史箚記。善於屬辭比事。陽湖陸祁生繼輅武進惲子居敬善屬文。號「陽湖派」。亦頗能以文談學。武進張皋文惠言陽湖李申耆兆洛陽湖董方立祐誠皆陽湖派文家之雄。而皋文長於經。善言易。又能訓釋墨子經說於千年闇曶之後。申耆長於史。善言地理。能繪圖製器。方立長於算。能發明數理。卒年僅三十五。在清儒中最短折。成就乃卓然可傳。武進臧鏞堂墉在漢學家中亦足稱第二流人物。而常州一域尤爲一代學術轉捩之樞者。則在「今文經學」之產生。自武進莊方耕存與治春秋公羊學。著春秋正辭。以授其從子葆琛述祖及其孫珊卿綬甲。其外孫武進劉申受。逢祿而申受著公羊釋例左氏春秋考證諸書。大張其軍。自是「公羊學」與許鄭之學代興。間接引起思想界革命。蓋嘉道以降。常州學派幾天驕矣。及最近則有武進屠敬山寄著蒙兀兒史記識者謂其價値在邵陽魏氏膠州柯氏之上。

舊江寧鎭江二府。清初百年間亦無大師。自乾隆中葉。金壇段茂堂玉裁學於戴東原。傳其音韻訓詁之學。創注說文。爲小學總匯。而江寧談階平泰以明算聞。嘉道咸間則句容陳卓人立著公羊義疏。爲斯學絕作。上元汪梅村士鐸治水經注。丹徒柳賓叔興恩治穀梁傳。能名其家。最近則丹徒馬眉叔建忠著文通。應用高郵王氏之訓詁學。創造中國文法書。

渡江而北。爲淮揚。舊淮安府爲顧亭林屢游之地。其門人山陽張力臣弨能傳其訓詁音韻之學。亭林著作之刻布。實自力臣始。而大儒閻百詩若璩本籍太原。生長鈞游皆山陽也。故斯地學風開發獨早。乾嘉以降。惟山陽丁儉卿。晏其學頗博贍精審。道咸間則山陽魯通甫一同以古文名。頗能發砭時之論。

徐泗之間。自昔爲豪俠產地。學者鮮聞。清代亦不違斯例。吾所記憶者。清初惟銅山萬年少。壽祺然亦任俠尚氣之文學家。非純粹學者也。繼此則更無述焉。

揚州爲前清全盛時代學術淵藪。人物輩出。其學風蓋甚類皖南。但此地開發視江南略遲。清初惟江都孫滋九。蘭研究當時新輸入之西學。能爲深沈之思。然其學不傳。康熙雍正間則有寶應王白田懋竑用考證家精神治程朱學。制行亦極嚴峻。乾隆初葉則興化顧文子九苞高郵李孝臣惇高郵賈稻孫田祖皆用元和惠氏治學法。以從事經學。揚州學風自茲日盛。到乾隆末葉。江都汪容甫中以絕倫之資著述雖不多而備極精核高郵王石臞。念孫受經於戴東原。以傳其子伯申引之其於聲音訓詁。深探本原。精銳無兩。世稱此學爲高郵父子之學。興化任幼植。大椿亦師事東原。傳其典章制度之學。寶應劉端臨。台拱學風頗類李賈。善治論語。以傳其子楚楨。寶楠著論語正義。一部分未成而卒。其子叔俛。恭冕更續成之。爲新經疏佳著之一。稍晚出而名於嘉慶間者。則江都焦里堂。循最通易與論語。能由訓詁以探名理。其於史學數學醫學劇曲。無一不博涉而精通。儀徵阮芸臺。元任封疆數十年。到處提倡學問。浙江廣東雲南學風。皆受其影響。其於學亦實有心得。無達官中之眞學者。朱笥河紀曉嵐畢秋帆輩皆非其比也。更稍晚。則江都凌曉樓。曙與常州學派始交通。以今文學名家。甘泉江子屏。藩著漢學師承記。宋學淵源記。實爲極有價值之學術史。晚治佛學。所得蓋未可量。甘泉薛子韻。傳均則以音韻學名。而儀徵劉孟瞻。文淇與劉端臨同時齊名。號揚州二劉。其子伯山。毓崧孫恭甫。壽曾曾孫申叔。光漢累代傳其家學。迄清末不衰。自孟瞻迄恭甫。三世而成左傳新疏。伯山又好爲局部掌故的考證。最稱翔洽。而興化劉融齋。熙載治雙聲疊韻之學有妙解。亦精於算。又提倡陸王理學。在當時稱佼佼焉。蓋揚之學者。世家最多。江都汪氏。儀徵阮氏。寶應劉氏。咸有令子。而緜歷四代不殞嘉問者。前則高郵王氏。後則儀徵劉氏也。

八　安徽

安徽與江蘇合稱江南。在前清鄉科同試一闈。事實上蓋爲不可分之一文化區域也。而皖北與皖南。風氣固殊焉。

皖北沿淮一帶——今淮泗道。舊鳳陽壽穎亳滁諸州府。自昔惟產英雄。不產學者。故無得而稱焉。皖北沿江一帶——今安慶道舊安慶廬和六安諸州府交通四達多才華之士其學以文史鳴皖南——今蕪湖道舊徽池寧國廣德太平諸州府羣山所環民風樸悖而廉勁其學風堅實條理而長於斷制此其大較也

皖北名都推合肥與桐城合肥近代多顯宦學界無傑出之士故言皖北學風可以桐城爲代表桐城之學自晚明方密之以智錢飲光澄之開發之後三百年間未嘗中斷學界上一名譽之都邑也密之飲光皆間關憂患從永歷於滇南氣節凜然爲後進式密之之學堅樸綜覈大類皖南其通雅一書實導後此聲音訓詁學先路晚歲乃逃於禪喜談名理其子田伯中德著古事比位伯中通事梅定九以善數學聞又著物理小識素伯中履著古今釋疑皆能傳其父學者飲光學風則稍異密之彼蓋才氣橫溢之人以詩文豪而治經史則其餘事也逮康熙末葉則方望溪苞與戴南山名世並起兩人皆以能文章名「桐城派古文」固當祖飲光而禰方戴也南山善治史其史識史才皆絕倫卒以作史蒙大戮後輩懲焉而諱其學望溪顯宦高壽又治程朱學合於一時風尚故其學獨顯桐城派「因文見道」之徽幟自望溪始也然望溪才力實弱不足振其文繼起者則乾嘉間有劉海峯大櫆姚姬傳鼐學益儉觳矣而桐城文之軍乃愈張同時有方植之東樹著漢學商兌力詆閻胡惠戴無恕辭著南雷文定書後掊擊梨洲蓋以「程朱派之衞道人」自命桐城學風然也咸同間有馬元伯瑞辰治漢學家言著毛書傳箋通釋蓋矯然自異於其鄉先輩者自曾文正篤嗜桐城文列姚姬傳於聖哲畫像中與孔子齒後此承風者益衆最近猶有吳摯甫汝綸姚叔節永樸馬通伯其昶咸有撰述爲桐城守殘壘焉此外皖北學者無甚可記無已則與望溪南山並時齊名之宿松朱字綠書其佼佼矣

皖南故朱子產地也自昔多學者清初有歙縣黃扶孟生治文字學專從發音上研究訓詁是爲皖南學第一派

有當塗徐位山文靖治史學及地理學。雖稍病蕪雜。然頗有新見。是爲第二派。雍正間則休寧程綿莊廷祚（綿莊後寄籍江蘇之上元。然據彼上李恕谷書。自稱「新安程某」則本休寧人矣）歙縣黃宗夏曰瑚皆學於李恕谷。而宗夏兼師王崑繩劉繼莊。顏李學派之入皖。自此始。綿莊又斯派圖南之第一驍將也。是爲第三派。同時有休寧汪雙池紱以極苦寒出身。少年乞丐傭工自活。而徧治諸經。以程朱學爲制行之鵠。又通音樂醫方諸學。是爲第四派。宣城梅勿庵文鼎崛起康熙中葉。爲曆算學第一大師。其弟和仲文鼐爾素文鼏其孫循齋瑴成並能世其學。是爲第五派。五派各自次第發展。而集其成者爲江慎修。蛻變而光大之者則戴東原。

婺源江慎修永乾隆間以經學教授於鄉者數十年。其治經之法。從典章制度名物地理聲音訓詁分途爬梳而歸本於義理。其於音韻律呂曆算皆有精悟。其修養則以程朱爲鵠。其弟子最顯者。則歙縣程易疇瑤田歙縣金檠齋榜歙縣汪叔辰龍。而休寧戴東原震爲之魁。叔辰長於詩。檠齋長於禮。易疇則名物度數剖析極微而核。而亦有志於探求道術本原。東原以瞻博之學。綜核之識。清湛之思。每治一學必期於深造自得。蓋自東原出然後清代考證學之壁壘始確立焉。其所著孟子字義疏證尤爲八百年來思想界之一大革命。當時學界惠戴齊名。實則惠非戴匹也。

東原不以師自居。故弟子甚稀。最著者段茂堂。王石臞。皆非皖人。其同郡後學能得其一體者。則歙縣洪初堂榜歙縣淩次仲廷堪。初堂壽最短。未見其止。次仲治禮學。精絕冠時。

歙縣汪衡齋萊在嘉慶間。與焦里堂李尚之同治算。最能析繁難之算理。廉悍深刻。純然皖南學風也。道光間則歙縣程春海恩澤治史學頗綜核。

績溪胡樸齋匡衷生雍乾之交。其學大端與雙池愼修相近。以傳其孫竹村培翬子繼培系竹村與涇縣胡墨莊承珙同時齊名。墨莊亦自績遷涇也。時稱「績溪三胡」。竹村善治儀禮。集愼修東原易疇檠齋次仲之成作新疏曰儀禮正義。墨莊亦治禮。有儀禮古今文疏義。其最有名者則毛詩後箋。績溪諸胡多才。最近更有胡適之適云。

清季皖南學寖衰矣。道咸間尚有涇縣包愼伯世臣黟縣俞理初正燮兩家學皆雜博。愼伯好談經世之務。而理初長於局部的考證。

最近則石埭楊仁山文會爲佛學復興之大師。其在佛學界之地位。不減清初宣城梅氏之於算也。

九　浙江

浙江與江南——江蘇安徽同爲近代文化中心點。然而浙西與浙東又各自爲其特色。

浙西——杭嘉湖之學風。與江蘇之蘇松太如出一型。事實上應認爲一個區域。故章實齋浙東學術篇以黃梨洲代表浙東而以籍隸江蘇之顧亭林代表浙西。蓋知言也。語其大較。則理學方面浙西宗程朱而浙東宗陸王。考證學方面則浙西多經學家。而浙東多史學家。但此亦其大略。且在初期爲然耳。中葉以降則交光互影。有不能一概論者。大抵兩浙學者多集於沿海及錢塘江甌江之左右岸。愈近腹地——如嚴衢處等州——則愈少。杭嘉湖間與皖南及吳下毗連。學術爲多方面的發展。而學風亦日爲混合的趨向。浙東之寧紹爲一區。而溫州又自爲一區。此其大較也。

浙西理學方面，爲程朱派之根據地。明清之交，桐鄉張楊園履祥錢塘應潛齋撝謙仁和沈甸華昀皆踐履敦篤，爲士林宗。康熙中葉，則平湖陸稼書隴其石門呂晚村留良咸以排斥陸王自任，比之距楊墨。雖稼書爲時主所尊尚，配饗孔廟，晚村攖怒，剖棺戮屍，身後榮戮殊科，語其學風，蓋一致也。雍正間則錢塘桑弢甫調元亦以程朱學聞。就中惟清初海寧陳乾初確雖師事蕺山，而根本排斥宋明理學家言，其學與顏李一派頗相類云。

浙西之考證學，最初著聞者，當推秀水朱竹垞彝尊。竹垞以文人而貳於學者，其學博贍而不謹嚴。康熙中葉，則德清胡東樵渭以善地理及明易稱大師，與閻百詩並名。

浙之省治——仁錢治考證學者，清初鮮聞人，惟仁和柴虎臣紹炳篤行能文章，而又善言音韻，嘗有書規亭林之誤。至雍乾之交，則仁和趙東潛一清以善治水經注名，錢塘馮山公景始治經學，學風頗類毛西河。乾隆中葉則仁和盧抱經文弨最善校勘，爲高郵王氏學之前驅。仁和杭大宗世駿博學負時譽，與全謝山齊名。仁和孫頤谷志祖善辯僞書，著家語疏證。錢塘厲太鴻鶚著遼史拾遺及宋詩紀事，極贍核。錢塘梁曜北玉繩處素履繩兄弟以貴介公子，淬厲於學，而曜北治史有史記志疑，能成一家言。仁和翟晴江灝能治經。嘉道間則仁和龔定庵自珍實段茂堂外孫，而治今文家言，又治佛學，能發奇論，與魏默深同爲晚清思想之先驅者。最近則錢塘夏穗卿曾佑學風大類定庵。仁和丁益甫謙治邊徼地理極勤。錢塘張孟劬采田治史學綜覈有通識。

杭屬諸縣，自陳乾初而後，康熙間有海寧陳蓮宇世琯師事梨洲，亦頗提倡顏李學。道咸同則海寧張叔未廷濟海寧蔣生沐光煦頗以校勘名。光緒間有海寧李壬叔善蘭精算學，譯西籍，徐文定後一人也。最近則餘杭章太炎炳麟治聲音訓詁之學，精核突過前人，學佛典亦有所發明。而海寧王靜安國維亦善能以新法治舊學。

嘉屬諸縣。自竹垞稼書而後，乾隆間則有嘉興王宋賢元啓專治曆算。最明句股。嘉道間則有嘉善錢衎石儀吉警石泰吉兄弟。衎石譜掌故。警石長校勘。最近有嘉興沈子培曾植學極博而不事著述。

湖屬諸縣。自胡東樵而後。康雍間有歸安鄭芷畦元慶著行水金鑑。善言水利。且博通諸學。有歸安沈東甫炳震著二十一史四譜。且刪合新舊唐書。乾隆中則歸安丁升衢杰精校勘。為戴東原盧抱經所推。嘉道間則有德清徐新田養原善治典章及樂律。有歸安嚴九能元照善爾雅說文。有德清許周生宗彥善禮學。有烏程嚴鐵橋可均善小書。勤於輯書。有歸安姚秋農文田通音韻學。咸同間有烏程周鄭堂中孚仿郡齋讀書志直齋書錄解題之例。著鄭堂讀書記。價值足與四庫提要埒。其外孫德清戴子高望經學宗莊劉。理學宗顏李。與東原有「前後戴」之目。而烏程程善夫慶餘實子高師。治金石及數學。有烏程徐鈞卿有壬以疆吏殉難。邃於算學。有歸安陸存齋心源善鑑別板本。同光間則德清俞蔭甫樾善治訓詁。能讀故書。學風宗高郵王氏。稱清末大師焉。而歸安沈子惇家本久官刑曹。律學冠時。

嚴衢諸屬鮮聞人。惟光緒間桐廬袁重黎昶治西北地理。通知時務。義和團之役以直諫死。

以上說浙西竟。

浙東之餘姚。實王陽明產地。其山陰則劉蕺山產地也。故此地陸王學派。根幹最茂實焉。蕺山晚而講學山陰。門生弟子徧江浙。入清後其子伯繩汋尚能振其緒。而餘姚區區一邑。更篤生黃梨洲宗羲朱舜水之瑜兩大師。嘻。盛矣。舜水雖餘姚產。論學顧祧陽明。在明季闇然避時譽。入清則亡命老死於日本。其弟子皆在彼都。故國無稱焉。故清初之浙東。殆為王學獨占。其在餘姚。則同是王學而分二派。其一為姚江書院派。主之者則沈求如國模史孝咸子虛韓遺韓孔當邵魯公曾可承晚明末流之敝。頗近狂禪。其一爲證人學會派。主之者則梨洲也。梨洲以忠端之子。蕺山高弟。氣節嶽嶽。而於學無所不窺。又老壽講學不倦。故歸然爲東南靈光。與孫夏峯李二曲稱海內三大師焉。浙東學術。全部出自梨洲。語其梗概。則陸王之理學爲體。而史學爲用也。梨洲之弟晦木宗炎倜儻不讓乃兄。尤善言易。所疏證在胡朏明上。其子耒史百家亦能世其學。續其未成之書。而邵魯公之孫念魯廷采先受業韓孔當。繼乃歸宿於梨洲。自是餘姚兩派始合一。念魯亦勤於治史。述晚明遺事甚詳。及乾隆間則邵二雲晉涵念魯族孫也。於小學最精核。爲爾雅新疏。又擬重撰宋史未成。其孫邵位西懿辰顯於咸同間。治今文經學有名。言學脈於餘姚。邵氏流澤最長矣。

梨洲講學甬上最久。其大弟子多出是邦。初鄞縣范氏天一閣。山東祁氏澹生堂。以藏書之富聞於晚明。甬上人士之慕學自茲始。鄞縣萬履安泰學於蕺山。而友梨洲。其子八人。皆就梨洲學。各名一藝。而公擇斯選傳其理學。充宗斯大傳其經學。季野斯同傳其史學。而季野以布衣參明史館事數十年。主持京師學風。康熙末稱祭酒焉。其兄子九沙經貞一言咸能傳家學。尤邃於史。九沙最老壽。在乾隆間爲鄞學宗。此外鄞士之顯者。有陳介眉錫嘏其子悔廬汝咸從子南臯汝登皆學於梨洲。南臯又學於季野。悔廬宦於閩時。閩人李晉卿方以僞程朱學號召天下。悔廬侃侃與辨。不爲屈焉。復有仇滄柱兆鰲亦事梨洲。以博贍聞。其晚出者則全謝山祖望嘗問業於萬九沙。而大衍梨洲之緖。續成宋元學案百卷。又最諳南明掌故。卓然爲乾隆間史學大師。謝山云歿。鄞學衰矣。咸同間有董覺軒沛徐柳泉時棟稍振其緖云。

慈谿鄭寒村梁學於梨洲。晚年逃於禪。其子義門性能傳其學。更篤實。與全謝山友善。

與梨洲同時講學而宗風殊異者。有慈谿潘用微平格。其學以求仁為宗。謂『朱子道。陸子禪』。因為梨洲所訶斥。故不顯於世。然萬季野鄭義門皆頗稱之。而餘姚勞餘山史則以陽明同里而服膺程朱。頗似朱舜水矣。

清初浙東以考證學鳴者則蕭山毛西河奇齡。蕭山與仁和夾錢塘江。而峙學風乃大類浙西也。西河之學雜博而缺忠實。但其創見時亦不可沒。其同縣後學有汪龍莊輝祖。治元史。能輯類書。

乾嘉間浙東產一大師會稽章實齋學誠。受「六經皆史」之論。為思想界起一大變化。其史學蓋一種歷史哲學也。同時有天台齊次風召南之地理學。臨海洪筠軒頤煊百里震煊兄弟之經學。臨海金誠齋鶚之禮學。則台州一時之俊也。

其在晚清。則定海黃薇香式三儆季以周父子崛起孤島中。治三禮。最通博。能名其家。最近則上虞羅叔蘊振玉善金石學。能讀殷虛書契文字。熟於掌故。考證有別裁。而山陰蔡孑民元培治哲學。亦有心得。

甌海一隅。自宋以來別為永嘉學派。實齋論浙東學術。於茲託始焉。顧近代無能張大之者。晚乃有瑞安孫仲容詒讓治周禮。治墨子。治金文契文。備極精核。遂為清末第一大師。結二百餘年來考證古典學之局。

十　江西

江西與皖浙錯壤。而學風夐然殊撰。最可詫者。則清代考證學掩襲一世。而此邦殆無一人以此名其家也。

江西在北宋為歐陽永叔曾子固王介甫產地。在南宋為陸子靜產地。其士之秀者咸以「蓄道德能文章」相厲。故學風亦循此方嚮發展。清初則寧都魏善伯祥冰叔禧和公禮號寧都三魏。與同縣邱邦士維屏南昌彭躬庵士望等九人同隱於翠微山之易堂。號易堂九子。而冰叔爲之魁。易堂學風。以砥厲廉節講求世務爲標幟。豪俠任事。而最喜爲文。與王崑繩劉繼莊一派頗相類。其後輩有南豐梁質人昐學於李恕谷。自此與顏李學攜手矣。

同時與易堂對峙者曰程山學舍。主之者爲南豐謝約齋文洊及其友同縣邵睿明等六人。號程山七子。其後六人者皆北面約齋爲弟子云。約齋之學。早歲宗姚江。四十以後。乃返求諸宋儒。而皈宿於橫渠。堅苦力行。類北方學者焉。

雍乾之交有一大師。曰臨川李穆堂紱。穆堂日私淑其鄉先正歐曾王陸之事業道德文章。常欲以一身肩其緒。居官嶽嶽然厲風節。奮身任艱鉅。爲文滂沛而淵懿。其學則專宗陸王。當時陸王學爲世詬病。其屹然作干城者。穆堂與全謝山而已。

漢學家言不爲江右人所嗜。吾竟不能舉其一人。無已則南康謝蘊山啓昆以著西魏書名。他尙有所撰述。斯界二三流人物也。咸同間湖口高陶堂心夔學頗雜博。小學有著書。其人負才氣。談幹濟。與湘之王壬秋並在時相肅順之門。

乾隆中葉。瑞金羅臺山有高善爲古文。而嗜佛學。修淨宗。與彭尺木汪大紳稱同調。自是贛士有學佛者。最近則德化桂伯華念祖篤嗜焉。初治華嚴。後修密宗。而宜黃歐陽竟無漸治法相唯識。精博絕倫。稱海內第一導師。

十一　湖南

湖南自衡陽王船山(夫之)以孤介拔俗之姿。沈博多聞之學。注經論史。評隲百家。著作等身。巍然爲一代大師。雖然壤地窮僻。與東南文物之區不相聞問。門下復無能負荷而光大之者。是以其學不傳。自玆以往。百餘年間。湖湘學者無述焉。逮嘉慶中。然後邵陽魏默深(源)崛起。默深之學。方面極多。與龔定庵同爲常州派今文經學之曉將。又善治史。著聖武記及新元史。又好談時務。著海國圖志。述域外地理及海防政策。晚乃治佛學。修淨業。清季思想界。默深篳路藍縷之功高也。繼此則善化賀耦耕(長齡)安化陶雲汀(澍)皆以名督撫而好學有述作。新化鄧湘皋(顯鶴)搜羅鄉邦文獻最勤。裒輯船山遺著於散佚之餘。編校刻布。力事宏獎。新化鄒叔績(漢勛)精堅算學及地理。亦通經學小學。益陽湯海秋(鵬)善爲文。著一書曰浮邱子。長沙周荇農(壽昌)爲諸史補注。而善化唐鏡海(鑑)治程朱學。著國朝學案小識。自是湘學彬彬矣。

道咸之間。湘鄉羅羅山(澤南)與其友同縣劉霞仙(蓉)共講程朱學。以教授於鄉曲。而同縣王璞山(鑫)李迪庵(續賓)希庵(續宜)皆羅山弟子。師弟絃歌誦講。若將終身焉。及大亂起。羅山提一旅衛桑梓。已而出境討賊。死綏焉。璞山迪庵先後殉。霞仙贊軍幕。希庵獨將。並立功名。自是一雪理學迂腐之誚。而湘學之名隨湘軍而大振。

先是巴陵吳南屏(敏樹)爲桐城派古文。湘鄉曾滌生(國藩)嗜而學焉。滌生早達。官京師。徧交當時賢士大夫。治義理訓詁詞章。皆粗有得。思爲和合漢宋之學。亂起。滌生治軍。建大功。爲元臣。雖後半生盡瘁政治。不盡所學。然學風固影響一世矣。同時並名者。益陽胡潤之(林翼)湘陰左季高(宗棠)。並才氣過人。學問根柢亦不淺。

湘陰郭筠仙(嵩燾)少與劉霞仙曾滌生同學。學風略相類。亂起。參諸軍。常密勿運籌。晚乃持節英法。周知四國之爲。國人知歐洲有文化道術治法。蓋自筠仙始。其於舊學。亦邃經部史部。著作頗多。同時有平江李次青(元度)諳熟掌故。善爲文。

湘潭王壬秋闓運本文士。治今文經學。有盛名於同光間。然晚節猖披。殆等錢牧齋矣。其著述亦浮薄。鮮心得。善化皮鹿門錫瑞晚出。亦治今文學。博洽翔實。非壬秋敢望也。而長沙王益吾先謙雅善鈔纂。淹博而能別擇。撰述甚富。咸便學者。

瀏陽譚復生嗣同與其友同縣唐紱丞才常共學。復生少治龔魏之學。好今文家言。又研究船山學。能爲深沈之思。晚學於楊仁山。探佛理。所著仁學。能發奇論。與紱丞先後死國難。年並不逾四十。所學未竟什一也。

十二　湖北

湖北爲四戰之區。商旅之所輻集。學者希焉。清初惟有天門胡石莊承諾著繹志六十卷。成一家書。康熙間則孝感熊青岳賜履以治程朱學。躋顯宦。好詆諆陸王。其學無自得也。咸同間則有監利王子壽柏心著樞言。當時曾胡輩頗重之。光緒間有黃岡洪右臣良品頗治經。欲繼毛西河之業。爲古文尚書平反。有宜都楊星吾守敬頗治金石校勘目錄之學。

十三　福建

福建。朱晦翁僑寓地也。宋以來稱閩學焉。明季漳浦黃石齋道周爲理學大師。與劉蕺山齊名。其學精研象數。博綜掌故。一矯空疏之病。清初有莆田吳任臣志伊善史學。爲顧亭林所稱。有閩縣方子向邁能辨易圖。與毛西河往復。史部著述亦富。康熙間則安溪李晉卿光地善伺人主意。以程朱道統自任。亦治禮學曆算等。以此躋高位。而世亦以大儒稱之。同時有同安陳資齋倫炯善言海防。能繪圖。終於武職。世莫知爲學者也。晉卿弟耜卿光坡則亦學晉卿之學而自得似較多。其子姪中亦多傳禮學云。雍正間則漳浦蔡聞之世遠亦以程朱學聞於時。乾隆間則建寧朱斐瞻仕琇能爲古文。朱筠河亟稱之。而汀州雷翠庭鋐則繼李蔡治理學。嘉道間有侯官陳左海壽祺治經贍博而精審。卓然一大師。並時江浙諸賢。未或能先也。其子樸園喬樅治今文家言。編輯西漢佚說。用力最勤。而光澤何願船秋濤治西北地理。著朔方備乘。其學力與張石洲魏默深相頡頏焉。嘉道間閩縣林鑑塘春溥治古史。極博洽而缺別擇。蓋馬宛斯之亞也。

十四　廣東

吾粵自明之中葉。陳白沙湛甘泉以理學倡。時稱新會學派。與姚江並名。厥後寖衰矣。明清之交。士多仗節死國。其遺逸則半遁空門。或以詩文顯。而學者無聞焉。惟新會胡金竹大靈力學自得。時以比白沙。康熙末惠半農督廣東學政。始以樸學厲士。其秀者有惠門四君子之目。然仍皆文士。於學無足述者。粵中第一學者。推嘉慶間之海康陳觀樓昌齊。觀樓學甚博。於大戴記老子荀子呂覽淮南皆有校注。又善算學。今著述存者甚稀。然大儒王石臞爲其文集序。稱其考證爲能發前人所未發。石臞不輕譽人。則觀樓之學可想也。

時則阮芸臺先生督兩廣。設學海堂課士。道咸以降。粵學乃驟盛。番禺侯君謨康子琴度南海桂子白文燦南海譚玉生瑩嘉應吳石華蘭修番禺林月亭伯桐南海曾勉士釗嘉應李貞甫黼平番禺張南山維屏番禺李恢垣光庭南海鄒特夫伯奇番禺梁南溟漢鵬順德梁章冉廷枏香山黃香石培芳咸斐然有述作。而君謨善治穀梁傳。名其家。又爲諸史作補注及補表志。月亭善毛詩。石華能說南漢史。玉生校刻學雅堂叢書。每書爲之跋。恢垣熟於地理。著漢西域圖考。特夫南溟則獨精算學。特夫與湘之鄒叔績齊名稱二鄒。又善光學。能布算以測光線曲折。南溟亦雅善製器。

咸同之間。粵中有兩大師。其一番禺陳東塾先生澧。其一南海朱九江先生次琦。也。東塾蚤歲著學海堂弟子籍。晚而爲「學長」垂三十年（學海堂無山長。置學長六人終身職）。九江則以其學教授於鄉。兩先生制行皆極峻潔。而東塾特善考證。學風大類皖南及維揚。九江言理學及經世之務。學風微近浙東。然其大恉皆歸於溝通漢宋。蓋阮先生之教也。東塾弟子徧粵中。各得其一體。無甚傑出者。九江弟子最著者則順德簡竹居朝亮南海康長素先生有爲。竹居堅苦篤實。卓然人師。注論語尚書。折衷漢宋精粹。長素先生治今文經學。能爲深沈瑰偉之思。實新思想之先驅。啓超幼而學於學海堂。師南海陳梅坪先生瀚。東塾弟子也。稍長乃奉手於長素先生之門。蓋於陳朱兩先生皆再傳弟子云。啓超之友嘉應黃公度遵憲。著日本國志。有史才。其學略可比郭筠仙。而番禺朱執信執信。亦學海堂舊人。能以學術輔革命。

十五　廣西

廣西崎嶇山谷。去文化圈絕遠。學者無得而稱焉。雍乾間有臨桂陳榕門宏謀。講程朱學。爲達官。有著書。時論頗稱之。然以置他省。車載斗量矣。咸同間有象州鄭小谷獻甫。陳東塾曾稱其學。又有蘇爻山（其名及縣籍待考）著墨子刊誤東塾爲之序稱其『正譌字改錯簡渙然冰釋怡然理順而備城門以下尤詳』云斯亦一奇士一奇書矣晚有臨桂唐春卿景崇注新唐書世以比裴松之

十六　四川

四川夙產文士學者希焉晚明成都楊升庵愼以雜博聞入清乃有新繁費燕峯密傳其父經虞之學而師孫夏峯友萬季野李恕谷著書大抨擊宋儒實思想界革命急先鋒也康熙中葉則達縣唐鑄萬甄著潛書頗闡名理洞時務然兩人皆流寓江淮受他邦影響不少也同光間王壬秋爲蜀書院師其弟子有井研廖季平平治今文經學晚乃穿鑿怪誕不可究詰戊戌之難蜀士死者二人曰富順劉裴村光第曰綿竹楊叔嶠銳並學能文而裴村之學更邃云

十七　雲南

雲南自宋至玉斧畫江後幾爲化外元明淸以來政治上皆在半羈縻的狀態之下無論文化也至咸同間有寶寧方鴻濛玉潤著詩經原始善能說詩可比崔東壁鳳毛麟角致足珍焉

十八　貴州

貴州亦自昔窵遠樸僿自道光間程春海爲學政提倡漢學而獨山莫子偲友芝遵義鄭子尹珍與焉咸通小學

善校勘子尹子伯更知同亦能傳家學。而遵義黎蒓齋庶昌能爲古文善刻書。

十九　奉天

奉天新開化地耳。然雍乾間有一學者焉。曰鐵嶺李鐵君鍇著尙史世以比馬氏繹史。後此無聞焉。

二十　蒙古及滿洲

蒙滿人在京師者亦頗染漸於學。然能詩文者多。精治一學者少。獨咸同間蒙古倭艮峯仁治宋學。與曾滌生爲學友滿洲七椿園十一能言塞外地理有著述。光緒間則滿洲宗室盛伯羲昱能爲金石考證。

非「唯」

近來學界最時髦的話頭是「唯……主義」「唯……主義」等。這種話頭。起初是從印度學傳來的。如『三界唯心萬法唯識』之類便是。最近歐學輸入名目越發多了。最著者如「唯物史觀」「唯心哲學」乃至「唯用」「唯感」「唯美」「唯實」「唯樂」……等等標名。新穎立說。精奇很替學界增許多光燄。

這種做學問法。我也承認他有兩點好處。列舉如下。

第一。標出一箇鵠的自然可以免思想籠統的毛病。黃梨洲說。『凡學須有宗旨。是其人得力處。亦卽學者用力處。』標出「唯……主義」令思想歸邊專從這一邊研究務要「持之有故言之成理」自然一天一天的鞭辟近裏有許多新發明。

第二　旗幟鮮明於傳播學說最利便而且有力凡提倡一種學說的人目的總是想把學說應用到實際自然是希望信從我的人越多越好標出一箇字做宗旨令人容易了解我學說的性質只要表同情的便走集這面旗子底下共同盡力結果能令學說變成宗教性傳播得極廣極猛。

但這都是從做學問方法或傳播學問的手段立論若講到學問的本質嗎——除卻自然科學不計外專就人生的學問講——我以爲人生是最複雜的最矛盾的眞理卽在複雜矛盾的中間換句話說眞理是不能用「唯」字表現的凡講「唯什麼」的都不是眞理。

「唯什麼」「唯什麼」的名目很多最主要者莫如「唯物論」和「唯心論」其實人生之所以複雜矛盾也不過以心物相互關係爲出發點所以我的「非唯」論就從這唯物唯心兩派「非」起。

「非唯物」和「非唯心」的根本理論若詳細論列要著一部幾十萬字的書纔能說明現在暫且不講只講因這種學說發生出來的毛病。

心力是宇宙間最偉大的東西而且含有不可思議的神祕性人類所以在生物界占特別位置者就在此這是我絕對承認的若心字上頭加上一箇唯字我便不能不反對了充「唯心論」的主張必要將所有物質的條件和勢力一概否認纔算貫徹然而事實上那裏能做到自然界的影響和限制且不必論乃至和我羣棲對立的「人們」從我看來皆物而非心我自己身體內種種機官和生理上作用皆物而非心總而言之無論心力如何偉大總要受物的限制而且限制的方面很多力量很不弱所以唯心論者若要貫徹他的主張結果非走

到非生活的。——最少也是非共同生活的——那條路上不可。因爲生活條件的大部分是物質。既生活便不能蔑視他了。若既生活而又專講唯心。把物的條件看不在眼內。結果則如宋儒說的『心具衆理』『一旦豁然貫通。則衆物之表裏精粗無不到』。這種學說在個人脩養的收穫上是很杳茫的。而在社會設施上可以發生奇謬。鬧出種種亂子來。所以我要反對他。

物的條件之重要。前文已經說過。所以關於遺傳咧環境咧種種影響。乃至最狹義的以經濟活動爲構成文化的主要要素。這些學說。我都承認他含有一部分眞理。若在物字上頭加上一個唯字。我又不能不反對了。須知人類和其他動物之所以不同者。其他動物至多能順應環境罷了。人類則能改良或創造環境。拿什麽去改良創造。就是他們的心力。若不承認這一點心力的神祕。便全部人類進化史都說不通了。若要貫徹唯物論的主張。嗎結果非歸到「機械的人生觀」不可。——去年人生觀的論戰。陳獨秀赤裸裸的以極大膽的態度提出機械的人生觀。在那一面算是最徹底的。非丁在君胡適之所及。——機械的人生觀是否合理。且不必多辨。須知這種話是和「命定主義」一鼻孔出氣的。「萬事有箇造化主安排定」「八字從胎裏帶下來」……這類種種鬼話。固然是「命定主義」。氣候咧山川咧物產的豐饒或殼薄咧交通的便利或閉塞咧……乃至社會形成的習慣咧。血統帶來的遺傳咧。若說這些事項有無限的權威。我們人類完全受他支配。也是一種「命定主義」。此說若眞。那麽人類一切活動都是白饒。我們籠着手聽什麽環境什麽遺傳擺布罷了。殊不知人類這樣怪物。最是不安本分。不管他們力量做得到做不到的事。都要去碰碰。你說他們白碰嗎。不然不然。他們橫碰豎碰。碰一百回有九十九回失敗。但碰通了一回。卻了不得了。他們便趁風使帆。演出幾多把戲。他們又是死皮賴臉不怕碰釘子的碰了一回還來第二回第三回到百千萬回弄得自然界的專制皇帝和過去歷史界的積世老婆婆也把這些頑皮孩子們無可奈何只得讓他們「無佛稱尊」了人類之「曲線形的進化史」都是從這樣子演出來唯物史觀的人們呵機械人生觀的人們呵若使你們所說是眞理那麼我只好睡倒罷請你也跟我一齊睡倒罷「遺傳的八字」「環境的流年」早已經安排定了你和我跳來跳去「幹嗎」哈哈機械人生觀的人們呵須知機械全是他動的不能自動人類若果是機械還有什麼存在的意義和價值所以這一派學說我是不能不反對的。

以上是我對於赫赫有名的唯心唯物兩派主義下的「哀的美敦書」其餘「唯什麼」「唯什麼」的我都一齊宣戰。

孟子說『所惡執一者爲其賊道也舉一而廢百也』問我爲什麼要「非唯」爲的就是這箇緣故。李斯說『別黑白而定一尊』董仲舒說『凡不在……之科者皆絕其道勿使並進』這都是學術界專制帝王的口吻主張「唯什麼」「唯什麼」的正是同一口吻問我爲什麼要「非唯」爲的就是這箇緣故。

讀完我這篇文章的人怕會說『然則你是灰色的』我答道『或者不錯然而灰色或者是好的爲什麼好好在他不「唯」……』

凡主張「唯什麼」「唯什麼」的人們我都很盼他賜教我願意答覆。

說方志

全國省府州縣新舊志書現存者不下二千餘種。其蹐駁蕪累者什而七八。學者率輕蔑謂不足觀。雖然實史料之淵叢也。其編纂方法亦代有進化。今略論次之。

春秋時各國皆有史。如晉乘楚檮杌魯春秋與夫「百二十國寶書」等。由今日觀之。可謂爲方志之濫觴。惟封建與郡縣組織懸殊。故體例靡得而援焉。自漢以降。幅員日恢。而分地紀載之著作亦孳乳寖多。其見於隋書經籍志者。則有下列各類。

(甲)圖經之屬　如冀州圖經齊州圖經幽州圖經等(失撰人名)。其書皆僅一卷。想是以圖爲主。略載山川封域而已。齊州圖經下復有齊州記一卷。想是經之說明。又湘中山水記(羅含著水經注引)宜都山川記(袁山松著藝文類聚初學記太平御覽引)司州山川古今記(劉澄之著)等。亦屬此類。

(乙)政記之屬　如吳越春秋(趙曄著)華陽國志(常璩著)之類。其書今尚存。三輔故事(原注晉世撰)等。殆亦屬此類。

(丙)人物傳之屬　如陳留耆舊傳(蘇林著)益都耆舊傳(陳壽著)襄陽耆舊記(習鑿齒著)會稽先賢傳(謝承著)等專記鄉先輩言論行事。三國六朝時此類作品極多。

(丁)風土記之屬　如陳留風俗傳(圈稱著)南州異物志(萬震著)陽羨風土記(周處著)荊楚歲時記(宗懍著)等專記一地方特殊之風俗物產……等類。與圖經之記山川形勢沿革者有別。

(戊)古蹟之屬　如三輔黃圖(失撰人名)洛陽伽藍記(楊衒之著)洛陽宮殿簿(失撰人名)等。專記一都會之坊巷位置及建築物等。

(己)譜牒之屬　魏晉南北朝最重族望。諸州多有族姓譜牒。如冀州姓族譜洪州吉州江州袁州諸姓譜等。

（庚）文徵之屬　文藝作品漸多。亦復分地徵存。如江左文章志宋明帝輯等。

隋唐以前關於地方紀載之作品大約有右列之七類。後此方志則糅合諸類斟酌損益以爲體例也。其具備今方志之形式者古籍中不多見。惟晉摯虞有畿服經一百七十卷書久亡佚隋志已不著錄。惟於敍錄中述其內容崖略謂『其州郡及縣分野封略事業國邑山陵水泉鄉亭城池道里土田民物風俗先賢舊好靡不具悉』此書不審爲統載全國抑專述近畿。要之吾國地理書之一創作也。現存之華陽國志雖敍政治沿革居十之七八。然亦分郡縣記其交通險塞物產土俗大姓豪族兼及先賢士女之傳記。實後世方志之權輿矣。

自宋迄明方志之公私著述與歲俱增。今存者百不得一。據四庫全書所著錄有如下諸種。

吳郡圖經續記三卷　宋朱長文撰

乾道臨安志三卷　宋周淙撰

淳熙三山志四十二卷　宋梁克家撰

吳郡志五十卷　宋范成大撰

新安志十卷　宋羅願撰

剡錄十卷　宋高似孫撰

嘉泰會稽志二十卷　宋施宿等撰

寶慶會稽續志八卷　宋張淏撰

嘉定赤城志四十卷　宋陳耆卿撰
寶慶四明志二十一卷　宋羅濬撰
開慶四明續志十二卷　宋胡榘撰
澉水志八卷　宋常棠撰
景定建康志五十卷　宋周應合撰
景定嚴州續志十卷　宋鄭瑤方仁榮同撰
咸淳臨安志九十三卷　元潛說友撰
至元嘉禾志三十二卷　元徐碩撰
大德昌國州圖志七卷　元郭復京郭薦等同撰
延祐四明志十七卷　元袁桷撰
齊乘六卷　元于欽撰
至大金陵新志十五卷　元張鉉撰
無錫縣志四卷　失撰人名
姑蘇志六十卷　明王鏊撰
武功縣志三卷　明康海撰
朝邑縣志二卷　明韓邦靖撰

嶺海輿圖一卷　明姚虞撰

滇略十卷　明謝肇淛撰

吳興備志三十二卷　明董斯張撰

四庫體例。蓋於宋元地志現存者。悉行著錄。而明代則甄擇綦嚴。故所錄僅六種。尚有九十種附諸存目。然所屏遺當尚多也。卽現存宋元撰述中。亦有未收者。蓋當時未經採進。以余所知有嚴州圖經。宋紹興淳熙間陳公亮撰。（袁氏漸西村舍叢書本）有嘉泰吳興志。宋談鑰撰。（劉氏吳興叢書本）有嘉定鎭江志。宋盧憲撰。（宣統二年金陵覆本）有至順鎭江志元俞希魯撰。（揚州包氏刻本）此外或更有存者。未遑細檢也。（朱竹垞曝書亭集咸淳臨安志跋記南北宋方志頗詳存佚並舉）

四庫著錄各書中。以撰人性質分類。可區爲二。其一私著——本籍人以獨力搜錄鄉邦文獻者。朱長文之吳郡圖經。梁克家之三山志。范成大之吳郡志。羅願之新安志。高似孫之剡錄。陳耆卿之赤城志。常棠之澉水志。于欽之齊乘。康海之武功縣志。韓邦靖之朝邑縣志。皆是。其二官修——地方長官開局纂撰者。除上列十種外。其餘皆是。私著者義法易於謹嚴。官修者資料易於豐富。此其得失之大較也。

內容門類之區分。由繁而日趨於簡。其所敍述範圍。則由儉而日擴於豐。此方志進化之大凡也。吳郡圖經爲最古作品。凡分二十八門。

封域　城邑　戶口　坊中　物產　風俗　門戶　學校　州宅　南園　倉務　海道　亭館　牧守　人物　橋梁　祠廟　宮觀

寺院　山水　治水　往迹　園第　冢墓　碑碣　事志　雜錄

吳郡志則分三十九門。

沿革　分野　戶口稅租　土貢　風俗　城郭　學校　營寨　官宇　倉庫（場務附）　坊市　古蹟　封爵　牧守　題名　官吏
祠廟　園亭　山　虎丘　橋梁　川　水利　人物（列女傳）　進士題名　土物　宮觀　附郭寺　郭外寺　縣記　塚墓　仙事
浮屠　方技　奇事　異聞　攷證　雜詠　雜志

觀右所列舉。則其分類之蕪雜非科學的。大略可見。其最繁者。如嘉泰會稽志。分目至一百十七。更可笑矣。元明以降。門類逐漸歸併。分隸日趨適當。如大德昌國志分八門。

敍州　敍賦　敍山　敍水　敍物產　敍官　敍人　敍祠

延祐四明志分十二考。

沿革　土風　職官　人物　山川　城邑　河渠　賦役　學校　祠祀　釋道　集古

滇略則分十略。

版略志疆域　勝略志山川　產略志物產　俗略志民風　續略志名宦　獻略志鄉賢　事略志故實　文略志藝文　夷略志苗種
雜略志瑣聞

元明諸志之內容分類。以今日眼光觀之。雖未敢云適當。然較諸宋志。則似有進矣。

四庫提要於所著錄之諸志。評隲其特色如下。

吳郡圖經。　徵引博而敍事簡。文章爾雅。有古人之風。

三山志。　主於紀錄掌故。而不在誇耀鄉賢。侈陳名勝。

吳郡志。　徵引浩博。而敍述簡核。爲地志中之善本。於夾注之中。又有夾注。可云著書之創體。

新安志。引據極典核物產一門尤爲賅備自序以爲『儒者之書具有微旨不同鈔取記簿』蓋不愧也。

剡錄。每事必注其所據之書可爲地志紀人物之法其山水記仿水經注例脈絡井然而風景如覩亦可爲地志紀山水之法。

嘉泰會稽志。姓氏送迎古第宅古器物求遺書藏書諸條皆他志所弗詳獨能蒐採輯比使條理秩然。

景定建康志。分圖表志傳四大類凡所考辨俱見典覈。

咸淳臨安志。頗有條理前十五卷爲行在所錄十六卷以下乃爲府志區畫明晰可爲都城紀載之法。

至元嘉禾志。碑碣一門多至十一卷自三國六朝以迄南宋凡石刻之文全載無遺殊足爲考獻徵文之助。

大德昌國志。大旨在於刋削浮詞故其書簡而有要不在武功朝邑兩志下。

延祐四明志。考核精審不支不濫。

齊乘。援據經史考證見聞較他志之但據輿圖憑空言論斷者爲勝。

武功縣志。王士禎謂其『文簡事核訓詞爾雅』石邦稱其『義昭勸鑒尤嚴而公鄉國之史莫良於此』非溢美也。

朝邑縣志。上卷僅七頁下卷僅十七頁古今志乘之簡無有過於此書者而宏綱細目包括略備蓋他志多誇飾風土而此志能提其要故文省而事不漏也。

嶺海輿圖。略於前代而詳於當代略於山川而詳於阨塞略於職官而詳於兵馬錢糧略於文事而詳於武備於志乘中別爲體例。

觀各書門類及提要所詳則方志內容及作者對於方志的觀念之嬗變皆略可推見大抵初期作品囿於古代圖經的觀念以記山川城邑宮室名勝等爲最主要部分稍進則注重人物傳記更進則及於古蹟遺書遺文金石等更進則注重現代風俗掌故經制因革等而年代愈晚則陳蹟之須考證者愈繁故去取別擇亦成爲專門技術雖緣作者之識見才力好尙詳細互有不同不能限以時代要之自宋迄明六七百年間方志觀念日趨擴

大其內容日趨複雜。可斷言也。

其文體之簡繁。亦以作者之技術及好尙而別。卷帙最浩瀚者。如咸淳臨安志之九十三卷。姑蘇志之六十卷。吳郡志之五十卷。其簡潔者如澂水志八卷。而爲頁僅四十有四。尤簡者如朝邑志二卷。爲頁僅二十有四。自歐陽修宋祁修新唐書。以『事增於前文省於舊』自詡。修所撰五代史記。益務爲簡絜。漸成一時風尙。有明之季。文體猥緐。方志蕪累益甚。康海韓邦靖力矯以簡淨。故武功朝邑兩志最享盛名。共推爲作志模範。其實『文省事增』云者。不過相對的程度問題。同一資料。入於能文者之手。翦裁有法。排列得宜。可以省若干閑贅筆墨。吾儕未嘗不承認。若謂以二十四頁之書。可以舉一縣上下古今應紀之事。『宏綱細目包括略備』。以此評書。謂之非『溢美』焉不可得也。夫方志爲國史取材。（章實齋語）與其儉漏。毋甯博濫。韓昌黎所謂『牛溲馬勃敗鼓之皮』。就後之良史觀之。壹皆瓌寶。彼以文人而冒史職者。動以其所謂「古文義法」部勒史實。削趾適屨。其傷實多。吾輩今日甯願得四庫存目中之明志一種。不願得如武功朝邑志者十種。何也。以其無所取材也。況其所謂義法者並不善美。不惟事不見其增。卽文亦不見其省耶。（看文史通義卷八書武功志後書朝邑志後）提要之評朝邑。謂『不可無一不能有二』。蓋亦有微詞焉耳。

淸康熙十一年。大學士衞周祚奏令天下郡縣分輯志書。詔允其請。雍正七年。詔各省重修通志。上諸史館。備大淸一統志之採擇。其後又令各州縣志書。每六十年一修。著爲功令。（下詔年月待考）自是方志多於束筍矣。然乾隆以前。佳構實少。四庫著錄限於省志。亦取備數而已。其目如下。

欽定日下舊聞考一百二十卷　乾隆三十九年奉勅撰

欽定熱河志八十卷　乾隆四十六年奉勑撰

欽定滿洲源流考二十卷　乾隆四十三年奉勑撰

欽定皇輿西域圖志五十二卷　乾隆二十一年奉勑撰

欽定盛京通志一百二十卷　乾隆四十四年奉勑撰

畿輔通志一百二十卷　李衛等監修　雍正十三年成

江南通志二百卷　趙宏恩等監修　黃之雋總纂　乾隆元年成

江西通志一百六十二卷　謝旻等監修　陶成總纂

浙江通志二百八十卷　李衞嵇曾筠等監修　沈翼機傅玉露陸奎勳總纂　雍正十三年成

福建通志七十八卷　郝玉麟等監修　乾隆二年成

湖廣通志一百二十卷　邁柱等監修　雍正十一年成

河南通志八十卷　田文鏡王士俊等監修　孫灝顧棟高等編纂

山東通志三十六卷　岳濬等監修　杜詔等編纂　乾隆元年成

山西通志二百三十卷　覺羅石麟等監修　儲大文總纂

陝西通志一百卷　劉於義等監修　沈青崖總纂　雍正十二年成

甘肅通志五十卷　許容等監修　乾隆元年成

四川通志四十七卷　黃廷桂等監修

廣東通志六十四卷　郝玉麟等監修　雍正八年成

廣西通志一百二十八卷　金鉷等監修　雍正十一年成

雲南通志三十卷　鄂爾泰等監修　靖道謨總纂　乾隆元年成

貴州通志四十六卷　鄂爾泰等監修　靖道謨杜詮總纂　乾隆六年成

此皆雍正七年奉詔官撰之成績。凡省志皆定名爲「通志」。亦自茲始也。自奉詔至成書費時最短者爲廣東。僅閱二年。最長者爲貴州。閱十二年。

雍正前志書最有名者爲順治十八年之河南志。康熙中嘗頒諸天下以爲式云。次則康熙二十二年之西江志。（即江西通志）提要謂在當時地記之中。號爲善本。然由今觀之。皆不見其獨到之處。雍正諸志中。據章學誠實齋謂浙江通志較爲完善。蓋杭大宗世駿實參其事云。丙辰劄記據提要所品評。則陝西山西似最好。福建次之。其餘則奉行故事而已。

雍正之役。江蘇安徽合爲江南通志。湖北湖南合爲湖廣通志。至乾隆末。畢秋帆沅創修湖北通志。嘉慶間陶雲汀澍創修安徽通志。光緒間曾沅甫國荃創修湖南通志。惟江蘇爲文化最盛之地。直至今日無獨立之「江蘇通志」。咄咄怪事也。吉林亦以光緒十七年成通志。新疆則宣統三年成新疆圖志。惟黑龍江至今尚缺云。

省志自雍乾間普修之後。後此大率經數十年輒有踵修。不能悉記。記其最有價值者。

嘉慶湖北通志實畢秋帆爲總督時所創修。而方志專家章實齋總其事。原稿以乾隆五十九年成。既而畢去職。後任者於嘉慶二年上之。實齋固兀傲不諧俗。秋帆去後。其稿頗爲局中妄駁子點竄。然大體尚存。其有異同則章氏遺書所存諸稿可參校也。故此書應爲通志中第一善本。

廣西志金鉷本實草創於李穆堂紱在雍正諸志中本已稱佼佼。嘉慶中謝蘊山啓昆爲巡撫。踵修之。蘊山史學根柢本極深。躬爲總裁。卷首職銜不題監修而題總裁者示親董其事也阮芸臺廣東通志……等皆然故嘉慶廣西通志。其價值與章氏鄂志埒。且未經點汚。較鄂志更完好也。卷首列敍例二十三則。徧徵晉唐宋明諸家門類體製。舍短取長。說明其所以因革之由。諸志序例。未或能先也。故後之作者。皆奉爲模楷焉。此書編纂姓名中獨列孝廉方正胡虔之名想是當時助蘊山主其事者其履歷俟考

嘉慶浙江通志。道光廣東通志。雲南通志。皆阮芸臺元總裁。體例全師蘊山。廣東通志阮序自言之最稱精善。廣東志總纂爲陳觀樓昌齊劉彬華江子屏藩謝里甫蘭生分纂若吳石華蘭修曾勉士釗方植之東樹等皆一時宿學。浙志舍間未有不能舉纂修人名想名士更多

嘉慶安徽通志。陶雲汀澍總裁。陸祁孫繼輅等分纂。嘉慶四川通志。楊芳燦總纂。大致皆佳。

咸豐江西通志董覺軒沛主持最多。亦可觀。

同治畿輔通志。李少荃鴻章監修。黃子壽彭年總纂。亦稱合作。入民國尚有踵修云。同治山西通志。曾沅甫國荃監修。想亦好。

光緒湖南通志。郭筠仙嵩燾李次青元度總纂。羅念生汝懷吳南屏敏樹郭意城崑燾鄧彌之輔綸等分纂。固宜甚佳。光緒安徽通志。何子貞紹基總纂。亦當可觀。

最晚出者爲新疆圖志。宣統三年成。民國十二年始刊印。王晉卿樹枏等總纂。此志純屬創作。前無所承。蒐採極勤。考證極審。非生今日固不能有此書。然有此書亦方志中一榮譽也。

最近則任志清可澄方從事於民國貴州通志之役，以吾所聞，蓋甚佳，拭目以觀其成耳。

清代各府州縣志名作不少，以吾記憶所及，拉雜記之如下。

其在初期，則康熙鄒平縣志，蓋馬宛斯驌主修，而顧亭林炎武實參其事。康熙濟陽縣志，則張稷若爾岐曾私修云。

康熙靈壽縣志，陸稼書隴其知縣事時所修，以稼書之故，名震一時。惟章實齋以史法繩之，頗致不慊焉（看文史通義卷八書靈壽縣志後）

乾隆歷城縣志，周書昌永年李南澗文藻主修，逐句皆注出處，無一語自己出，實爲後此廣西謝志、廣東阮志等體例所本。乾隆諸城縣志，亦李南澗主修，志金石最精博云。

乾隆汾州府志、汾陽縣志，戴東原震皆嘗參其事，而府志中經其手定者尤多。東原最注重者爲地理沿革，章實齋譏其偏滯，誠然；然此固亦作志者所宜有事耳。

章實齋學誠爲有清一代史學第一大師，方志尤所專精提倡，故其作品宜爲斯界最適之模範。實齋晚歲乃應畢秋帆湖北志局之聘，其前此所主修者，則有乾隆和州志據復堂日記云已佚，有乾隆永清縣志，有乾隆亳州志。其在鄂局時所兼領或參與者，則有乾隆天門縣志、乾隆石首縣志、乾隆廣濟縣志、乾隆常德府志、乾隆荊州府志等，合諸湖北通志稿比而觀之，庶足以見實齋一家之學，而方志義例亦得所折衷矣。

洪稚存亮吉在乾嘉諸老中以善治地理學聞，其與方志關係亦不淺。今可考者則有甯國府志、懷慶府志、延安府志、涇縣志、登封縣志、固始縣志、澄城縣志、淳化縣志、長武縣志等。其子幼懷符孫能世其學，亦有禹州志、鄢陵縣志、河內縣志等則皆道光志也。洪氏父子諸志中涇縣、淳化、鄠陵最有名。杭大宗世駿亦好治史，與全謝山齊名，其參與或主修之方志有西寧府志、烏程縣志、昌化縣志、平陽縣志等，而浙江通志亦任分纂成兩浙經籍志，未竟採用云。

姚姬傳鼐為桐城派古文祖師，在乾嘉間所主修方志有廬州府志、江寧府志、六安州志等。

其餘乾嘉間著名學者與方志之關係，則有若王述庵昶之於太倉州志，孫淵如星衍之於松江府志、邠州志、三水縣志，武虛谷億之於偃師縣志、安陽縣志，段茂堂玉裁之於富順縣志，錢獻之坫之於朝邑縣志……雖內容未逞悉闚，然觀其人可以知其書也。

嘉慶以還，流風未替。嘉慶揚州府志，初由伊墨卿秉綬倡修，條定體例者為焦里堂循，其後姚秋農文田、秦敦夫恩復、江子屏藩及里堂協成之，當推佳構。嘉慶徽州府志，夏朗齋鑾草擬體例，汪叔辰龍協成之，稱最謹嚴云。

李申耆兆洛宰鳳臺，獨力成嘉慶鳳臺縣志，其精嚴為諸志所罕見。申耆又主修嘉慶懷遠縣志，未成，董晉卿士錫續其業焉。

董方立祐誠有嘉慶長安縣志，陸祁孫繼輅有嘉慶鄒城縣志，與李申耆同為陽湖派文家作品也。

陳觀樓昌齊，粵中第一學者，既佐阮文達總纂廣東通志，復以餘力獨成嘉慶雷州府志、嘉慶海康縣志，蓋其所產郡邑也。

張介侯澍為甘肅唯一學者，而久官四川，手修道光興文縣志、屏山縣志、大足縣志、瀘谿縣志等，殆必可觀。

道光濟甯州志，許印林瀚主修，有名。

鄧湘皋顯鶴爲湘學復興之導師。於湖南文獻蒐羅最博。以獨力私撰道光寶慶府志道光武岡州志。最稱精審。鄒叔績漢勛以算學家而邃於史游幕貴州成道光貴陽府志大定府志興義府志安順府志等。吾邑志失修已七八十年。最近者爲道光新會縣志實黃香石培芳曾勉士釗所主修。於全國諸志中稱善焉。吾鄉各縣志則同治南海縣志。邑人鄒特夫伯奇主修。同治番禺縣志。邑人陳蘭甫澧主修。皆一時之選也。咸豐遵義府志爲莫子偲友芝鄭子尹珍合修。世推爲府志中第一。同治蘇州府志馮林一桂芬主修。亦有名。魯通甫一同以能文名所修有咸豐邳州志。咸豐淸河縣志。董覺軒沛及其友徐柳泉時棟銳意以復興浙東學派自任。覺軒既參江西通志事復私撰咸豐鄞縣志咸豐慈谿縣志皆精心佳撰。而鄞志半由柳泉協助云。同治湖州府志同治歸安縣志。其郡邑人陸存齋心源私著。光緒湘陰縣圖志。其邑人郭筠仙嵩燾私著。皆最近府縣志中之最佳者也。

繆筱珊荃孫在淸季有名。其所參與者有光緒湖北通志。光緒順天府志。光緒荊州府志。光緒昌平縣志等。

民國合川縣志。其邑人張森楷私著。現代空谷足音矣。

大抵方志欲得善本。則省志視府州縣志爲較難。省志所以難者。固由範圍太廣。頭緒太繁。一志之成。殆等一史。非「三長」兼備未易慊然。然此尚非其至難。至難乃在纂修之得人幾不可能。蓋省志由督撫監修。督撫自身能解此事千百中不一二。卽有其人。而精神日力亦不能集注於此。所設志局。大率領以司道。其人皆俗吏巧宦。局費嗇固不足以集事。局費豐則游士坐食者趨焉。積學之士。率皆悃愊無華兀傲忤俗殆不足與彼輩競幸而得一二非久且排擠以去況卷帙既已浩繁汗青勢難急速而長官遷調不常前任成績或爲後任閣置變亂破壞故以杭大宗之編次經籍不見容於浙志（注一）而章實齋之湖北志稿賴私刻而僅存眞面（注二）此最其章明較著者也故必如謝蘊山之在廣西阮芸臺之在廣東其本身既爲第一流學者對於志事有極濃摯之興味與極忠實之責任心又吏事清晏能有餘力以從事又門下多才能分職趨功而受成於主者又久任不遷能始終其事此諸條件者悉備然後一良志乃獲成信哉憂憂其難也

（注一）李衞任浙督時修浙志杭大宗任經籍一部李去職而志未成大宗爲忌者所軋其原稿被屏不錄大宗乃自刻之名爲兩浙經籍志而序其顛末略云『……無何制府朝京事局大變狐憑虎以作威蜮含沙而射影檄取成書妄生彈射謂時令地理非史天文律歷非子食貨不宜別標寶貨器用醫家不宜更分經方針灸……沸吼吹脣牢不可破予援四代史志及崇文昭德莆田鄱陽之書以證之益復中其所畏倡爲鴟張狠顧之談以濟其鵷雛腐鼠之嚇……當局秉筆者舌撟頸縮大有戒心肆意塗竄無復詮整……今世所行本是也……』（道古堂集卷六）

（注二）畢秋帆督鄂修志章實齋總其事秋帆入覲以實齋屬鄂撫惠齡惠齡雅不喜實齋忌者更日進讒毀有陳熷者本實齋引薦入局至是大駁通志全書之不當謂宜重修當局大讚賞其義批云『所論具見本源』實齋大憤著駁陳熷議及辨例各一篇後鄂志雖非盡翻前案然所點壞已不少實齋乃自訂湖北通志檢存稿二十四卷湖北通志未成稿一卷今遺書所收是也（看丙辰劄記）

觀此兩事可以見修省志之難雖得其人且無濟也

府州縣志所以較易者範圍較狹程功較簡集事較速斯固然矣又以此故不必過事鋪張陷築室道謀之戒所需條件則其一守令本身爲一學者躬任其事例如陸稼書之於靈壽段茂堂之於富順李申耆之於鳳臺其二

本籍負重望之學者個人私著其或稍借官力亦僅立於補助地位例如王蘭泉之於太倉鄧湘皋之於寶慶武岡陳觀樓之於雷州海康莫郘亭鄭子尹之於遵義武虛谷之於偃師陳蘭甫之於番禺郭筠仙之於湘陰董覺軒之於鄞陸存齋之於歸安其三守令能禮聘一學者委以全權不掣其肘例如章實齋之於和州亳州天門石首孫淵如之於三水鄒叔績之於大定興義安順三者有一於此則善本可成故府州縣志之良作多於省志也

第十度的「五七」

光陰眞跑得快最難堪的民國四年五月七日到今日忽忽滿十年了國中大多數的人早已忘却今日何日只有一部分學校和報館依然「告朔餼羊」似的循例提起這個國恥紀念

連「恥」都變了「循例」天下可怪可痛之事還有過此嗎但我以爲也不用怪也不用痛這也是「自然之勢必至之符」我們倒不如在這種演變現象之下求得一點眞實敎訓

「國恥紀念」「國恥紀念」本來是藥中一種「興奮劑」讀者若承認我這句話那麼我請把興奮劑的性質和功能分析一下

第一凡興奮劑都是對於不能興奮的人靠藥力使他興奮所以性質是很危險的無論用得有効無効用一次總傷一次元氣

第二凡興奮劑的功能都是受時間限制的經過一定時間藥力便消滅藥力消滅之後只有比藥前更不興

奮。

第三凡興奮劑的功能是適用累減率的同質同量的藥用到第二次功效便比第一次減少用之不已結果功效可以等於零。

從前很有人說『中國人只有五分鐘的熱度』其實豈但中國人所有人類都何嘗不是如此凡有平均繼續性的便叫做溫度不叫做熱度了凡一時衝動的熱度無論靠藥力不靠藥力他的存在時間原不過五分鐘所謂國民的熱度總是用「羣衆式」來表現羣衆何以有熱度半由外界一種突發事件鼓動出來多少總含有一點「興奮劑性」當其興奮起來之時賢明的政治家可以利用他做回大事業險滑的政治家也可以利用他做滔天罪惡但無論做好做壞總是在那興奮最高潮的一刹那頃抓著來用過了便不中用了。吳王夫差天天叫人在他耳邊說「夫差而忘越人之殺而父乎』法國人當奧莎士洛其林割讓那一天都臂纏黑紗這是要把一時昂進的熱度變爲繼續保持的溫度吃的是補劑不是興奮劑換一句話說他們所用者是處心積慮的理性不是橫衝相撞的感情所以能持久者全在這一點。

處心積慮的理性怎樣用法呢受了別人淩辱之後不怨別人的强橫只恨自己不爭氣寃憤是和淚和血吞在肚子裏不到可以伸雪的時候不輕容易發洩天天只想自己爲什麼鬧到這種田地努力創造自己的新生命改造自己的新環境換一句話不問別人怎麼樣只問自己怎麼樣不要說只要做做不到時寗可不說。

可惜我們紀念「五七」完全沒有從這條路上走我不怕說一句犯衆怒的話「國恥紀念」這箇名詞不過靠「義和團式」的愛國心而存在罷了義和團式的愛國心本質好不好另屬一問題但他的功用之表現當

然是靠「五分鐘熱度」這種無視理性的衝動能有持續性我絕對不敢相信理性是深沈的沈悶的感情是浮動的熱鬧的所以在羣衆裏頭只有感情是天之驕子對青年的羣衆爲尤甚感情的衝動力最要緊是矇著一面專看一面因爲多看幾方面感情便會受節制了最要緊是說得爽快不許想到做的艱難因爲說到艱難感情便會冷靜了質而言之非把理性壓到零度不能把五分鐘熱度漲到沸點打滿洲打袁世凱打張勳民國九年的打安福系十一年的打張作霖十三年的打曹錕吳佩孚羣衆一致的拍手說「該打該打」但幾年前的禍首忽然會變神聖幾年前的神聖忽然會變禍首他們不獨忘記了並且不問其所以然是之謂矇着一面只許看一面

「收回教育權」「打倒資本主義」「打倒帝國主義」是新近最時髦的名詞是羣衆運動最好的旗號旗號的本質對不對有無流弊且不必說試問『我們曾否有力量去打』『如何打法』『哇不要討論只要劈大喉嚨喊「打打」喊得慢一點喊得低聲一點便是公敵是之謂只要說得爽快不許想到做的艱難

十幾年來所謂民衆運動頑的總是這一套

平心而論以向來「無動爲大」的中國人想法子刺激他的動力良非得已但還要從反對方面一看譬諸有一位生殖力衰弱的丈夫不勸他講求衛生培養元氣只有天天叫他吃趙飛燕替漢成帝祕製的妙藥豈不是要送他的命嗎便讓一步譬諸勸人多吃幾杯酒可以抖擻精神卻要想到醉時雖神采飛揚到了第二天病酒懨懨頹喪的程度可以比從前加倍哩再讓一步譬諸靠某種含刺激性的藥品來治病的人若是把那藥當作家常茶飯隨意亂吃久而久之把臟腑刺激成痲痺那藥也不靈了

所以賢明忠實的社會指導家對於興奮劑不宜亂用頭一件是怕闖亂子第二件是怕時間經過後生反動第三件怕濫用的結果把應有的功能失掉了義和團那回亂子便是頭一件的教訓「五七」紀念十年來的變遷便是第二第三件的教訓。

我狠可惜近年來有指導社會資格的人和我的看法不同有人說『他們是利用羣衆弱點來成就他的野心』我不敢以不肖待人漫然下這種評判但我希望他們子細診察國民病根何在是否專投猛烈刺激的藥便可以起死回生如其不然像還是謹愼點好吧。

我又奉勸最富於情感的青年們不要專喜歡吃那種合自己脾胃的興奮劑須知這是藥不是飯人類不是專吃藥活得成的。

我們想消滅了不祥的「五七」嗎不是在報紙上在演說臺上慷慨激昂罵日本人一場便行大家悶着頭咬着牙齦找一條正當的路把中國造成一箇國家再說罷。

何止「五七」什麼打破資本主義什麼打破帝國主義什麼打破不平等條約都是廢話國家若是長此被軍閥黨閥的先生們旦旦而伐只怕有一天連和人訂條約也彀不上哩還說什麼平等不平等全國人想向資本的帝國求一杯殘羹冷炙也求不着還說打人。

師範大學第一次畢業同學錄序

畢業之名非達名也言乎學業耶終身由之而不能盡發憤者不知老之將至學業之畢惟屬纊啓手足之

時已耳言乎職業或事業耶家庭學校之覆育終而對於社會之義務正起始耳畢云乎哉是故昔之屬辭者惟於誦一什覽一文時或稱畢業其於學則未聞焉就學而有所謂畢業自今世機械的學校教育始就學而有畢業於是學校與社會生活始分爲兩橛學校中業其所業與社會渺不相屬及其去學校也則又舉向之所業長揖而永謝之嗚呼畢則畢矣吾不知所業爲何等而業此者又何居也北京高等師範學校者全國中等以下教育師資之所由出也比年來教育上之功罪斯校蓋尸其半焉頃以時勢之要求改建師範大學其對於教育前途之責任益重且大大學成立之第一年夏六月而前此高師諸生有遵限年格當去其母校者循俗稱則謂之畢業諸生既惓戀其母懷而不忍離也又懼同學之分飛索居而輔仁所資日以疏逷也又慶幸其爲大學第一次之所謂畢業者而自感與校之同休戚最深切也於是列次其學籍與夫在學期間之師長及校中興革大端爲同學錄以永其念以余比年在校中時有所講授且爲大學服務之一人也使爲之序余惟諸生所以自策厲與夫在校諸師長所以相訓勉者其懿孅之言必甚多無俟余喋喋也余惟有一語告諸生曰今日非諸君子畢業之時乃諸君子始業之時也知其爲始業則終其身毋或與所學者長揖而謝雖去其校猶未去也人人永保持在校之精神於去校以後則母校之生命榮譽得分寄遞衍焉以長留天地間所以愛校者何以加此民國十三年五月十四日新會梁啓超序

朱君文伯小傳

君諱學曾字文伯貴州平越人父一清以進士起家任雲南蒙自永善南寧江川等縣知縣有政聲君幼隨宦承

家學，年十五負笈日本，畢業中央大學，湛通法理，爲同學稱首，清宣統元年，年二十四，應部試，授舉人，二年廷試授內閣中書，旋任河南官立法政學堂敎授，自治籌辦所科長，民國元年，任京師法政學堂專任教授，京師高等審判廳推事，繼充庭長，三年調任大理院推事，旋升庭長，講學肫篤，學子感敬，治訟理察，同僚咸仰，八年調任法律館總纂，民法債權，由其總攬，十二年調任大理院庭長，不就，旋謝職治律師業，兼任法政大學朝陽大學教授，十三年十一月十二日以病卒，年三十有九，

梁啓超曰，文伯於余蓋年家子，顧余交文伯甚晚，疇昔在法部，旅見而已，近三四年每至京，夕輒旦夕見，是以深知其爲人，君好爲深湛之思，凡治一學執一事，皆辨秩條貫，綜理密微，是以學日粹而職靡不舉，然亦以勤苦逾量，夭其天年，晚好佛學，治唯識，理解精銳，蘄焉寡儔，顧余嘗竊竊憂之，謂君之學佛，非直不能助解脫，反以深思益其疾也，君性行肫篤，友于兄弟，而信乎朋友，其卒也，親知皆悲慟失聲，嗚呼，世亂方殷，善人皆汲汲顧影不知死所，君死亦奚恤，遺孀煢煢，諸雛粥粥，可悲耳，君所學若假之以年，所就安可量，中道摧折，百未一竟，友人江庸等輯其遺藁，掇拾殘叢，僅得十許篇，亦足見其概也，

義烏吳氏家譜序

譜牒之學，起於周漢，而極盛於南北朝，夫南北朝所以獨尊譜牒者何耶，自永嘉之亂，河洛淪爲羶腥，胡羯鮮卑氐羌諸裔，交錯於中國，其後乃至如元魏之九十六族，咸滅字譯音，以冒漢姓，於是神明遺胄，如范陽之盧，博陵之崔等，不能不各溯其祖之所自出以自翹異，以示其子孫，故北朝譜牒之重，良有其不得已者存也，大江以南，

雖自漢以來。次第置郡國。然土著之民。半屬夷越。晉元渡江。中原衣冠閥閱。相從南徙。王謝郗庾之倫。懼播遷之後。數典忘祖。於是繫固有之郡望。著其世次。使永不忘其所自來。此南朝譜牒之重。又良有其不得已者存也。或者曰。門閥之見。增憍慢獎褊心。非所以善羣。斯固然也。雖然人性固恆恃其所觀感激勸而日以向上。爲人子孫者。食舊德。誦先芬。知吾祖若宗所以立身砥行。効忠於國而光大其家者爲何如。則往往悚惕鼓舞。求所以自建樹。不隳其緒。詩不云乎。夙興夜寐。無忝爾所生。又曰。毋念爾祖。聿脩厥德。人人如是。則不肖者懼。而善者勸矣。若是乎譜牒之可以翊助世教。如此其重也。隋書經籍志著錄之諸譜。今無一存矣。然而故家名族。相傳家乘。未經陳農之采。未入劉向之校。而體例謹嚴。紀載詳備者。尚往往而有。談國故者寶焉。延陵吳氏之譜。據于志寧序。謂搜修者。實爲東漢灌陽侯如勝。其信否雖不敢知。然以隋志所載。褚氏江氏庾氏裴氏虞氏曹氏明氏之家傳家記世錄等。其撰人多出魏晉之際。然則吳譜傳自漢末。其事蓋非不可能。又據明弘治桂鉞之序。則覼述舊譜自灌陽侯以下世次。一無所紊。其佚名者則闕其名。而但著其代。其支派之遷徙。皆朗然如列眉。非代有所受之。而能如是耶。吳氏自泰伯以來。以北人而首殖民於南服。姬宗受封命氏者數十。及周之衰。則零落殆盡。而吳乃緜歷數千歲。至今爲名宗。大江以南。血統之純。世澤之遠。未有能與吳氏抗顏行者。義烏之吳。吳氏支派之一耳。然其譜自明洪武弘治萬歷。清順治雍正乾隆道光光緒。未有經五十年不脩者。其第十三脩之本。成於光緒十年。距今亦僅四十一年耳。其族之長老。又復有十四脩之舉。其敬宗收族。繼繼繩繩之盛業。抑何其遠耶。昔泰伯季札。以禮讓儀型天下。實爲吾中華民族道德之源泉。國之能與天地久長者恃此。今也承澆末之敝。貴爭賤讓。謬種流傳。神明之胤。其不淪胥以亡者如髮。吳氏子孫。其有能闡揚世德。以風天下者耶。此又非獨一人一姓之事云爾。

民國十四年二月十六日新會梁啓超拜撰

爲改約問題敬告友邦

特別對日本表示誠摯的希望

我們全國民對於不平等條約感受深切的苦痛已經八十多年。到今日已至不復能再行容忍的時候。我們早具決心誓要改變這種不合理的國際地位。無論出若何重大犧牲的代價亦所不辭。正當這時候中比中日商約先後滿期。此外各國跟着滿期之約也不少。這是我國民斷斷不能放過的機會。同時也是各友邦表示是否對我有眞正親善誠意的唯一機會。我們要分別看某國對我態度如何。作爲將來對於該國反應態度的標準。狠不幸中比兩國經過幾個月來的交涉。不得要領。結果因爲修約期限延長問題。竟至談判破裂。陷於無條約的狀態。修約期限問題表面上看着像狠小。其實絕不小。因爲比國要借此延宕修約期限六個月六個月的拖下去。舊約効力便十年十年的繼續下去。這種把戲。三歲孩童也瞞不過。在這種彼我前提絕對不相容之下。外交的平和談判簡直無法進行。我們固然十二分不願意把有約國變成無約國。但是在現行條約之下。我們感覺有約的苦痛比無約還加甚百倍。我們兩害相權取其輕，無論何國。倘若不承認我們的國家生存自衛權——卽改約。我們寧可暫時或者永久和他斷絕國際關係。這是眞正全國一致的公意。無論那一黨那一系的人當政府都是要執行的。我們並不是對比國特別看待。不過因舊約滿期的順序。比國偶然首當其衝。而他頭一個給我們以惡意的表示。我們當然不能不把預定的犧牲決心和淚端將出來。

中比談判破裂後不久日本答應改約的覆文到了我們頭一天在報紙上看見這個消息狠高興以爲還是日本人有眼光有手腕能根據公理順應時勢不失大國民的態度我們以十二分歡悅誠懇的意思等着看第二天兩國當局所發表的照會原文不幸一看了之後意外的引起我們不少的疑慮和失望因爲依着照會文義可以作爲改約有制限——卽法權關權其外的解釋又可以作爲六個月後新約不成舊約便繼續有效的解釋日本眞意究竟何在固然非等到開議後所經過之事實不能證明但對於這種意義閃爍的照會我國民當然免不了狠大的迷惑

我以爲各國對我的態度只有兩條路其一乾脆的承認我們有國家生存自衞權以善意進行改約其他乾脆的死守他們所既得的不正當權利根本不肯改約除這兩條路外並沒有中間的第三條路各國若打算走後一條路嗎那末爽爽利利拒絕我們要求便了不必咬文嚼字引現行條約某條某句作護符因爲現行條約本身是在不平等條件之下成立的當然是不願改約的一方容易得着有利的解釋我們對於那種解釋雖然不是沒有辯護自已的餘地但枝枝節節辯護下來於我們的根本希望仍然相去狠遠我們實在不願意打這種極無聊的筆墨官司翻過來各國若打算走第一條路嗎那末表示好意便澈底的表示儘可以不必管現行約文中有何等口實無須徵引搬弄徒然擔閣時日或者更發生誤會我希望各國對於這兩條路要走那一條自己先確定方針便以毫不客氣的態度向我們明白表示令我們得根據他的眞態度來決定我們的自處之道我們所要求的兩件事一是法權獨立一是關稅自主早已向全世界明白宣示諒來各國人都知道了我們相信這兩件事絕非過分要求因爲現世界獨立國內還有領事裁判權存在的除了我們中國更沒有第二個國

了。至於關稅自主。雖以英帝國藩屬的印度尙且有此權。我們並此無之。不惟不算獨立國。簡直連半自治的殖民地都彀不上了。這兩件事都是鴉片戰爭後用高壓和欺騙手段得來。一國旣得各國均沾。鬧到「合而謀我」我們認爲這不但是國家體面所關。實是國家生命所關。正如一個人在世間最低限度也該有要求生存的權利。

對於旣得權輕容易不肯放棄。這是人類普通的惡性質。各國旣已占了便宜。便抵死不肯放手。這也難怪。我們也不願意講什麼公理什麼同情這類迂腐話來惹人討厭。只要從利害上替外國人打算看他們死守着這兩項不正當權利。到底有多少利益所得利益是否能與所生患害相抵。願各國賢明的政治家和有常識的民衆平心靜氣聽我一言。

不肯撤銷領判權的口實。豈不說是靠此以保護僑民生命財產的安全嗎。不錯。當七八十年前。我們的法律和法庭都和各國歧異的地方狠多。各國借領判權作一種保障。也許是不得已。到今日我們也經過二十多年的努力預備了。法典雖未曾全部完成。正式公布。但確已參酌現代法律精神。大部分編纂完竣。而且事實上早已通行適用。法庭和監獄。雖不能如各國那麼完善。但確已次第組織成立。行之多年。得有相當成績。這種事實。不是我們瞎吹。這回各國派來實地調查的委員。總應該有正確報告。這些情形姑且不說。最顯明的反證。是現在已經撤銷領判權的已有多國。請試打聽他們的僑民。是否因爲沒有領判權。生命財產便發生特別危險。和有領判權國的僑民有不同之處。旣已沒甚分別。可見受中國法庭審判。絕對不會妨害到外僑利益。而各國之死守領判權不肯放手者。不過受中世史以來傳統的驕傲思想所囚縛。爭虛體面。擺臭架子。於僑民生命財產安全問題實未嘗有何等深切關係。

他們或者說『現在中國政治混亂黑闇。有法庭管不着的危險。我們不能不拿領判權作一種保障。』不錯。這種現象。我們不能不表示十分的抱歉和慚愧。但是須知法庭管不着的事。同時也是領判權管不着的事。例如因土匪綁票因戰地搶掠令外僑生命財產發生危險沒有領判權的固然如此。有領判權的還不是一律如此。這類政治的問題。我們固然要努力在短期間內求其改善。但可以說與法律上或條約上所賦予所享受的權利絕無關係。而且並不是靠法律或條約的効力可以令他改變。由前一段的事實言之。沒有領判權於外僑生命財產的保障未嘗有所減。由這一段的理論言之。有領判權於外僑生命財產的保障未嘗有所增。各國賢明的朋友們試想想何苦死抱着這種無聊架子。一面增加自己領事職權的麻煩。一面令自己僑民感受上訴手續種種不便。一面更惹起中國人民多大惡感。爲通商前途永遠的荆棘。毋乃太不值得嗎。

不願意我們關稅自主。無非怕我們行了保護關稅之後。他們的經濟侵略。不復能如前此之橫行無忌。既已兩個國家對立。誰不想保持自己的特殊利益。這種心理原無足怪。但眞正爲國家百年大計打算。到底應該着眼於某部分人民一時的過當利益。抑或應該着眼於全國人民永久正當的利益。狠是問題。經濟上原則。必雙方互利乃爲眞利。這是極粗淺的道理。誰也不能否認的。各國利用稅率的束縛。保護某項生產事業之廠主股東利益。謀獨占中國市場。一時間固可以自鳴得意。其實所能做到者。只是遏抑中國的生產家不能擡頭與彼競爭。而甲國與乙國間相互的在這市場上鏖戰。誰敢說那一國因爲我們稅率的保障便能永久保持他的優勝地位。這些他們相互間的利害。我們且不必多管。我要問問做生意的人。是否希望他的主顧有購買能力。像各國這樣無情辣手的敲骨榨血。我們差不多已成枯臘了。吃木的蠹蟲把一棵大樹吃倒了。看他自己又寄活在何處。外國近視眼的資本家若沒有根本覺悟。還照舊的貪戀他們的不正當利得。我敢說。不到幾年中國整個市場便變成瓦礫。縱然有爛賤的洋貨也沒有人買得起他們把這絕大顧客弄到倒盤之後看他們的利益又在何處。外國朋友們聽啊。現在我們國內的紛爭擾亂。一小半固然是我們沒出息自作自受。一大半還是外國人逼着出來。這話怎麼講呢因爲外國的經濟壓迫。後面還挾着條約的威權以俱來。不許我以絲毫自衞的餘地。我們在現代產業界能力本很幼稚。如何再禁得起這種摧殘。當然所有膏血都被你們一年一年的吸盡。到全國多數人生計路絕之時。大亂安得不起過去歷史上的流寇都是因爲這樣發生出來。今日若不從源頭處（卽條約）救濟。令我們的「國民經濟」得着一條活路可以自存。這種混亂狀態只有日甚一日。非把全國人變成流寇不可果然如此。我們的慘狀固不用說。外國人——尤其靠中國做主顧的外國商人也有好日子過嗎。

外國朋友們聽啊。有產無產兩階級的戰爭。在今日已成爲歐美社會的膏肓之病。這種病。在你們是國內關係問題。在我們已經變成國際關係問題。換句話說。外國人全部形成一個資本家有產階級。中國人全部形成一個勞動者無產階級。在這種內外劃分鴻溝成爲兩階級對峙的形勢之下。試問中國人應該採何種態度。鮑爾雪維克思想在西歐轉戰許久。打不進去。一經輸入中國。便如順流而下。這種因果關係。稍爲明眼的人都看得洞若觀火。可惜近視眼的外國資本家們還在夢裏哩。

這些話和外國資本家們說。誠然是「與狐謀皮」。但我要問問各國以國家安危盛衰爲己任的政治家。以及有指導輿論職責的領袖人物們，是否該專替少數資本家打算利益，而置世界大勢國家前途於不顧。他們稍爲從大的遠的方面着想，我信得過一定令發現出反對中國關稅自主這類舉動是無意識的，是利不償害的。因爲我們實行關稅自主後，縱令對於某幾項貨物採保護政策，也不過令他們這項貨物的製造家在許多競爭對手中再添上一個對手，不見得便給他們以多大打擊。何況還可以於彼我善意的交換條件之下，磋商互惠的協定稅率呢。由此言之，承認我們關稅自主，在他們並無何等損失，而因此令我們財政上得以喘過一口氣來，國民經濟上得以循着常軌有蘇甦的可能性，購買力自然加增，偌大的消費市場日趨繁榮，豈非兩受其利。反之若抵死抱着那種不正當權利來欺壓我們，令我們不能不走到最危險的那條路，以相抵抗，抵抗的結果，我們固然痛苦，只怕他們的痛苦也未必下於我們吧。讓一步說，假使我們竟沒有抵抗能力，國民經濟竟從此乾癟下去，結果他們便是和一個絕無購買能力的國民結通商條約，條約紙片上所占的便宜，豈不是「如獲石田」嗎。

這些都是極粗淺的道理，原不值得多說，不過因爲各友邦的朋友們離中國狠遠，不十分知道實在情形，所以我不妨多說幾句，促起他們的注意。

就中我們緊鄰的日本國，他是在十幾年前也曾處於和我們同病相憐的境遇，他當然該格外向我們表同情。我們現在的國民運動，也可以說是受他的暗示刺激出來，我們進行的步驟，也是想跟着他學。我們用仁恕的常識來推度，狠信得過曾經與我們同甘共苦的日本政府和國民，一定能十分了解我們的心理，而給我們以意外的滿足。這次回覆我們的照會，我希望他不過是外交上顧面子的照例辭令，內中絕不含有躲閃或拖延的意味。好在開議在卽在這六個月裏頭。我們一定可以把日本的眞意一天比一天看得分明。倘使日本眞有誠意。把他從前幾經努力而得解除的苦痛率先向我們解放。我相信前此兩國國民間許多誤會和惡感將從此一筆勾銷。永遠的中日親善基礎將從此確立。因爲以僑民數目最多的日本以貿易額占第一位的日本肯毅然拋棄他多年來所已得之不正當權利。用相互平等的精神和我們締結新約。別的國家當然不好再持異議。那麼日本眞是我們相友相助相扶持的「急難兄弟」了。我們焉得不感激。

我們狠相信日本人會有這種銳敏的眼光和義俠的心腸但猶不免憂慮者他或者因下列兩項事實而生出若干的沈吟態度其一因現在中國政局渾沌沒有强有力的政府積極負責其二因有關稅會議及法權調查會。便把這兩個問題推到各國連帶意見上去今請對於這兩點更爲簡單的辯解。

政局渾沌。誠然是我們可悲且可慚愧的事實。但改約問題。我們是舉國一致的。政府不過執行國民意思的一個機械。絕不因某黨某系執政而生意思的差別。所以對手交涉的國家。關於此點殊不必有所揀擇。

至於關稅會議今後能否續開。狠是問題。就令續開。然據從前的經過事實其不能貫徹我們自主的主張殆已甚明。法權調查會不過一種臨時調查機關。只能向各國政府陳述意見並不能拘束各國政府之意見更不用說了。我們從日本改正條約所經過之歷史得着一種最深切的敎訓。卽「改約不能由共同交涉或各國會議的形式而得成功成功的關鍵全在國別的單獨談判」是也這種甘苦日本人比我們知道的更淸楚百倍。日本人果有誠意幫助我們成此大業。當然會指出一條正路讓我們走。卽趁着舊約最先滿期的機會率先給我們以有利的談判。便是若藉口於那兩種會議。把這兩個大問題擱在一邊。那末便是明明看着「連雞之勢」

不會成功借此爲搪塞的口實倒不如直截了當拒絕我們的要求還不失爲眞面目哩我想賢明的日本政治家決不至出此卑劣手段吧

至於宣告比約失效原屬不得已之所爲我們經歷幾個月間禮讓的談判終不見諒不得不赤裸裸的把我們國民公意捧出來求比國的反省給日本照會中所謂『六個月以內未見新條約成立時中國政府不得不決定對於舊約之態度而宣示之』也不外爲我們國民公意求得一種最後的萬一保障總而言之我們認改約爲我們國家生存上正當要求的權利無論犧牲到若何程度非貫徹不可但我們十二分不願意學俄國式的「革命的外交」我們在可能的範圍內總求以雙方交讓的善意得彼我圓滿的改正我想各友邦若能原諒我們的苦衷了解我們的決心美滿結果並非難致如其不然古人說『鋌而走險急何能擇』到無路可走的時候除卻跟着俄國所走的路更有何法何止對比利時一國以後舊約陸續滿期的各國倘若還以這種傳統的驕傲態度待我我們便把他一國一國都變成無約國亦所不辭

昨日報紙上說「倫敦每日電報」有篇社論主張各國聯合幇助比國高壓我們說『只要如此中國的愛國運動便立刻停息』我沒有看見「每日電報」原文不知是否確有此語及揑詞有無異同若果有此我不得不爲有名譽的「每日電報」深致惋惜我請回答一句罷『我們是沒有武力的國家各國的鐵拳天天在我們頭上晃要打便請打下來卻是愛國運動是從我們心魂上的靈光發出頭顱便打到粉碎靈光是到底不滅的』

最後我還要聲明一句各國朋友們有知道我的歷史的諒來都公認我是國中溫和派的人你們若覺得我的

話有點激烈嗎．我明白告訴你．『這是代表中國最溫和（或者可以說是最懦弱）那一派的人的說話．』